우리 집
재테크를
부탁해

이지영 지음

한국경제신문

우리 집 처음 돈 공부

1
—

〈머니볼〉이라는 야구영화가 있다. 미국 프로야구는 전 세계에서 가장 돈이 많이 필요한 스포츠 비즈니스지만 엄연히 부자 구단과 가난한 구단이 공존한다. 가장 부자 구단인 뉴욕양키즈의 선수연봉 예산은 1억 2천만 달러지만, 가난한 팀은 그것의 3분의 1인 4천만 달러밖에 되지 않는다. 주인공 빌리는 미국 프로야구 팀의 단장(General Manager)으로 선수들을 스카우트하거나 트레이드를 해서 팀을 운영한다. 하지만 그는 불행히도 가난한 구단의 단장이다. 가난한 구단의 단장으로 우수한 선수를 데려와 팀을 꾸리는 것은 험난한 과제일 수밖에 없다. 새로운 시즌에 들어가기 앞서 빌리는 스카우터들과 새롭게 팀을 꾸리려 하지만 예산은 적고, 그나마 있던 스타플레이어들은 더 많은 연봉을 따라 이적하면서 작업은 난항을 겪게 된다. 선수들을 발굴하고 키우는 것이 직업인 스카우터들은 수십 년 동안 쌓아온 자신의 경험과 지혜와 직관을 믿으라고 큰소리 치지만, 그들의 선수 선발 기준은 몸매, 스윙폼, 스윙할 때 소리, 외모, 성격, 심지어 여자친구의 외모 같은 지엽적인 것들에 불과했다.

부자 구단처럼 작전을 짜면 질 수밖에 없다는 것을 절감하고 있는 빌리는 예일대 경제학과를 나온 야구 전문가 피터를 만나면서 새로운 시도를 하기로 한다. 피터는 과거의 구태의연한 태도를 고집하는 스카우터들과 다른 새로운 선수평가 기준을 제시하는데, 그것은 바로 숫자였다. 즉 선수들의 데이터를 특정 공식에 대입해 산출된 숫자로 선수의 가치를 평가하는 시스템을 도입한 것이다. 그 결과 평가점수는 높지만 나이, 외모, 성격 때문에 저평가된 선수들을 발굴할 수 있게 됐다. 또한 숫자 데이터를 가지고 선수들의 단점을 보완하는 코치도 하게 된다.

물론 처음에는 기존의 방식을 고수하려는 사람들로 인해 많은 갈등과 어려움이 있었지만, 빌리의 팀은 시즌에서 20연승이라는 대기록을 세우고 플레이오프에도 진출하게 된다. 비록 우승을 하진 못했지만 부자 구단인 뉴욕양키즈가 1승을 얻기 위해 140만 달러를 쓴 반면, 빌리는 고작 그것의 18퍼센트인 26만 달러밖에 쓰지 않은 효율적인 팀 운영을 보여줬고, 미국 프로야구 비즈니스의 새로운 지평을 열었다는 평가를 받았다. 이 모든 이야기는 실화다.

책 소개에 앞서 영화 이야기를 꺼낸 것은 영화의 상황과 문제의식 그리고 제시하는 대안이 모두 나와 일치했기 때문이다. 영화의 배경은 미국 프로야구지만 제한된 돈에서 최고의 효율을 달성해야 하는 것은 우리들 살림살이도 마찬가지다. 부자 구단의 방식을 좇으면 절대 그들을 이길 수 없다는 빌리의 생각도, 부자의 룰을 따르면 서민은 오히려 절대 부자가 될 수 없다는 내 문제의식과 일치했다. 무엇보다 선수평가를 선입관과 주관이 아닌 가장 객관적인 지표인 숫자로 한다는 점도 놀랍게도 동일했다. 내가 생각하는 가정경제 운영 기준과 의사결정 기준 역시 다름 아닌 숫자기 때문이다.

2
—

대한민국이 선진국 문턱에 들어서고 국민소득 3만 달러 시대를 열어간다고 하지만 우리 사회를 지배하는 가장 강력한 감정은 바로 불안이다. 미래 불안을 조금이나마 해소해보고자 사람들은 가장 믿음직한 돈을 불리는 데 집중하기 시작했고, 재테크는 삶의 필수능력으로 여겨지게 되었다. 나 또한 그 대열에 서 있었다. 아니 선두에 서고 싶었다. 포털사이트에서 증권이나 부동산 같은 금융 콘텐츠를 기획하면서 얻은 지식을 좀 더 발전시켜서 재무상담사로 전업했다. 나도 부자가 되고 더불어 그 노하우를 다른 사람들에게 알려주는 그런 재테크 전문가가 되고 싶었다.

재무상담사로 활동하면서 다양한 직업과 소득, 각계각층의 사람들을 만나 그들의 살림살이를 깊숙이 들여다볼 수 있었다. 재무상담사는 상황을 객관적이고 구체적으로 살펴보기 때문에 피상담자는 미처 알지 못한 문제들을 파악할 수 있다. 재무상담사가 돼 얻게 된 나의 첫 번째 행운은 상담을 통해 가정경제 운영에 대한 다양한 오류를 발견하게 됐다는 것이다. 이 책에 소개된 사례들은 모두 직접 상담한 사례들로 일부러 지어낸 것이 아니다. 학벌이 좋고, 돈이 많고, 지식이 많다고 해도 예외가 아니었다. 우리 집 살림살이를 잘하려면 남들이 왜 실패하는지 아는 것도 중요하다. 가정경제상담은 가정경제를 꾸려가면서 발생하는 문제가 구체적으로 어떤 것들인지 깨닫게 해준 소중한 기회였다.

두 번째 행운은 겉만 번지르르한 재테크 이론의 허구성을 깨달은 것이다. 화려한 수익률을 제시하며 부자가 되는 방법이라고 주장하는 재테크 전문가나 책은 수없이 많다. 읽어보면 그럴 듯하지만 실제로 적용하기 어렵거나 지속적으로 실천하기에는 비현실적인 내용이 너무 많다. 마치 직접 요리를 하고 맛을 보는 과정을 거치지 않은 채 머릿속에만 가상으로 재료를 배합하고 맛을 상상해서 쓴 요리책과 같다고 할까? 그러나 전문가들은 자신의 주장이 틀렸다고 하지 않고, 대부분 자신의 조언을 실천하지 못하는 사람들의 무지나 게으름, 의지 부족을 문제 삼는다. 극히 일부에 불과한 성공사례만을 부각하면서 말이다.

세 번째 행운은 행동경제학을 알게 된 것이다. 행동경제학을 통해 왜 내가 상담한 사람들이 반복적으로 오류를 범하고 있는지, 왜 재테크 전문가들의 조언이 비현실적일 수밖에 없는지 그 이유를 알게 됐다. 무엇보다 개인의 자제력과 주관적 판단에만 의지해서는 실수를 반복할 수밖에 없다는 사실을 깨달았다. 그러자 나 스스로도 더 겸손해지게 됐고, 욕망을 더 많이 내려놓을 수 있게 됐고, 그 결과 더 행복해졌다. 재테크 분야의 선봉에 서고자 했던 처음의 나는 이렇게 달라졌다.

불안한 미래를 위해 무엇이라도 해야 한다는 생각에 사람들은 적금을 깨고 주식이나 펀드를 사고 부동산 투자에 눈길을 돌려보기도 한다. 막막하고 답답해 도움을 찾아보지만, 겉으로는 '고객님'을 외치면서 소비자의 이익보다는 자신의 이익을 중심에 둘 수밖에 없는 금융기관도 믿기가 힘들다. 서점마다 즐비한 재테크 서적은 누구나 부자가 될 수 있다며 눈이 번쩍 띄는 수익률을 자랑하지만, 현실적으로 내가 실천하기 어려운 것들만 나열해놓기 일쑤다. 막상 재테크를 할 때도 옆집 아주머니의 충고나 친구의 조언, 몇 개의 뉴스가 아니면 그저 감에 기대는 것이 전부인 경우도 많다. 영화 〈머니볼〉 속 타성에 젖은 스카우터들이 명확한 기준 없이 자신의 직관이나 선수들의 겉모습만으로 가치를 평가하던 것과 별반 다르지 않다. 그 결과 평범한 사람들에게 재테크는 남들은 잘만 성공하는데 막상 내가 하면 실패하는 머피의 법칙과 같은 시도가 되고 있다.

더군다나 돈에 관한 수많은 전문가와 책들은 이구동성으로 부자가 되려면 부자들의 부자공식을 배우고 따라야 한다고 했다. 《부자의 ***》으로 시작하는 책 제목은 또 얼마나 많은가. 그러나 부자들은 서민들보다 돈, 시간, 정보를 압도적으로 많이 갖고 있다. 출발선이 이미 다른 상황에서 과연 부자의 룰을 따르는 것이 부자가 되는 길이 될 수 있을까? 영화에서 빌리가 부자 구단의 방식을 따라 하면 절대로 그들을 이길 수 없다고 말한 것과 같은 이치다. 그동안 우리는 부자의 룰을 따르다가 충분히 실패했다.

부자의 룰을 막연히 따라 하다가는 평범한 서민은 실패한다. 무엇보다 우리가 속해 있는 가정은 가족구성원이 행복해야 한다. 한두 번 재테크에 성공하는 것은 결코 이보다 더 중요하지 않다. 그러기 위해서는 지금보다 1년 후가 더 좋아지고, 5년 후가 더 좋아지는 그런 가정경제구조를 만들어야 한다.

이 책에는 가정경제 전문가로서 내가 가진 행운을 통해 얻게 된 우리 집 살림살이 운영의 모든 노하우가 담겨 있다. 벌고, 쓰고, 모으고, 불리는 돈에 관련된 모든 행위에 대한 지침과 가이드를 담았다. 가장 정직하고 현실적인 대안을 제안하고자 했다. 영화 속 피터가 숫자를 통해 선수 선발에 대한 체계적인 시스템을 갖추었던 것처럼 말이다. 유행과 트렌드를 따라가는 내용은 없다. 호황이든 불황이든, 자산이 적든 많든, 혼자 살든 같이 살든, 돈을 벌고 쓰면서 살아가는 사람이라면 반드시 기억하고 지켜야 할 내용들만 넣으려 했다. 감히 가정경제의 《성문종합영어》나 《수학의 정석》으로 자리매김할 수 있는 책이라 자부한다. 돈이 없어도 건물 주인이 된다거나 대박 주식을 족집게처럼 알려주는 책은 아니지만, 가정경제를 운영하면서 늘 마주쳐야 하는 돈 고민과 스트레스를 해결할 수 있는 방법과 대안은 여기에 충분히 제시돼 있다. 일상에서 돈 생각과 걱정을 최소화하며 경제적 자유를 향해 한 걸음 더 다가설 수 있는 디딤돌 역할을 할 수 있을 것이다.

가정경제 전문가로서 쌓은 역량을 집대성한다는 마음으로 이 책을 집필했다. 욕심이 과욕이 되지 않도록 조언을 아끼지 않은 출판사 담당자분들께 인사를 전한다. 그리고 무엇보다 감사의 인사를 드리고 싶은 사람은 바로 부족한 내 책《심리계좌》를 읽고 추천해준 독자들이다. 독자들의 열화 같은 성원 덕분에 시장에서 잊힐 뻔한 위기를 넘기고 지금까지 스테디셀러로 사랑받고 있다. 특히 《심리계좌》는 오로지 독자들의 입소문만으로 숱한 베스트셀러를 제치고 출간된 지 3년이 지났음에도 진중문고로 선정되어 전국 군부대에 배치됐고, 여전히 각종 재테크 카페에서 필독서로 추천되고 있다. 좋은 책은 결국 인정받는다는 사실을 증명하는 산 증거가 아닐까 싶어 항상 뿌듯하게 생각한다. 이번에 출간하는《우리 집 재테크를 부탁해》또한 독자들의 기대에 부응하겠다는 나름의 사명감과 욕심으로 작업했지만, 평가는 독자들에게 맡기는 것이 가장 정확할 것이다.

영화 속 빌리는 자신의 목표를 리그챔피언 반지가 아니라 변화를 일으키는 것이라고 말했다. 나 또한 부자가 될 수 있다는 환상과 기대만 심어주는 기존의 재테크 책의 판도에 변화를 가져오고자 이 책을 선보인다. 독자들도 이 변화에 동참해주기를 조심스레 권해본다.

이지영

우리 집
재테크를
부탁해
| 차례 |

• 4장 •
돈, 잘 쓰는 게 아끼는 것이다

골치 아플 일 없는 실전 투자

1장

돈 생각을 안 해야
돈이 모인다

합리적 소비라는 판타지

소비에 대해 우리의 뇌는 모순된 두 존재를 동시에 품고 있다. 하나는 본능적인 욕구에 반응하는 감성적 존재로 "돈은 있다가도 없고 없다가도 있는 거야. 돈이 뭐 중요해! 인생은 한 번뿐이야"를 외친다. 소위 욜로(YOLO, You Only Live Once) 마인드다. 또 하나는 숙고하는 존재로 "사면 실수하는 거야. 그거 저축할 돈이야"라며 스투핏이라고 핀잔을 준다. 한쪽에는 천사가, 한쪽에는 악마가 들어앉아 교대로 자기주장을 펼치고 있는 셈이다. 천사와 악마가 끊임없이 협상을 벌인다. 그러나 대부분은 악마의 속삭임, 즉 감성적 존재의 목소리가 더 크게 들린다.

우리는 악마의 목소리에 쉽게 굴복하는 사람을 타고난 기질이 충동적이거나 통제력이 부족해서라고 치부하기 쉽다. 소비를 많이 하는 사람을 물질주의적이거나 탐욕적이라고 폄하하기도 한다. 그러면서 소비 문제를 해결할 수 있는 방법으로 소비할 물건에 대해 정확히 알거나 소비가 가져오는 악영향을 인지하는 것에서 찾는다. 소위 재테크 전문가나 관련 서적에서 주로 하는 방식이다.

불행하게도 소비 문제 해결의 오류는 여기서 시작된다. 흡연이나 알코올중독, 나쁜 식습관, 학습부진 같은 문제를 해결하기 위해 이런 상황이 매우 해로우며 장기적으로 나쁜 결과를 초래한다고 교육을 시킨들 아무 소용도 없는 것과 같다.

이제는 다르게 접근해야 소비 문제를 풀 수 있다. 의지박약이나 개인의 특성으로 치부하면 문제는 영원히 해결되지 않는다. 어쩌면 합리적 소비란 판타지에 지나지 않은 개념일지도 모른다. 이제 그 이유를 알아보도록 하자.

💰 절약, 애쓸수록 실패한다

월급만 빼고 모든 것이 오르는 시대에 절약의 필요성을 느끼지 않는 사람이 있을까? 절약하겠다고 한 번이라도 마음먹지 않은 사람이 있을까? 불필요한 지출을 한 푼이라도 줄여야겠다고, 돈 쓰고 후회하는 일을 이젠 멈추고 싶다고 생각하지 않는 사람이 있을까?

우리에게 절약이란 늘 마음 한 구석에 불편하게 자리 잡고 있는 숙제다. 그러나 이 숙제는 생각처럼 쉽게 풀리지 않는다. 몇 달은 잘되다가도 어느새 다시 제자리로 돌아가 결국 포기하기를 반복한다.

책이나 TV, 인터넷을 보면 절약의 신, 짠돌이 짠순이들의 생활이 소개되곤 한다. 한 치의 낭비도 허용하지 않는 이들의 생활은 존경과 감탄을 자아낸다. 외식을 하지 않고, 집에 불필요한 잡동사니는 찾아볼 수 없으며, 수십 개의 통장을 가지고 돈 관리를 하는 등 엄청난 노력을 통해 상당한 자산을 모은 사람들을 보면 대단하다는 생각이 절로 든다. 가정경제 전문가라는 나조차 그렇게 살고 있지 못하기 때문이다.

당장 우리 집만 보더라도 사놓고 후회하는 물건이 많다. 음식을 좀 더 오래 보관할 수 있을 것 같아 장만한 식품건조기는 자리만 차지하고 있고, 캠핑에 쓰려고 구입한 침낭은 3년 동안 딱 두 번 썼을 뿐이다. 물론 고장 나기 전에는 바꾸지 않는다는 원칙을 지키며 17년째 사용 중인 전자레인지도 있고, 결혼 전 쓰던 책꽂이를 아직까지 사용하고 있기도 하다. 하지만 잡동사니란 없고, 정해진 것 외에는 사지 않으며, 충동구매와는 거리가 먼 삶이라고 말하기에는 모자람이 많다.

요즘에는 미니멀 라이프를 전파하는 책들이 많다. 나 또한 미니멀 라이프와 심플한 소비의 가치를 믿고, 그렇게 살고 싶은 사람이자 실천하고자 하는 사람 중 하나다. 더구나 가정경제 전문가를 자처하는데 다른 사람보다 더 소비를 조심하고 통제하려 노력하는 것은 당연하다. 그럼에도 불구하고 소비의 유혹 앞에서 흔들리곤 한다. 결코 당신만의 문제가 아니다. 전문가라 말하는 사람들 또한 다르지 않다.

심플한 삶이라는 이상과 소비의 유혹에 넘어가기 쉬운 현실. 이 둘의 괴리는 우리를 피로하게 한다. 소박한 삶이 좋아 보이기도 하지만 할인판매하는 물건에서 시선을 뗄 수가 없고 발이 떨어지지 않는다. 매번 사야 할지 말아야 할지 따지는 과정도 번거롭고, 내 돈 쓰면서 스트레스 받아가며 살아야 하나 하는 생각까지 들면 소비 관리나 지출 통제를 이젠 그만두고 싶어진다.

이럴 때 우리는 소비를 합리화하는 근거를 만든다. 충동구매 성향이 강하거나 소비 통제가 어려운 사람으로 자신을 규정하는 것이 대표적이다. 타고난 성향인데 어쩌겠나 하는 생각은 소비 통제를 포기하는 강력한 근거가 된다. 사실 우리 대부분은 '올해부터는 절약해야지 → 소비 유혹에 굴복 → 역시 나는 안 돼'의 무한 루트를 평생 반복하고 있다.

미니멀 라이프를 지향하는 사람에게도 소비 통제는 왜 이토록 어려운 것일까? 정말 소비의 문제가 개인의 성향이나 성격에 달려 있는 것일까? 더 노력하면 소비 성향을 바꿀 수 있는 걸까, 아니면 평생 극복할 수 없는 문제인 걸까?

우리는 더 노력하면 소비 통제를 할 수 있다고 생각한다. 그러나 실제로는 그 반대라는 것이 연구에 의해 밝혀졌다. 욕구를 참고 절제하는 능력, 즉 자제력은 쓰면 쓸수록 단련되는 근육 같은 것이 아니다. 오히려 참고 절제할수록 우리 뇌는 피로감을 느끼면서 스트레스 호르몬인 코르티솔을 분비한다. 코르티솔은 만성 두통, 불면증, 면역 저하 등을 유발하는 동시에 자제력을 약화시키고 충동적 행동을 야기한다. 욕구를 참는 일이 많아질수록 코르티솔 분비가 활발해진다. 그 결과, 어느 순간 더 이상의 자제력 발휘를 포기하게 된다. 포기만으로 끝나면 다행인데 그동안 억압돼 있던 욕구가 한꺼번에 분출되며 엉뚱한 곳에서 소비가 폭발한다.

절약하려고 애쓸수록 오히려 절약하기가 더 어려워진다는 건 놀라운 일이다. 이 사실을 처음 접했을 때 머릿속에 종이 울리는 느낌이었다. 소비 통제를 결심했다가도 다시 충동구매의 유혹에 넘어가기를 반복하는 건, 인간이라면 누구나 겪을 수밖에 없는 일이라는 사실을 알려주었기 때문이다. 우리는 절제력이 부족한 것도, 절약 의지가 약한 것도, 충동구매 성향이 강한 것도 아니었다. 인간이기 때문이었다.

가정경제 상담을 하다 보면 절약의 의지가 불타는 나머지 비상사태에 가까운 긴축 예산을 짜는 모습을 흔히 볼 수 있다. 불행히도 이런 결심은 오래갈 수 없다. 자제할수록 포기할 가능성은 커진다. 적절한 수준에서 욕구를 실현할 수 있도록 돈 관리를 하지 않으면, 스스로의 의지박약을 탓하며 다시 원점으로 돌아가는 일이 반복될 수밖에 없다. 소비 통제를 지속하는 원동력은 아이러니하게도 욕구를 참는 게 아니라 실현하는 것이라 해도 과언이 아니다.

비용을 아끼려고 정수기를 끊었지만 물을 끓여 먹는 일은 번거롭다. 끓여놓은 물이 떨어질 때마다 먹을 물이 없는 불편함도 있다. 불편함과 번거로움을 참고 참다가 다시 정수기를 들여놓은 집을 본 적이 있다. 그렇다면 물을 사 마시는 것과 끓여 마시는 것을 병행하는 일이 방법이 될 수 있다. 끓여놓은 물이 떨어졌을 때 사놓은 물로 대체하면 번거로움이 훨씬 줄어든다. 정수기를 들여놓는 것보다 비용도 적게 든다. 약간의 비용이 들더라도 절약의 부담에서 벗어날 수 있는 통로를 마련하면 보다 쉽게 소비 통제를 지속할 수 있다.

소비를 죄악시하며 절약하려고만 애쓰는 건 인간의 감정을 무시하는 태도다. 소비는 팍팍한 현실과 고된 일상에서 가볍고 쉬운 행복을 선사해준다. 절약과 검소함의 가치는 아무리 강조해도 지나치지 않다. 그러나 달성하기에는 너무 어려운 목표이며 행복을 느끼기에 너무 힘든 과정이다.

정말로 검소하고 합리적이며 사치 부리지 않는 삶을 원하는지 자문해보자. 그렇다고 말하기 어려울 것이다. 가정경제 전문가라는 나조차 그런 삶을 원치 않는다. 소비가 우리에게 주는 심리적 오락의 역할을 부정하기는 어렵다. 가볍고 쉬운 행복이라는 인간의 욕구를 있는 그대로 인정하고, 경박하고 모순적인 면까지도 그대로 바라봐야 한다. 그게 인간이기 때문이다.

💰 소비, 감정에 좌우되고 본능에 충실한

소비는 더 이상 생존과 생활에 필요한 물건을 사는 것이 아니다. 우리는 커피를 사고, 자동차를 사고, 가방을 사지 않는다. 스타벅스를 사고, 그랜저를 사고, 루이뷔통을 산다. 소비를 통해 물건의 상징과 나 자신을 일치시키는 것이다. 죽음이 두려우면 신에게 기도하는 대신 쇼핑에 나선다. 죽음이나 소외감, 우울감에서 도피하기 위한 가장 쉬운 해결책이 바로 쇼핑이다. 생계를 위한 노동이 반복되는 현실에서 자유를 느끼는 순간은 소비를 할 때다. 내 의지로 돈을 쓴다는 것은 해방감을 주고, 나아가 힘든 노동의 이유가 된다.

단언컨대 소비는 필요의 문제가 아니라 감정의 문제다. 남들이 다 갖고 있으니까, 현실 도피를 위해, 자유를 느끼고 싶어서 우리는 소비를 한다. 적어도 현재 한국은 먹을 게 없어서 굶어 죽거나 집이 없어서 얼어 죽거나 옷이 없어서 헐벗을 위험에서는 벗어나 있다. 생존을 위한 가장 기초적인 필요가 채워진 지금은 다른 어떤 필요보다 감정이 더 강하게 소비를 유발한다. 특히 소비는 여러 가지 감정 중 가장 결핍을 느끼는 부분을 채우기 위해 집중적으로 일어난다.

물건이나 서비스가 필요해서 하는 소비는 사실 극히 일부분에 불과하다. 우리는 새 물건이 주는 흥분 때문에, 나 자신의 존재를 드러내고 싶어서, 공동체에 속해 있다는 사실을 인정받기 위해, '가성비' 좋은 물건을 사냥하기 위해서, 할인판매의 유혹에 넘어가서, 쳇바퀴처럼 돌아가는 일상에서 잠시 벗어나고 싶어서, 힘들고 피곤한 문제들로부터 회피하고자 소비를 한다. 아무것도 내 맘대로 할 수 없는 세상에서 소비는 유일하게 자유를 느낄 수 있는 일이기도 하다.

타인의 시선을 과도하게 의식하면 과시 소비를 하기 쉽다. 현실에 불만이 많거나 우울감이 크다면 현실 도피를 위한 가장 쉬운 방법으로 소비에 몰두하게 된다. 싼 가격에 물건을 사는 재미에 맛들이면 인터넷 쇼핑이나 홈쇼핑의 유혹을 벗어나기 힘들어진다. 착하고 괜찮은 사람으로 보이고 싶은 감정이 크면 사람 노릇 하느라 쓰는 돈이 커진다. 감정이 소비의 상당 부분을 차지하다 보니 합리성이나 이성이 영향을 끼치지 못한다. 감정은 늘 이성을 이긴다. 소비에서도 예외일 수 없다.

그런데 우리는 소비를 유발하는 스스로의 감정을 들여다보기보다 돈을 많이 쓰는 행위 자체에 집착해 소비 욕구를 자제하려고만 한다. 처방이 올바르지 않기에 소비 문제는 해결되지 않는다. 감정은 눈에 보이지 않고 마음대로 조절하기도 어렵다. 감정을 따라 움직이는 소비 또한 통제하기 어려울 수밖에 없다. 결국 과소비 성향이 문제가 아니라 자신의 소비 감정을 모르는 것이 소비 통제에 계속 실패하는 이유다.

소비는 감정뿐만 아니라 무의식과 본능의 지배를 받기도 한다. 건강에 나쁜 줄 알면서도 식탐을 조절하지 못하는 것, 여자의 쇼핑 시간이 남자보다 길 수밖에 없는 것, 광고에 쉽게 현혹되는 것……. 감정에 휘둘리고 무의식과 본능에 따르는 인간이라는 존재에게 합리적이고 이성적인 소비 판단을 기대하고, 노력하면 소비 통제를 할 수 있다고 생각하는 건 착각이다. 물론 타고난 성실함과 끈기로 짠돌이, 짠순이로 살아가는 사람도 있지만 그들은 정말 소수에 불과하다.

불행히도 내가 그 소수에 속할 가능성은 매우 낮다. 절약하려고 절대 애쓰지 마라. 합리적 소비는 판타지일 뿐이다. 아껴 쓰려 할수록 충동구매가 늘어나고 이성보다는 본능과 감정에 충실한 것이 우리 인간이다.

어쩌면 가장 믿을 수 없는 존재는 '나'일지도 모른다. 소비를 명령하는 인간의 뇌는 합리성이나 객관성과는 거리가 멀다. 만물의 영장이라는 인간의 뇌가 가진 한계와 모순을 안다는 건 조금 씁쓸한 일일지 모르겠다. 그러나 인류의 진화 과정과 무의식이 인간의 행동, 특히 돈에 관한 행동에 끼치는 영향을 알게 된다면 단순히 의지와 노력으로 돈 관리를 하겠다는 생각이 얼마나 무모한지 알게 될 것이다.

240만 년 전 인류가 시작된 이래 인간의 조상은 아프리카 동부의 대초원에서 수렵 · 채집 생활을 하며 작은 유목민 무리를 이루고 살았다. 초기 인류의 삶은 낭만적으로 표현하자면 〈정글의 법칙〉 촬영장이고, 현실적으로 말하자면 먹이를 찾아 헤매는 떠돌이 난민이었다.

인류가 현대와 같은 산업시대를 살아온 시간은 200년에 지나지 않는다. 240만 년에 비하면 200년은 순간에 불과하며 84,000세대에 걸쳐 수렵 · 채집 생활을 했다면 산업시대는 고작 7세대를 살아왔을 뿐이다. 더군다나 인류가 냉 · 난방이 되는 집에서 살고, 슈퍼마켓에서 장을 보며, 패스트푸드를 먹고, TV를 보며 한 곳에 정착해 살게 된 지는 채 100년이 안 됐다. 컴퓨터의 활용으로 시작된 디지털시대는 이제 60여 년, 겨우 두 세대가 지났을 뿐이다. 인류의 역사에서 보면 지금 우리가 영위하는 삶은 깜박이는 작은 신호에 불과할 정도로 짧은 기간이다.

인류라는 종은 진화 과정의 99% 이상을 수렵과 채집 사회에서 보냈고, 그래서 인간의 뇌는 여전히 그 시절에 겪었던 문제들을 해결하는 데 맞춰져 있다. 아무리 인간이 목표물에 돌을 던져 맞추던 사냥꾼에서 인터넷을 클릭해 신용카드로 결제하는 존재로 변했다 한들, 우리의 뇌는 아직 인터넷 쇼핑몰이 아닌 사바나 초원과 아마존 정글에 더 적합한 상태에 머물러 있다는 사실은 변함이 없다.

한 가지 예로, 원시시대에 남성은 사냥을 하고 여성은 수렵·채집으로 생존을 이어나갔다. 수렵·채집에서 목표물은 하나만이 아니다. 주변을 훑으면서 먹을 만한 것, 유용한 것을 찾아야 한다. 반면 사냥은 목표물이 생기면 그 하나에 온 힘을 집중해서 포획한다. 그러지 않으면 사냥하다 죽을 수도 있다. 이러한 사냥과 수렵·채집의 현대적 활동이 바로 쇼핑이다.

시선이 어디를 향하는지 파악할 수 있는 장치를 부착한 남녀의 쇼핑 활동을 관찰해보면, 원시시대와 별반 달라지지 않았다는 사실을 확인할 수 있다. 여성은 필요한 물건만 보는 게 아니라 주변의 다른 물건에 끊임없이 시선을 보낸다. 뭐 건질 만한 게 있지는 않을까 하는 마음에서다. 목표한 물건에 도달해도 좀 더 나은 물건이 없을지 끊임없이 주위를 살핀다. 반면 남성은 목표한 물건까지 곧장 직진한 후 별다른 탐색 없이 원하는 것만 고른 후 쇼핑을 끝낸다. 마치 한 가지 목표에 집중하는 사냥처럼 말이다. "여성은 불필요한 물건을 싸게 사고, 남성은 필요한 물건을 비싸게 산다"라는 어느 작가의 말은 이런 남녀의 차이를 요약한 것이다.

비만 역시 인류의 진화 과정과 상관이 있다. 전 세계적으로 비만이 문제가 되고 있는 이유는 무엇일까? 왜 인간은 먹는 것에 열중하고 식탐을 통제하지 못할까? 인류 역사의 대부분 기간에 먹을 것이 희소하고 구하기 어렵다 보니 심각한 기근은 흔히 겪을 수 있는 상황이었다. 인류가 기근에서 벗어난 것은 최근 수십 년간에 지나지 않는다(가난한 나라들은 아직도 기근에 시달리고 있다). 영양분을 몸에 비축하고 겨울잠을 자는 동물과 달리 인간은 오랫동안 음식을 확보할 방법이 없다. 이에 대한 진화적 적응으로 인간은 지방이 많고 칼로리가 높은 음식을 선호하게 됐다. 채소보다는 고기, 쓴 것보다는 단 것을 선호하는 것이 생존율을 높일 수 있는 방법이었다.

그러나 지금은 칼로리가 희소하지도 않고 음식 섭취가 불확실하지도 않은데 식사량은 훨씬 늘어났다. 만약 인간이 포만감을 느꼈을 때 바로 식사를 중단하는 쪽으로 진화했다면 식사량이 증가하지 않았을 것이다. 그러나 인간은 포만감을 느껴도 멈추지 않는다. 당장 다음 끼니를 굶을 상황이 아닌데도 폭식을 포기할 수 없다. 칼로리를 축적할 수밖에 없는 본능 때문에 적당히 먹는 것은 애초에 불가능한 일일지 모른다.

특히 지방, 당분, 염분이 많은 음식을 선호하는 것은 생존에 필수적이었기 때문이다. 원시시대 인류에게 생존은 끊임없이 음식과 물을 구하고, 동물로부터 안전하게 피하고, 수면을 취할 곳을 유지하는 활동으로 이루어졌으며 이런 일과는 엄청난 에너지를 필요로 한다. 이렇게 육체적 · 정신적으로 고된 일에는 당분과 지방이 필요하다. 신체활동뿐 아니라 두뇌를 써야 하는 고도의 활동에도 에너지를 낼 수 있는 고칼로리 음식은 필수적이다. 나트륨과 소금은 세포의 건강, 특히 근육세포와 신경계의 세포에 필요한 핵심 성분이지만 원시시대에 이를 얻기는 쉽지 않았다. 소금을 섭취하려면 동물에게서 얻을 수밖에 없었다.

이런 조상을 둔 덕에 지금 우리는 달고 기름기 많으며 짭짤한 음식을 좋아한다. 지금 우리가 즐겨먹는 패스트푸드－햄버거, 치킨, 피자, 도넛 등－가 달고 기름지고 짭짤하다는 전 세계적 공통점이 있다는 것도 결코 우연이 아니다.

불행한 일은, 지방과 당분과 염분을 많이 섭취해야 살아남을 확률이 높았기에 그렇게 진화해왔지만 현대에는 오히려 건강을 해친다는 점이다. 아마도 인간은 수만 년이 지나야 배가 부르면 바로 식사를 멈추는 쪽으로 진화할지 모른다. 그것이 생존에 더 유리하기 때문이다. 그러나 아직까지는 SNS가 음식 사진으로 넘쳐나고 '먹방'과 '쿡방'의 인기가 식을 줄 모르고 있다. 먹을 수 있을 때 많이 먹어둬야 생존할 수 있다는 진화적 본능에 충실한 결과일 것이다.

이런 진화적 특성 때문에 식비를 조절하는 일은 매우 어렵다. 인간은 항상 필요한 양보다 더 많이 먹고 싶어 하고, 그 결과 더 많이 소비한다. 적당한 선의 장보기는 애초에 불가능한 일이라고 봐야 한다. 그 적당함이란 항상 필요보다 많을 수밖에 없다.

인간은 이성적이고 합리적이며 자신의 이익을 가장 극대화하는 방향으로 선택을 한다는 호모이코노미쿠스(homoeconomicus)라는 개념은, 진화 연구와 뇌과학의 발달로 인해 더 이상 통용되지 않는다. 인간은 호모이코노미쿠스가 아니라 실수투성이 휴먼이자, 진화심리학자들이 말하듯 "현대식 머리 안에 석기시대의 정신이 살고 있는" 것 같은 부조화를 안고 있다. 이러한 부조화는 인간의 삶, 특히 돈과 소비 문제에 다양한 착각과 오류를 야기한다.

똑똑한 사람이 어리석은 행동을 하는 이유

영화 〈맨 오브 스틸〉에는 지구로 떨어진 어린 슈퍼맨이 자신의 능력에 적응하는 데 매우 힘들어 하는 장면이 나온다. 물론 슈퍼맨답게 차츰 적응해가지만, 평범한 인간과 달리 모든 자극을 받아들이다 보니 주변에서 일어나는 온갖 소리가 동시에 들려 괴로워한다. 영화 후반부에 등장하는 악당 역시 지구에 처음 떨어졌을 때 어린 슈퍼맨처럼 모든 소리를 듣는 것에 고통을 느끼고 특수 마스크를 쓰는 것으로 해결한다.

그런데 인간은 왜 슈퍼맨과 같은 어려움을 겪지 않는 걸까? 왜 어떤 소리는 들리고 어떤 소리는 들리지 않을까?

버니지니아대학교 심리학과 교수 티모시 윌슨에 따르면, 인간은 오감을 통해 1초에 1,100만 개의 정보를 받아들이지만 그중 40개 정도만 인식해서 처리한다. 나머지 99%의 정보는 무의식 또는 잠재의식이 처리한다.

무의식은 운전에 비유할 수 있다. 초보자는 동작 하나하나를 인식하고 판단하면서 운전을 한다. 따라서 한 번에 여러 가지를 할 수 없고 에너지 소모가 많다. 그러나 익숙해지면 대부분의 운전 동작은 무의식적으로 이뤄진다. 뇌가 판단한 후 행동하는 게 아니라 자신도 모르는 사이에 행동이 일어나는 것이다.

행동경제학으로 노벨경제학상을 받은 심리학자 대니얼 카너만은 그의 저서 《생각에 관한 생각》에서 머릿속에 존재하는 두 가지 시스템을 '시스템 1'과 '시스템 2'로 부른다. 시스템 1은 무언가를 한다는 감각 없이, 혹은 전혀 힘들이지 않고 자동적으로 빠르게 작동한다. 반면 시스템 2는 복잡한 계산 등 의식과 노력이 필요한 정신활동이다. 시스템 1이 무의식이라면, 시스템 2는 이성이라고 할 수 있다.

주변을 감지하고, 사물을 인지하고, 주의를 기울이고, 손해를 피하고, 맹수를 두려워할 준비는 태어날 때부터 우리에게 내재되어 있는 것이며 시스템 1의 영역이다. 반면 시스템 2를 작동시키기 위해서는 의식적으로 집중해야 한다. 집중하지 않으면 틀린 결론을 내릴 수 있다. 따라서 시스템 2를 작동시키고 있는 동안 우리는 여러 가지를 동시에 할 수 없다. 인간의 집중력은 제한적이기 때문이다.

무의식적으로 이루어지는 시스템 1은 인간과 동물에 공통적으로 나타난다. 처음 접하는 대상, 행동, 상황을 순간적이고 자동적으로 적합한 항목에 집어넣어 분류해놓는다. 시스템 1은 신속하고 빠르며 작동을 멈출 수 없는 사고 과정이기에 외부 요인에 잘 속아 넘어간다.

반면 의식적으로 이루어지는 시스템 2는 이성적이고 논리적이고 회의적이어서 끊임없이 질문하고 답을 찾는다. 분석적이기 때문에 느리게 작동하고 처리 용량은 적으며 기억이 많이 요구되고 에너지도 많이 필요하다.

인간이 생존하기 위해서는 당연히 빠르고 에너지 소모가 적은 시스템 1에 대부분의 행동을 의지할 수밖에 없다. 반면 시스템 2는 더 많은 생각과 고민이 필요한 특수한 상황에서만 쓰이게끔 진화되었다.

최근 무의식, 즉 시스템 1에 대한 연구가 활발히 진행되고 있다. 무의식이 일어나는 장소인 뇌에 대한 연구는 지난 수세기 동안 진행되어왔으나 뇌의 내부 구조나 작용 원리에 대해 자세히 밝혀지기 시작한 것은 최근 20여 년간에 불과하다. fMRI(기능성자기공명영상), PET(양전자단층촬영) 등으로 두뇌의 내부를 들여다보고 뇌의 활동을 알 수 있게 되면서 무의식의 영향에 대해서도 좀 더 잘 알게 되었다. 시스템 1은 사고 과정 없이 반사적으로 발현되기에 특정 상황에서 오류를 일으키는 단점이 있다. 행동경제학에서는 이를 편향(bias)이라 부른다. 이러한 편향은 인간이라면 보편적으로 가지고 있는 것으로 우리의 의사결정에 큰 영향을 끼친다.

우리는 지금까지 자신을 합리적 이성을 가진 소비 주체로서 충분한 정보를 찾고, 자유롭게 다양한 소비 선택을 하고, 가격 대비 질을 깐깐하게 따지는 능동적인 소비자로 생각해왔다. 그러나 뇌와 무의식에 대한 다양한 연구는 이것이 착각에 불과하다는 사실을 보여준다.

인간 행동의 90% 이상은 무의식의 지배를 받는다. 우리는 소비를 무의식적으로, 습관적으로, 감정적으로 하지만 그 사실은 인지하지 못한다(무의식이기 때문에 당연한 일이다). 때문에 특정 제품을 왜 구입했는지 물으면 누구나 이해할 만한 이유를 애써 찾아낸다. 심지어 나에게 필요하지 않으면 친지들에게 나눠주면 된다는 식으로 이유를 만들어낸다.

'나' 의 판단을 믿으면 안 된다. 나는 무의식의 지배를 받고 있다고 인정하는 편이 더 옳은 판단이다. 이제 무의식의 지배를 받아 이뤄지는 비합리적 소비 행동들의 예를 알아보자.

⑤ 미인을 보면 이자가 높아도 상관 없다

세상에서 제일 아까운 돈이 이자로 지불하는 돈이 아닐까. 그래서 우리는 대출을 받을 때 0.1%라도 이자를 덜 낼 수 있는 곳을 찾아 헤매고 예금할 때도 다만 0.1%라도 높은 이자를 받으려 한다. 이렇게 중요한 금리에 미인 사진이 영향을 끼친다는 점은 참으로 놀랍다(물론 남자들에 국한된 이야기이긴 하지만 놀라운 건 마찬가지다).

남아프리카공화국의 어느 은행에서 대출 사업을 활성화할 목적으로 고객 5만 명에게 이메일 광고를 무작위로 발송했다. 경쟁상품과 비교하는 것도 있고 남성과 여성 모델이 들어간 것도 있는 등 광고는 여러 버전으로 제작됐다. 금리도 3.25%에서 11.75%까지 다양했다.

논리적으로 가장 응답률이 높은 대출상품은 금리가 가장 낮은 상품이어야만 한다. 그러나 교육 수준이나 수입과 상관없이 남성 고객은 여성 사진이 들어갔을 때 대출 금리를 4.5% 낮췄을 때만큼 응답률이 증가했다. 즉 4% 금리의 대출상품과 여성 사진이 들어간 8.5% 금리의 대출상품 응답률이 같았다는 뜻이다. 0.1%에도 민감하게 반응하는 것이 금리 아닌가. 게다가 대출은 신중한 결정이 요구되는 소비다. 감정적 선호와 무의식의 힘은 이토록 크다. 그렇다면 여성은 어땠을까? 여성 고객은 사진에 대체로 영향을 받지 않는 것으로 나타났다.

초콜릿을 먹으면 TV도 산다

외국에 사는 한 지인은 한국에 올 때마다 시식하는 재미로 마트에 간다고 할 정도다. 이처럼 시식은 소비자에게 즐거움을 주고 그 즐거움은 자연스럽게 구매로 이어지곤 한다. 확실히 시식을 하면 그 음식을 사게 될 가능성이 높다. 특히 초콜릿같이 달콤한 음식은 단지 시식하는 음식뿐만 아니라 책, 가전제품, 컴퓨터, 디자이너 셔츠 등 고가의 제품까지 사고 싶게 만든다.

마이애미대학교에서 공짜 초콜릿이 소비에 미치는 영향에 대해 실험을 진행했다. 초콜릿 과자를 권했을 때 맛있게 먹은 실험 참가자들은 계속 먹고 싶어 했는데 과자뿐만 아니라 아이스크림, 피자, 감자칩 등 지방이 많은 음식도 먹고 싶어 했다. 또한 초콜릿 과자의 유혹을 이겨낸 참가자들보다 애플 컴퓨터나 디자이너가 만든 셔츠, 고급 TV

같은 제품에 더 높은 가치를 매겼다.

꼭 필요하지 않은 최고급 제품이나 사치품을 원하는 사람이라면 시식용 초콜릿 과자 하나로 잠재된 소비 욕구가 불 붙을 수 있는 것이다. 혹시 가게를 운영하거나 판매직에 종사한다면 방문 고객에게 달콤한 사탕이나 초콜릿을 공짜로 제공하는 것이 판매 실적을 높이는 데 도움이 될 수 있다. 초콜릿 한 조각이 돈을 쓰고 싶다는 욕구를 점화하는 성냥 역할을 하기 때문이다. 비싼 물건일수록 신중하게 생각하고 꼼꼼히 따져 구매하겠다는 당신의 굳은 의지는 의외로 초콜릿 한 조각에 스르르 녹아내릴지도 모른다.

💲 클래식을 들으면 비싼 물건을 산다

음악 역시 초콜릿 못지않게 소비를 부추긴다. 특히 클래식 음악은 더 고가의 상품을 소비하도록 만든다. 와인 판매점에서 실시된 실험 결과, 1인당 구매한 와인 수는 클래식 음악을 들은 실험군이 0.12병, 최신 유행가를 들은 실험군은 0.07병으로 큰 차이가 없었다. 그러나 1인당 지출한 금액은 클래식 음악 쪽이 7.43달러, 유행가는 2.17달러로 3배 이상 차이가 났다.

영국의 레스토랑에서 진행된 실험도 비슷한 결과를 보여준다. 유행가를 틀거나 음악이 없을 때보다 클래식 음악이 흘러나왔을 때 고객들은 좀 더 비싼 요리를 주문했고 식사를 마친 후 커피를 주문하는 비율도 더 높았다. 지불 총액으로 보면 클래식 음악 쪽이 약 10% 더 많았다. 클래식 음악은 레스토랑에서 더 많은 소비를 하도록 유도할 뿐만 아니라 좀 더 고급 포도주를 사도록 하는 효과가 있는 것이다. 아마도 클래식 음악이 품격 있고 고급스러운 이미지를 연상시키기 때문에 이에 맞춰 행동해야 할 것 같은 무의식적 압박이 보다 비싼 것을 소비하도록 하는 듯하다.

음악을 적극적으로 활용하는 곳은 백화점이다. 백화점은 계절별로 또 시간별로 음악을 구분하여 마케팅에 활용한다. 여름에는 빠르고 경쾌한 음악을, 가을에는 분위기 있고 조용한 음악을 튼다. 고객이 상대적으로 적은 평일에는 조용하고 차분한 음악을 틀어 고객들이 천천히 쇼핑하며 더 많은 물건을 사도록 하지만(느린 템포의 음악을 틀면 쇼핑 시간이 18% 길어지고 매출은 17% 증가한다는 연구 결과가 있다), 주말이나 할인판매 기간처럼 고객이 몰리는 때는 빠르고 경쾌한 음악으로 신속하게 구매를 마치고 매장을 떠나도록 유도하기도 한다.

초콜릿 향을 맡으면 음식 책을 산다

냄새가 소비에 끼치는 영향이라면 음식점이나 빵집의 사례를 쉽게 떠올릴 수 있다. 배고픈 상황에서 빵을 굽는 냄새는 소비를 유혹하는 마법과도 같다. 의외의 사례는 향기가 책 매출을 높인다는 것이다. 벨기에 하셀트대학교 연구진은 열흘간 한 서점에서 반나절 동안 초콜릿 향이 나도록 했다. 아주 약한 향이었는데도 고객들은 서점에 더 오랫동안 머물렀고 그만큼 더 많은 책을 구매했다. 매출에 가장 큰 영향을 받은 책은 연애소설과 음식 및 음료에 관한 책으로, 무려 40%나 매출이 증가했다. 서점 주인이라면 눈이 번쩍 뜨이는 정보가 아닐까 싶다.

내재된 소비 욕구를 점화하는 것은 초콜릿, 음악, 향기처럼 단순한 것들이다. 아마도 우리 안의 소비 욕구는 항상 넘치기 직전 상태까지 채워져 있는 것일지 모른다. 물이 가득 담긴 물잔에 물 한 방울만 보태도 잔이 넘치는 것처럼, 초콜릿 한 조각으로도 인내심의 임계점을 넘어 지갑을 열게 되는 것이 아닐까. 소비 욕구를 억제하는 것은 그래서 정말 어렵고 힘든 일이다.

🎯 줄이 길면 훨씬 많이 산다

길을 가다가 길게 늘어선 줄을 보면 줄의 정체가 무엇인지 궁금해지는 것은 인지상정이다. 궁금함을 넘어 나도 줄에 합류해야만 할 것 같은 마음이 든다. 길게 늘어선 줄은 유명 상품에 대한 '권위에의 복종' 심리를 일으킨다. 이렇게 많은 사람이 줄을 선 데는 분명한 이유가 있다는 믿음이 강렬할수록 복종심리는 쉽게 작동한다. 어떤 물건인지는 모르지만 줄을 서지 않아 나만 구매하지 못하면 어쩌나 하는 조바심이 복종심리에 쉽게 굴복하게 만든다. 다수가 선택한 것이라면 분명 합당한 이유가 있을 테니 일단 사고 보자는 심리가 발동한다.

1인당 구매 수량 제한 같은 판매 전술에 매출액이 증가하는 것도 같은 맥락이다. '지금 사지 않으면 후회하게 될 거야'라는 생각을 하게 만드는 것이다. 또한 줄이 길면 길수록, 오래 기다리면 기다릴수록 더 많이 사게 된다. 조금만 사는 것은 지금까지 들인 시간과 수고에 비해 성과가 너무 적다고 생각하는 것이다.

여행을 갔다가 그 지역의 유명한 빵집에 들른 적이 있다. 전국적으로 알려진 집이다 보니 줄이 매우 길었고 적어도 1시간은 기다려야 하는 상황이었다. 그곳에서 놀랐던 것은, 긴 줄도 줄이지만 사람들이 사가는 빵의 양이었다. 물론 선물을 한다는 핑계도 있었겠지만 오래 기다린 데 대한 보상심리 때문이 아니었을까 싶다. 기다리지 않고 바로 살 수 있었다면 그렇게 많은 양은 사지 않았을 것이다.

비슷한 현상이 일어나는 곳이 박람회다. 시중가보다 물건을 싸게 살 수 있기에 관심 있는 분야의 박람회에 다들 한두 번쯤 찾아간 경험이 있을 것이다. 그런데 입장료가 있는 박람회와 없는 박람회 중 어느 쪽이 더 많은 판매고를 올릴까? 공식 통계는 없지만, 입장료가 있는 박람회에서 더 많은 판매가 이뤄질 것이다. 입장료라는 진입장벽 때문에 방문객 수는 적을 수 있지만, 일단 입장한 사람은 비용을 지불했기 때문에 하나라도 사야 할 것 같은 무의식적 압박을 받는다. 아무것도 사지 않는다면 입장료만 날리는 셈이니 손해라고 느낀다. 반면 무료 박람회는 더 많은 사람이 방문할 수는 있지만 물건을 사야 한다는 압박은 거의 느낄 필요가 없다. 따라서 구매가 더 적게 일어난다고 추정할 수 있다.

애써 시간을 내고 기름값을 써가며 시 외곽의 아웃렛을 방문한 경우도 마찬가지다. 이미 지불한 비용(시간, 기름값 등)을 생각하면 하나라도 사야 손해 보지 않는다는 생각이 들기 때문에 필요치 않은 물건

까지 구매할 가능성이 높아진다. 이런 일들은 사실 그다지 새로울 게
없는 우리의 일상이다.

💰 같은 물건도 비싸면 좋다고 느낀다

가격은 제품의 성능이나 품질을 나타내는 척도이기 때문이 가장 정확
하고 확실한 소비의 기준이 될 수 있다. 비싼 제품은 그만큼의 값어치
를 하고 저렴한 상품은 싼 가격만큼의 품질을 가지고 있다고 할 수 있
을 것이다. 그런데 가격에 대한 흥미로운 실험 결과가 있다. 물건에
매겨진 높은 가격을 볼 때의 뇌 상태와 살을 꼬집을 때의 뇌 상태가
비슷하다고 한다. 즉 높은 가격은 뇌에게는 육체적인 고통과 똑같다.
따라서 우리는 고통을 피하기 위해 낮은 가격을 선호해야 한다. 그러
나 우리의 무의식은 다른 행동을 하도록 유도한다.

　5.65유로(약 7,000원)짜리 와인과 12.95유로(약 1만 6,000원)짜리 와인
을 함께 진열해두면 약 85%의 고객이 7,000원짜리를, 나머지 15%의
고객이 1만 6,000원짜리를 구입한다. 그런데 여기에 33.95유로(4만
2,000원)짜리 와인을 추가로 진열하면 상황이 달라진다. 이때는 고객
의 약 70%가 7,000원짜리 와인을, 28%가 1만 6,000원짜리 와인을,
그리고 2%가 4만 2,000원짜리 와인을 구입한다. 만약 당신이 와인
상점 주인이고 중간 가격의 와인 매출을 늘리고 싶다면 별도의 광고
나 추가 노력 없이 단지 고가의 와인을 비치해두는 것만으로도 효과
를 볼 수 있다.

이런 현상은 앵커링 효과(anchoring effect)와 중간을 지향하는 뇌의 성향 때문이다. 소비자는 특정 가격을 기준점으로 닻(앵커)을 내린다. 싼 것과 비싼 것 두 가지의 옵션이 있다면 흔히 싼 것을 선택한다. 낮은 가격에 닻을 내린 것이다. 그러나 옵션이 세 가지가 되면, 즉 고가의 와인이 추가되면 조금 전까지만 해도 비싸게 느꼈던 와인이 비싸게 느껴지지 않고 구매하고 싶은 생각이 커진다. 기준점이 중간 가격으로 옮겨가 닻을 내리게 된 것이다.

우리의 뇌는 중간을 지향하는 성향이 있다. 중간을 선택하면 실수할 확률이 줄어든다고 생각한다. 이를 타협 효과 혹은 극단 회피성이라고 한다.

골디락스(goldilocks)도 같은 맥락이다. 너무 뜨겁지도 않고 너무 차갑지도 않은, 딱 적당한 상태를 가리키는 말이다. 그래서 골디락스 경제는 인플레이션을 우려할 만큼 과열되지도 않고, 경기 침체를 우려할 만큼 냉각되지도 않는 이상적인 경제 상황을 말한다. 우리는 물건을 소비할 때 골디락스 가격을 선호한다고 볼 수 있다. 너무 싸지도 않고 그렇다고 너무 비싸지도 않은 가격, 그래서 이상적으로 보이는 가격을 선택하고 그런 상품을 고르는 것이 합리적이라고 생각한다.

이미 사용하고 있는 물건을 평가할 때도 객관적인 성능이나 품질보다는 가격에 큰 영향을 받는다. 우리 뇌는 5달러짜리 와인보다 45달러짜리 와인을 마실 때 더 큰 기쁨을 느낀다. 실제로는 둘 다 5달러짜리라도 말이다. 심지어 진통제의 효과도 가격이 영향을 끼친다. 가격을 다르게 알려주었으나 같은 진통제를 복용한 두 실험군에서 가격

이 비싼(비싸다고 생각한) 진통제를 복용한 실험군이 약효가 더 크다고
답했다.

💰 아무리 똑똑해도 미끼상품을 피할 수 없다

물건이 하나뿐이면 가격에 비해 성능이 좋은지 나쁜지 판단을 내리기
어렵다. 그러나 두 가지가 있다면 어느 것이 더 좋은지 판단할 수 있
다. 이때 평가되는 가치는 절대적인 게 아니라 상대적인 가치다. 비교
해서 판단하는 인간의 습성상 저가, 중가, 고가의 물건이 있을 때 우
리는 중간 가격의 상품을 구매한다는 점을 앞서 언급했다. 이런 경향
으로 인한 비합리적 판단에 대해, 행동경제학자 댄 애리얼은 그의
저서 《상식 밖의 경제학》에서 재미있는 실험을 보여준다.

애리얼은 MIT 경영대학원 학생들—아마도 가장 똑똑한 인간의
표본이 아닐까—100명을 대상으로 다음 상품 중 무엇을 선택할지 물
었다.

1. 《이코노미스트》 온라인판 정기 구독(59달러): 16명 선택
2. 오프라인판 정기 구독(125달러): 0명 선택
3. 온라인 및 오프라인 판 패키지 정기 구독(125달러): 84명 선택

아마도 이 책을 읽고 있는 독자들의 선택도 크게 다르지 않을 것이
다. 같은 값이면 온라인과 오프라인 판을 모두 구독할 수 있는 3번을

선택하지, 2번을 선택하는 사람이 과연 있을까. 그런데도 2번 항목이 들어 있는 이유는 무엇일까? 만약 2번 항목을 빼면 결과가 달라질까? 2번을 빼고 나머지는 똑같은 조건으로 실험한 결과는 다음과 같다.

1. 《이코노미스트》 온라인판 정기 구독(59달러): 68명 선택
2. 온라인 및 오프라인 판 패키지 정기 구독(125달러): 32명 선택

패키지를 선택한 학생이 84명에서 32명으로 크게 줄었다. 이는 항상 비교해서 판단하는 인간의 습성 때문이라고 설명할 수 있다.

상품의 객관적이고 절대적인 가치를 찾기보다 비슷한 상품과의 가격 비교를 통해 가치를 매기려는 경향은 뇌의 한계에 기인한 필연적 결과다. 이처럼 상대적 평가에 의존하는 건 인지적 구두쇠(cognitive miser) 경향 때문이다.

마치 구두쇠처럼 우리 뇌는 생각하는 데 많은 에너지를 쓰기 싫어한다. 그래서 의사결정을 할 때 최소한의 정보만 활용하려는 경향이 있다. 품질을 객관적으로 평가하고 분석하는 일은 많은 수고가 필요하지만 인지적 구두쇠 경향은 그런 노력을 꺼리게 만든다. 대신 우리는 브랜드, 과거의 제품 사용 경험, 제품을 판매하는 사람의 이미지, 주변 사람에게 들었던 이야기, 바로 옆에 있는 비슷한 제품 등 즉각적이고 쉬운 판단 기준을 찾는다. 지금까지 소비자들은 이런 방식, 즉 상대 평가를 통해 상품을 선택해왔다.

MIT 학생들을 대상으로 한 첫 번째 실험에서 비교가 쉬운 것은 2

번과 3번이다. 1번과 3번의 비교는 직관적으로 쉽지 않고 자신의 상황을 고려하며 따져봐야 하는 시간과 노력이 든다. 반면 비교하기 쉬운 2번과 3번을 놓고 보면 3번이 확실히 이득이다.

두 번째 실험에서는 쉽게 비교할 수 없는 선택지 두 개만 존재한다. 이런 상황에서는 자신의 필요와 적당한 가격인지 등을 좀 더 생각하고 따져볼 수밖에 없으며 결과적으로 유리한 선택을 할 가능성이 높아진다.

부동산중개소에서 집을 보여줄 때 흔히 사용하는 것이 이런 비교 심리를 활용한 미끼상품이다. 부동산중개업자가 꼭 거래를 성사시키고 싶은 집 A가 있다고 하자. 그렇다면 고객에게 그 집보다 약간 낮은 가격이거나 별 차이가 없는데 상태가 A보다 나쁜 집 B와, A보다 상태가 조금 좋지만 훨씬 비싼 집 C를 먼저 보여줄 수 있다. 이때 A의 매력도는 상승할 수밖에 없다. 집을 구하러 다니다 보면 어처구니없이 비싼 집이 있는데 이런 목적의 미끼로 사용되는 집이라고 볼 수 있다. 이런 함정에서 벗어나기 위해서는 발품을 팔아 더 많은 집을 둘러보면서 객관적이고 타당한 가격이 얼마인지 파악하는 수밖에 없다.

💣 공짜에 흥분하고 공짜에 속고

공짜의 힘은 강력하다. 공짜라면 양잿물도 마신다는 속담은, 공짜에 흥분하는 뇌의 습성을 제대로 파악한 조상들의 지혜의 산물이다. 박람회 같은 곳에 가면 사람들이 30분에서 1시간 이상 줄을 서서 순서를 기다리는데 정작 받는 것은 대단치 않은 샘플이나 싸구려 필기구 등이다. 공짜라는 말은 사람들을 끌어모으는 마법의 주문이다.

《상식 밖의 경제학》에서 애이리얼이 소개한 또 하나의 실험을 보자. 이번에도 스마트한 MIT 대학생들이 대상이고, 린트 트리플과 허쉬 키스를 진열한 후 '1명당 1개'라는 안내문을 붙여놓고 초콜릿을 판매했다. 린트 트리플은 15센트, 허쉬 키스는 1센트로 가격을 매겼을 때 73%가 트리플, 27%는 키스를 골랐다. 아마도 학생들은 자신의 필요나 선호도, 가격의 합리성 등을 따져 구매 결정을 내렸을 것이다.

이번에는 가격을 1센트씩 깎아서 트리플은 14센트, 키스는 공짜에 주기로 했다. 그러자 키스 판매는 69%로 두 배 이상 급등하고 트리플은 31%로 곤두박칠쳤다. 똑같이 1센트씩 가격이 떨어졌기 때문에 이론대로라면 두 제품의 판매율은 변화가 없어야 한다. 그러나 키스가 공짜가 되는 순간, 합리적인 소비 결정의 의지는 온데간데없어지고 공짜 초콜릿을 얻을 수 있다는 흥분만 남았다. 원하지도 않는데 공짜이기 때문에 선택한 것이다.

우리가 공짜에 집착하는 이유는 손해 보기가 두려워 피하려고 하는 손실 회피 심리와 관련 있다. 공짜의 진짜 매력은 두려움을 제거해준다는 데 있다. 공짜는 손해 볼 가능성을 완전히 사라지게 해준다. 공짜가 아니라면, 고작 1센트짜리라 할지라도 키스가 아닌 트리플을 살 걸 잘못했다고 생각할 여지가 있다. 그러나 공짜라면 그런 후회를 할 가능성이 제거된다. 공짜 효과(zero price effect)라는 말이 있을 만큼, 공짜를 봤을 때 흥분하고 격해지는 감정을 조절할 수 있는 인간은 그리 많지 않다.

공짜에 흥분하는 사람들의 심리를 마케팅이 그냥 지나칠 리 없다. '12개월 무이자 할부.' 이자가 공짜라니, 엄청난 이득으로 느껴질 수밖에 없다. 지금 당장 돈이 없어도 12개월로 나눠서 낼 수 있고 이자도 내지 않는 이 좋은 혜택을 지나치는 것이 손해가 아닐까 싶어 홈쇼핑을 보다 수화기를 들고 카드 번호를 입력하고 있다면 바로 공짜 마케팅에 당한 것이다.

기업 입장에서는 판매를 높이기 위해 할부 이자쯤은 부담할 수 있을뿐더러 아마도 상품 가격에 포함돼 있을 가능성이 높다. 손해 볼 게 없는 장사다. '3만 원 이상 무료 배송.' 이 역시 하나라도 더 사도록 유도하는 마케팅 기법이다. 공짜 배송을 받기 위해 필요 없는 물건을 구매하는 사람들이 의외로 많다. 워낙 강력하기에 공짜 효과에 저항하기란 결코 쉽지 않다. 공짜라고 느끼는 순간 이성이나 합리성은 사라지고 지금 사지 않으면 손해라는 생각에 지배당하는 것이 우리 인간이다.

충동구매, 과소비, 적자 인생이라는 거대한 적에 맞서 싸우기에 감정과 무의식의 지배를 받는 인간의 의지는 나약하기 그지없다. 그렇다고 어쩔 수 없다며 마음 가는 대로 돈을 쓰다가는 평생 돈에 휘둘려 살 수밖에 없다. 문제 해결의 실마리는 오히려 노력과 의지의 한계를 인식하는 데서 찾을 수 있다. 더 이상 의지박약을 탓하며 절약 결심과 포기를 반복하는 일을 멈추어야 한다. 다시 말하지만 당신 탓이 아니다. 인간이 그렇게 생겨먹은 것이다.

⑤ 존재하지 않는 수익을 찾아서

고금리시대에는 금융상품으로 예금과 적금만 있어도 충분했다. 열심히 일해서 돈을 모아 집을 사고 또 돈을 모아 더 넓은 집을 사는 식으로도 우리 부모 세대는 자산을 마련할 수 있었다. 그러나 지금은 저금리시대, 금융 환경은 일반인들이 접근하기에 점점 더 복잡해지고 있고 은행 이자는 자산 증식 수단으로서의 가치를 잃어버렸다.

조금이라도 더 많은 수익을 바라는 것은 당연한 욕구이기에 예금과 적금 이외의 다른 금융상품을 찾게 될 수밖에 없고, 결국 금융기관이나 금융 전문가들에게 의존할 수밖에 없다. 그러나 불행히도 금융기관의 미션은 소비자들에게 정확한 금융 지식과 상품을 전달하는 것이 아니라 어쨌든 많은 금융상품을 판매하는 것이다. 금융 시장 자체가 판매자 위주의 불공정한 게임 판인 셈이다. 수익률이 높다는 말만 믿고 가입했지만 손해가 발생하거나 생각과 다른 상품일 경우 금융기관은 두꺼운 약관을 내밀며 "당신이 이미 동의하고 사인했다"라고 말하는 것으로 면책된다. 소비자 입장에서는 그저 잘 몰랐던 자신을 탓할 수밖에 없다.

저금리는 이미 돌이킬 수 없는 시대의 흐름이자 경제적으로 발전한 나라의 보편적 현상이다. 한국도 예외는 아니다. 좀 더 많은 수익을 얻기 위해서는 다양한 노력과 탐색을 할 수밖에 없는 저금리시대에 판매자 위주, 금융기관 위주의 현재 금융 환경은 매우 위험하다. 허리띠를 졸라매며 힘들게 모은 돈을 불필요하거나 감당하기 어려울 만큼 위험한 금융상품에 가입함으로써 손해 보는 행위를 반복시키고 있기 때문이다. 더군다나 금융기관의 이익이 아니라 소비자의 이익을 우선시하고, 고객의 재무 상황을 고려해서 적절한 금융상품과 재정 계획을 제안하는 서비스는 아직 우리나라에서 쉽게 찾아볼 수 없다.

개인들이 복잡한 금융 원리나 상품 특성을 모두 이해하는 전문가가 될 수는 없다. 그렇지만 누구나 반드시 한 가지 금융 원리는 기억해야만 한다. 예금과 적금이 금리가 낮은 것은 원금 손실 없는 무위험 상품이기 때문이다. 원금에 정해진 금리의 이자가 붙어 정해진 기간 후 상환되며 단순하고 변동이 없는 상품은 수익률이 낮다. 반대로 원금을 손실 가능성이 있으며 수익률이 변동하는 상품은 위험하지만 수익률은 높다. 아니, 높을 수도 있고 마이너스일 수도 있다. 금융에서 '무위험–저수익–단순함–쉬움'과 '고위험–고수익–복잡함–어려움(high risk, high return)'의 조합은 불변의 법칙이다.

예금/적금의 대안을 찾고 싶어 하는 마음을 노리고 다양한 금융상품이 쏟아지고 있다. 우리는 이 다양한 상품 가운데 고수익–무위험 또는 고수익–저위험의 조합이 있을 것으로 생각한다. 그러나 세상에 그런 금융상품은 없다. 예금/적금보다 높은 수익률을 제시하는 상품이 있다면, 위험하고 복잡하며 원금 손실 가능성이 있음을 반드시 기억해야 한다.

나만 예외적으로 운이 좋거나 혹은 똑똑해서 상품을 잘 골라 높은 수익을 오랜 기간 안정적으로 얻을 수 있다고 생각하는 사람이 의외로 많다. 다시 한 번 강조하지만 그런 금융상품은 세상에 없다. 불필요한 물건을 구매하면 물건이라도 남지만, 잘못된 금융상품을 구매하면 돈은 돈대로 날리고 어리석었다는 자책까지 짊어지는 이중고를 겪어야 한다.

돈 관리를 잘한다는 것은 물건뿐만 아니라 금융상품에 대한 소비 관리 또한 포함된다. 금융상품 소비에 신중을 기해야 하지만 금융상품을 판매하는 사람들은 당장 그 상품에 가입하지 않으면 큰일 날 것처럼 이야기하고 또 그 말이 그럴듯하게 들린다. 저금리시대의 복잡해진 금융 환경은 우리의 재무 상황을 더 위험하게 만들고 있다는 점에서 돈 관리의 큰 장애가 되고 있다.

🪙 빚을 빚으로 생각하지 못하고

지금은 개인이 은행에서 돈을 빌리는 것이 보편화됐지만 IMF 외환위기 이전에는 결코 쉬운 일이 아니었다. 금융기관들은 정부의 규제와 통제 아래에 있었기 때문에 대부분의 자금은 기업에게 대출을 해주었다. 적어도 IMF 외환위기 이전까지 금융기관은 일반인들에게 돈을 빌리는 것에 한해서는 높은 문턱을 가진 곳으로, 은행에서 돈을 빌리는 것은 자산가나 권력자가 아니면 거의 불가능한 일에 가까웠다. 그래서 부채란 급하게 필요한 돈을 친지에게 빌리는 것이 대부분이었으며, 집을 한 채 더 사고 싶으면 전세제도라는 무이자 담보대출을 이용하는 것이 보편적이었다. 따라서 지금처럼 가계 부채 문제가 발생할 수도 없었고, 돈이 없으면 쓰지 않는 삶을 살아야 했다.

돈이 없으면 안 쓰는 것이 당연하다. 하지만 지금은 전혀 당연하지 않게 여겨진다. 해외여행을 가고 싶지만 돈이 없다. 어떻게 할 것인가? 신용카드 할부로 가면 된다. 명품 가방을 사고 싶지만 돈이 없다. 어떻게 할 것인가? 역시 신용카드가 있다. 필요한 돈을 모을 때까지 기다리는 건 이제 진부한 일처럼 보인다. 신용카드가 있고 당장 욕망을 실현할 수 있는데 굳이 기다리는 수고를 감내할 이유가 없다.

신용카드는 빚이다. 과거에는 돈을 빌리려면 사람들에게 아쉬운 소리를 해야 했기에 자존심도 상하고 말하기도 어려웠다. 차라리 안 쓰고 말았다. 지금은 신용카드뿐 아니라 은행이나 보험사 같은 금융기관에 고객으로서 당당하게 돈을 빌려달라고 말할 수 있다. 심지어 사람과 대면하지 않고 인터넷이나 전화로 돈을 빌려달라고 해도 통장에 돈이 입금된다. 부모 세대는 빚은 소도 잡아먹는다며 경계했지만 지금 세대는 빚이 일상의 한 요소가 됐다. 잘 쓰고 잘 갚으면 된다고, 필요하면 빚내서 택시 타고 다녀도 된다고 안심시키는 TV 광고까지 있다.

일상의 소비뿐만이 아니다. 대학 학자금, 집이나 자동차 마련같이 큰돈이 들어가는 일은 대출 없이는 안 되는 식으로 바뀌었다. 부채 없이 살아가는 일을 이젠 감히 상상도 못한다. 가계 부채 문제는 언제 터질지 모르는 시한폭탄으로 여겨지는 지경에 이르렀다.

부채를 피해야 하는 것에서 당연한 것으로 여기게 된 건, 금융기관이 대출의 주요 고객을 기업이 아닌 개인으로 바꾼 일에서 비롯했다고 볼 수 있다. 과거 금융기관은 기업을 대상으로 영업했으나 기업이 부실해져 외환위기를 맞이한 이후 개인을 대상으로 한 대출사업을 지속적으로 확대해왔다. 그 결과, 개인이 저축을 하면 은행이 그 돈을 빌려주어 기업이 투자를 하고 생산을 해서 개인에게 임금으로 돌려준다는 사회 교과서 내용은 오류가 되었다. 현실은 기업은 돈을 벌어 사내 유보금 형태로 은행에 쌓아놓고 개인은 은행에서 돈을 빌려 대출 이자를 내는 형국이다. 은행은 개인에게 대출해주고 이자 수입을 얻는다. 개인은 돈을 모으는 것이 아니라 일단 쓰고 은행에 돈을 갚는다. 최근 20년 동안 가정의 돈 관리 형태는 이렇게 극적으로 바뀌었다.

물건이 넘쳐나고 새로운 기능과 디자인을 갖춘 제품이 하루가 멀다 하고 쏟아져 나오는 것이 대량생산, 대량소비 사회다. 어릴 때부터 결핍이나 빈곤의 경험 없이 대량소비 사회를 살아온 세대에게 소비는 특별한 이벤트가 아니라 일상 그 자체다. 물건이 넘쳐나는 세상에 살고 있는 지금 소비하지 않는 사람은 고리타분한 짠돌이라는 것이 이들의 솔직한 속마음이다. 부모가 살았던 산업화시대에는 근검절약이 미덕이었다면, 대량소비 사회의 미덕은 우리를 둘러싼 최신 상품들이 가져다줄 편리함과 즐거움을 최대한 누리는 것이다. 이런 환경에 돈까지 쉽게 빌릴 수 있으니 지갑을 닫고 사는 것은 속세를 떠난 사람이나 금욕주의자에게나 가능한 일이 돼버렸다.

돈 생각을 할수록 돈이 달아나는 까닭

부자가 되려면 일상이 돈 중심으로 돌아가고 항상 돈에 대해 생각해야 한다고 여기기 쉽다. 재테크 책이나 전문가들의 조언도 이와 크게 다르지 않다. 쇼핑을 하면서도 투자의 기회를 생각해야 하고 여행을 하면서도 부동산의 가치를 따져봐야 한다는 식이다. 물건 하나 살 때도 다른 상품들과 꼼꼼하게 비교하고 '가성비'를 따져봐야 한다.

이런 삶의 태도에 대해 각자 다른 가치 판단을 하겠지만, 적어도 항상 돈을 생각하는 생활이 돈 관리에 유리하고 필요하다는 데는 모두 동의할 것이다. 그러나 이런 삶의 태도는 올바른 돈 관리에 오히려 방해 요소로 작용한다. 돈에 집중할수록 돈은 더 멀리 달아나버릴 수 있다. 통념과는 다르게, 머릿속에서 돈 생각이 사라질수록 돈 관리에 성공하고 일상이 더 행복해진다.

💰 돈 걱정은 IQ를 떨어뜨린다

인지적 구두쇠 경향으로 우리는 깊고 다양하게 생각하기를 꺼린다. 누구나 한꺼번에 여러 가지 생각을 하는 상황이나 오랫동안 심각하게 고민하기를 싫어한다. 인지적 구두쇠 경향은 생존을 위한 필수 방어 수단이기도 하다. 동시에 여러 가지를 사고하거나 행동하면 실수나 오류가 생길 가능성이 커져 위험하기 때문이다. 다시 초보 운전자를 생각해보자. 이들에게 운전은 생각과 감각, 움직임에서 초집중 대상이다. 운전을 하며 다른 사람과 이야기하거나 음악을 듣거나 전화를 하는 일은 불가능할뿐더러 그렇게 했다가는 제대로 운전할 수 없다.

한 가지에 집중한다는 건 다른 것들은 무시한다는 뜻이다. 어떤 한 가지에 집중하느라 다른 사람의 말을 듣지 못한 경험이 누구나 있을 것이다. 집중은 집중하고 있는 대상 이외의 것을 시야와 뇌리에서 지우는 힘이 있다. 센딜 멀레이너선과 엘다 샤퍼의 《결핍의 심리학》에 따르면 이런 상태를 터널링(ternaling)이라고 한다. 터널 안에 들어가면 저 끝에서 빛을 발하는 출구만 보일 뿐 다른 것은 시야에서 지워진다. 사고의 터널링이란 이처럼 한 가지 생각이나 목표에 집중하게 만들지만 다른 일은 망각하고 무시하고 억제하게 만든다.

돈 생각만큼 지속적으로 또 강력하게 터널링 효과를 발휘하는 것도 없다. 돈이 생존을 위해 가장 중요한 수단이기 때문일 것이다. 돈 생각을 하면, 즉 터널링에 빠지면 다른 일에 신경을 쓸 수 없다. 집주인에게 예상보다 큰 폭의 전세보증금 인상을 통보받았다고 가정해보

자. 아무리 일에 집중하려 해도 당신의 머릿속에서는 돈 생각이 꼬리에 꼬리를 물고 떠오른다.

'대출을 받아야 할까? 아니면 다른 집을 알아봐야 할까? 이사 비용을 고려하면 그냥 대출받는 게 나을까? 이 동네에 계속 살아야 하나? 집값이 더 저렴한 곳으로 옮겨야 할까? 그러면 아이 학교도 옮겨야 하는데 괜찮을까? 통근 거리가 멀어지면 힘들 텐데. 이 참에 그냥 집을 살까? 요즘 집값이 너무 올랐는데 괜히 샀다가 가격이 떨어지면 어쩌지?'

마음속의 소리는 스스로 만들어내는 소음이며, 뇌를 산만하게 만든다. 다른 일에 신경을 쓰거나 집중하는 것을 방해한다.

이처럼 터널링에 빠지면 사고의 대역폭이 좁아지는데, 인지적 구두쇠 경향과 같은 의미다. 컴퓨터로 한 가지 프로그램만 쓰면 속도가 빠르지만 여러 개를 동시에 띄워놓고 사용하면 속도가 급속히 느려지는 현상과도 같은 이치다.

그렇다면, 돈이 많으면 터널링에 빠지지 않을까? 사고의 대역폭이 좁아지는 현상은 주로 돈이 부족할 때 나타나지만, 돈이 많아도 나타난다. 부자들은 돈을 관리하고 불리기 위해 항상 돈을 생각할 것이다. 돈 생각으로 터널링에 빠져 있다면 사고의 대역폭은 줄어들 수밖에 없다.

우리에게는 생각하고, 추론하고, 문제를 해결하며, 주의를 집중하고, 충동을 제어하는 인지 능력이 있다. 인지 능력이 뛰어난 사람을 우리는 '머리가 좋다' '지능이 높다' 라고 한다. 이 능력을 측정해 수치로 나타낸 것이 IQ다. IQ는 타고난 것으로 변하지 않는다고 생각하기 쉽지만《결핍의 경제학》에 소개된 실험에 의하면 돈 걱정은 IQ, 즉 인지 능력에 큰 영향을 끼친다.

실험 내용은 이렇다. A그룹은 300달러에 대한 의사결정(그다지 심각하지 않은 돈 걱정)이, B그룹은 3,000달러에 대한 의사결정(보다 심각한 돈 걱정)이 필요한 문제를 받았다. 그런 다음 측정한 IQ 테스트에서 A그룹은 실험 전에 측정한 IQ와 거의 변동이 없었지만 B그룹은 실험 후에 IQ가 상당히 낮아졌다.

이 실험은 수면과 IQ의 관계에 대한 연구와 비교해볼 수 있다. 밤에 정상적으로 수면을 취한 그룹과 억지로 깨어 있었던 그룹을 테스트한 결과, 잠을 못 잔 그룹은 IQ가 현저하게 떨어졌다. 그런데 잠을 못 잔 그룹보다 심각한 돈 걱정을 한 그룹이 IQ가 떨어진 폭이 더 컸다. 비록 가상이지만 돈과 관련된 걱정을 하는 것만으로도 하룻밤을 꼬박 새운 상태보다 더 심각한 인지 능력의 상실이 일어났다.

돈 걱정이 일상에 끼치는 부정적 영향은 누구나 예상할 수 있다. 그런데 실제가 아니라 돈 걱정을 상상하는 것만으로도 잠을 못 잔 것과 같은 인지 능력의 저하를 가져온다면, 그 영향력은 상상 이상이라고 할 수 있다.

돈 문제, 고민할수록 해결되지 않는다

돈 생각은 단지 돈이 부족하다는 걱정뿐만 아니라 돈에 관련한 여러 가지 선택의 문제도 포함한다. 특히 손해를 볼 수도 있는 투자 행위를 하고 있다면 역시 돈 생각이 머릿속에서 떠나질 않게 된다. 어떤 주식이나 펀드에 투자할지부터 시작해서 주식 가격이 떨어지면 떨어져서 걱정이고 오르면 팔아야 할지 계속 가지고 있어야 할지 고민한다. 수익이 확정적이지 않은, 즉 손해를 볼 수도 이익을 볼 수도 있는 모든 행위는 필연적으로 머릿속에 소음을 만들어낸다. 돈 생각 때문에 터널링에 빠져 사고의 대역폭이 줄어들고 인지 능력조차 떨어진 상황은 여러 가지 부작용을 야기한다.

돈이 적든 많든 돈 이외의 것에 관심을 둘 수 없다는 건, 삶에서 희생해야 할 게 많아진다는 걸 의미한다. 아이들의 행복한 웃음, 가족과 함께하는 소중한 시간, 아름다운 자연 풍경, 벗과 나누는 술 한잔의 즐거움, 이 모든 것들에 눈을 돌릴 여유가 없어진다. 결국 삶의 질과 만족감이 떨어질 수밖에 없다는 우울한 결론에 도달한다. 생계를 위한 본업에 집중할 수 없어 일의 능률이 떨어지는 건 두말할 나위 없고, 인간관계도 약화시킬 게 분명하다.

돈 생각이 인간관계에 악영향을 끼치는 건 어쩔 수 없다고 치자. 그렇다면 돈 문제를 해결하는 데는 도움이 될까? 관련 연구에 따르면, 지속적인 돈 생각은 합리적이고 이성적인 판단을 하는 데 방해가 됐다. 돈 문제에 대한 생각이 떠나지 않으면 지금 절제를 하고 미래를 준비해야 한다는 생각까지 할 여유가 없기 때문에 저축에 우선순위를 두지 않고 미래 대비도 하지 않는다. 저축이 없다는 것은 앞으로 돈 문제가 지속적으로 발생할 가능성이 높아진다는 의미다.

또한 돈 문제에서 눈을 떼지 못하면 스트레스 지수가 높아져 자기 통제력이 약해진다. 그 결과, 악성 부채를 더 많이 일으키고 충동적인 선택으로 살림살이에 해로운 선택을 할 가능성도 더 높아진다.

돈 문제로 어려움을 겪게 되면, 우리는 꼼꼼히 따져보고 충분히 고민하면 문제를 해결할 수 있지 않을까 기대한다. 그러나 한번 되돌아보자. 생각을 거듭한다고 돈 문제가 제대로 풀린 적이 있었던가? 오히려 속만 더 시끄러워져 주변 사람들에게 화를 내곤 하지 않았던가? 문제가 풀리기는커녕 같은 생각이 다람쥐 쳇바퀴 돌듯 반복적으로 맴돌며 심리적 압박이 더 심해진다. 해결하기 위해 집착하면 할수록 돈 문제는 더 나빠지는 결과를 낳는다. 아이러니가 아닐 수 없다.

우리가 돈을 더 많이 갖고 싶어 하는 이유는 돈 걱정을 하지 않기 위해서다. 돈이 많으면 돈 걱정이 사라질 테고 결국 행복해지리라는 생각으로 너나 할 것 없이 밤낮으로 열심히 살아가고 있다. 그러나 돈이 많다고 행복한 건 아니라는 말도 귀에 못이 박이도록 듣는다. 과연 어느 쪽이 맞는 걸까?

돈은 행복의 충분조건이 아니라 필요조건이다. 절대적으로 돈이 부족하다면 행복이란 배부른 소리에 불과하다. 하루하루를 버텨내기조차 쉽지 않다. 그렇다고 많은 돈이 행복을 가져다주지는 않는다. 돈과 행복에 관한 대부분의 연구 결과는 이렇다.

첫째, 돈이 많은 사람과 부족한 사람 중 더 행복한 사람은 돈이 많은 사람이다. 둘째, 돈은 어느 시점이 지나면 행복의 증진에 영향을 끼치지 못한다. 소득이 늘어나 삶의 질이 바로 개선된다면 소득 증가와 행복은 비례하지만, 어느 정도 삶의 질이 개선된 이후에는 행복은 돈이 아니라 다른 요인들에 의해 결정된다.

결국 중요한 것은 돈과 행복에 대한 스스로의 기준과 정의다. 돈을 벌거나 모으는 일에 선행돼야 할 것은 내가 언제 행복한지를 깨닫는 일이다. 누구나 재테크에 관심을 갖지는 않는 것처럼, 미니멀 라이프가 맞지 않는 사람도 있다. 내가 무엇에 가치를 두는지 빨리 파악할수록 행복에 더 성큼 다가갈 수 있다.

분명한 것 한 가지는, 머릿속에 돈에 관한 생각이 없을수록 행복은 증진된다. 이제 돈 생각이 인간의 행복을 어떻게 가로막는지 살펴보자.

🪙 행복, 강도보다 빈도

우리는 행복을 궁극적으로 도달해야 할 목표로 여긴다. 현재의 고난을 인내하고 슬기롭게 대처하면 마침내 행복이라는 고지에 도달할 수 있을 것처럼 생각한다. 고3 수험생에게는 지금 힘들지만 열심히 공부해서 좋은 대학에 가면 행복이 찾아올 것처럼 이야기하고, TV 드라마나 영화에서는 연인이 숱한 갈등과 난관을 헤치고 결혼에 골인하는 것이 행복에 이른 것으로 묘사되곤 한다.

그래서일까. 우리는 지금의 불행이나 고민을 당연하게 여긴다. 행복이라는 목표에 아직 도달하지 않았다고 생각하기 때문일 것이다. 그러나 행복은 저 멀리 존재하는, 훗날 정복해야 할 목표가 아니다.

지금 이 순간 내가 느끼는 감정 자체가 행복이다. 《행복, 경제학의 혁명》에서 브루노 S. 프라이는 이를 '주관적 안녕감'이라고 표현한다.

중요한 것은 타인의 감정이 아니라 내 감정이다. 그래서 '주관적'이다. 같은 조건과 상황에서 타인은 불행하다고 느끼더라도 내가 만족하면 행복이다. 행복이라는 단어가 추상적이라면, 주관적 안녕감은 '내'가 지금 이 순간 '안녕'한가 하는 구체적인 상태를 말한다. 결국 행복이란 매 순간 내가 느끼는 감정, 일상이 편안한 느낌, 하루하루 느끼는 만족감이다.

매일 불행한 삶이 이어지는데 언젠가는 행복해지는 삶이란 과연 존재할까. 과거부터 현재까지 계속 불행했는데 도대체 언제 행복해질 수 있을까.

행복을 주관적 안녕감으로 대치해서 생각해보면, 매일 반복되는 일상이 얼마나 중요한지 깨달을 수 있다. 또한 절대적으로 궁핍한 상황을 제외한다면, 일상에서 느끼는 안녕감은 자산의 크기와 큰 상관이 없다. 10억 원을 가진 사람과 1억 원을 가진 사람이 일상에서 느끼는 안녕감의 차이가 10배라거나 전자가 후자보다 10배 더 행복하다고 말하기 어렵다. 결국 주관적 안녕감의 차이를 만들어내는 것은 자산의 크기보다는 일상에서 얼마나 돈에 대한 생각을 하고 있는지 여부다. 돈 생각이 머릿속에서 터널링을 이루고 있다면 편안함, 만족감, 여유 같은 감정이 자리를 잡을 수 없고 주관적 안녕감은 떨어질 수밖에 없다.

드라마를 한꺼번에 몰아 보는 것과 매주 한 편씩 보는 것 중 어느 쪽이 더 만족도가 높을까? 같은 돈으로 고가의 TV처럼 비싼 물건을 사서 큰 기쁨을 누리는 편이 나을까 아니면 간격을 두고 외식, 나들이, 문화생활 같은 소소한 곳에 돈을 쓰는 편이 나을까? 심리학자들의 연구 결과에 따르면, 행복은 강도보다는 빈도다. 아무리 긍정적인 경험이라도 제일 좋은 것은 처음의 짧은 순간이기 때문이다. 음식은 첫 한 입이 가장 맛있다. 음식처럼 행복에도 한계효용체감의 법칙이 적용된다. 그러나 중간에 휴지기가 있다면 다시 만족감을 올릴 수 있다. 소비를 작은 규모로 나누고 시간을 두고 분할하면 만족감이 가장 큰 첫 순간을 반복해서 느낄 수 있고 결과적으로 우리가 느끼는 기쁨의 총량을 증가시킬 수 있다.

우리는 뭔가 돈을 많이 써야 행복이 클 것 같은 생각을 한다. 해외여행을 가고, 명품을 사고, 골프도 치고, 오페라나 뮤지컬 같은 비싼 공연에 가고, 고급 장비를 사서 취미활동을 해야 행복할 것만 같다. 그러나 이는 착각에 불과하다. 오히려 일상의 소소한 즐거움을 자주 만들어야 한다. 그런 경험이 차곡차곡 쌓여서 행복과 만족의 크기를 늘린다.

작은 즐거움을 자주 만드는 것의 무엇보다 큰 장점은, 적은 돈으로도 충분히 가능하다는 점이다. 카페에서 마시는 커피 한 잔, 공원에서의 산책, 도서관에서 읽는 책 한 권, 가족과 함께하는 피크닉, 음악 감상, 그림 감상, 영화 관람같이 작고 돈이 적게 드는 호사나 휴식의 시간을 자주 가지면 굳이 비싼 돈을 들여 거창한 일을 하지 않아도 일상의 주관적 안녕감이 커지는 효과를 누릴 수 있다. 참으로 다행이지 않을 수 없다. 또한 대기업 회장이 느끼는 영화 한 편의 즐거움이나 내가 느끼는 즐거움이나 다르지 않다. 주관적 안녕감이 자산에 비례하지 않는다는 건 매우 좋은 점이 아닐 수 없다.

그러나 돈 생각은 이런 작은 호사조차 누릴 마음의 여유를 허락하지 않는다. 머릿속이 이미 돈 생각으로 가득 차 있는데 영화가 머릿속에 들어올 리 만무하다. 돈 생각이 사고의 대역폭을 좁혔기 때문만은 아니다. 돈을 사고의 중심에 놓고 생각하는 물질주의는 당장 돈이 부족하지 않더라도 모든 걸 돈으로 가치를 매기게 한다. 어떤 행동이나 의사결정의 기준은 그것이 돈이 되는지 혹은 더 큰돈을 만들어낼 수 있는지가 된다. 그런 사람은 소소한 일상에서 만족이나 감동을 느끼기 어렵다. 우연히 발견한 꽃 한 송이, 시원한 바람, 깨끗한 하늘에 감동을 느끼고 맛있는 한 끼 식사, 커피 한 잔을 음미할 수 있으며 책 한권에 감동하고 영화 한 편에 눈물 흘리는 감정의 여유가 있는 사람은 일상의 행복을 쉽게 증대시킬 수 있다. 이것이 일상에 감사하는 사람이 행복한 이유다. 반면 돈 중심으로 사고하는 사람들에게는 이를 기대하기 어렵다. 돈이 안 되는 일이지 않은가.

벨기에 직장인들을 대상으로 실시한 연구에 따르면, 부유한 사람일수록 삶의 소소한 기쁨을 느끼는 성향에서 낮은 점수를 얻었다. 즉 부유한 사람들 가운데 산을 오르다가 아름다운 폭포를 감상하고 싶어 한다거나 달콤한 주말 휴가의 순간순간이 행복하다고 말하는 사람은 별로 없었다. 이런 연구 결과를 보면, 부와 행복의 관계성은 그리 높지 않음을 알 수 있다. 물론 돈을 가지고 온갖 신나는 일을 하면 행복감이 높아질 수 있다. 하지만 그와 동시에 신나는 일을 얼마든지 할 수 있다는 생각은 삶의 작은 즐거움에 감사하는 마음이 드는 것을 방해하고 그 결과 행복감은 낮아진다.

재미있는 사실은, 머릿속으로 돈을 떠올리기만 해도 물질주의적 사고의 악영향을 그대로 받을 수 있다는 점이다. 사람들은 돈이 쌓여 있는 모습만 봐도 진짜로 부자가 된 양 삶의 소소한 즐거움을 누리는 마음이 적어진다. 돈 생각의 영향력이란 실로 막강하다.

로또에 당첨된 사람은 엄청난 행운의 벼락을 맞는 경험을 한 사람들이다. 그렇게 센 강도로 돈과 관련한 행운을 경험한 사람은 웬만한 일로는 자극이 안 될 수밖에 없다. 운이 좋아 억만장자가 된 사람들이 도박에 빠지는 건 더 강한 자극과 흥분을 찾기 위해서다. 이들에게 일상의 작은 호사나 자연의 아름다운 풍경이 삶의 만족으로 느껴지기는 쉽지 않을 것이다. 대신 돈으로 주관적 안녕감을 사려면 계속 더 많은 돈을 써야 한다. 100만 원짜리 만족에 적응하고 나면 이제는 200만 원짜리 만족을 사야 한다. 반복적으로 만족감을 느끼려면 도대체 얼마의 돈이 필요할지 상상하기조차 어렵다. 로또 당첨자들 가운데 불행한 결말을 맞는 사람이 많은 이유가 바로 여기 있다.

만약 아름다운 자연에 감흥을 느끼지 못하고, 자신만의 작은 호사나 취미생활도 없고, 영화나 책을 멀리하고, 친한 인간관계까지 없다면, 돈이 많고 적음에 상관없이 불행하게 살고 있을 가능성이 크다. 여기에 끊임없는 돈 생각까지 끼어 있다면 두말할 나위가 없다. 돈이 많지 않다고 한탄할 게 아니라 주위에 눈을 돌려 소소한 즐거움을 찾아보는 건 어떨까.

💰 행복한 사람은 행복을 생각하지 않는다

사람들은 이게 다 행복해지기 위해서라며 어려움을 겪고 있는 자신을 위로한다. 행복을 좇다 보면 행복해져 있으리라고 막연히 기대하기도 한다. 사실 이런 기대조차 없다면 팍팍한 삶을 견뎌내기가 쉽지 않다. 그러나 어느 사회학자는 이렇게 말했다.

"행복에 대한 오해 중 하나는, 행복이란 언제나 즐겁고 명랑하고 만족스러운 상태, 늘 웃음을 잃지 않는 상태라고 여기는 거예요. 전혀 아닙니다. 행복하고 충만한 삶을 산다는 건 나쁜 일을 여러 방향에서 들여다보는 방법을 배우는 겁니다."

불만이 없고 문제나 고민이 없는 상태를 행복이라 여기는 통념이 틀렸음을 지적하는 말이다.

사실 생각해보면 이런 상태는 존재하기 어렵다. 우리는 불가능한 일을 바라왔던 것일지 모른다. 행복이란 고통의 부재 상태가 아니라 고통과 불만족이 있더라도 그것을 극복하고 다시 제자리로 되돌아오는 능력을 의미한다. 또한 행복은 오로지 기쁨과 즐거움만 있는 삶을 말하지 않는다. 행복은 다양한 감정을 느끼고 경험할 수 있는 능력, 타인과 교감하고 공감할 수 있는 정서적 충만감을 포함하는 것이다. 즉 행복은 스트레스와 고민, 문제를 잘 다루고 극복하며 그 과정에서 스스로의 자존감을 지킬 수 있는 능력과 동의어다.

행복에 대해 중요하게 고려해야 할 또 다른 주장도 있다.

"행복에 대한 가장 큰 오해는 행복이 수단이 아니라 목표라는 것이죠. 많은 이들이 원하는 걸 '얻음으로써' 행복이라는 '목표'에 다다를 것으로 생각합니다. 하지만 알고 보면 우리 뇌는 전혀 반대로 움직입니다. 다시 말해, 행복을 좇을 때 우리는 행복하지 않습니다. 행복에 대해 생각조차 안 할 때, 이 순간을 즐기고 의미 있는 작업에 몰두하고 도움이 필요한 이를 돕고 있는 바로 그 순간에 우리는 가장 행복합니다."

작은 일에 감사하고 감동하는 것이 행복을 증진시킬 수 있다. 행복하겠다고 노력하지 않아도 삶의 순간 순간을 즐긴다면 그 순간이 바로 행복이다.

생존이 어려울 정도이거나 극단적인 경제적 어려움에 직면한 경우가 아니라면, 지금 당신이 불행하다고 느끼는 것은 돈이 없어서가 아닐 수 있다.

돈을 대하는 올바른 자세

돈을 싫어하는 사람은 없지만, 돈에 대해서 사람들은 서로 다른 태도를 가지고 있다. 지누스 소시오비전(Sinus Sociovision, 독일 시장조사기관)은 돈에 대한 사람들의 태도를 조사해 다음과 같이 8가지 유형으로 나누어 발표했다.

❶ 체념형

돈에 대한 체념은 대개 경제적 어려움을 겪고 있을 때 나타난다. 이런 태도를 가진 사람들은 정기적인 소득 없이 임시직이나 아르바이트처럼 매우 제한된 경제활동을 하는 경우가 흔하고 빚을 안고 산다. 항상 돈이 부족하니 돈을 쓸 기회가 별로 없으며 투자는 엄두도 내지 못한다. 돈을 벌 기회도 없고 연금이나 사회보장 혜택도 없다. 돈이나 인생에 좌절감을 느끼고, 스스로를 외부 환경의 희생자로 생각하며, 돈 문제는 해결 불가능한 일로 생각하고 체념하고 무시한다.

❷ 무사태평형

재정적으로 어렵고 경제활동 기회가 제한되어 있다는 점은 체념형과 유사하다. 다른 점이 있다면, 이들은 돈이 생기는 대로 써버린다. 이들은 '지금 여기'라는 가치 속에 살며 노후를 대비한 계획은 안중에 없다. 돈과 관련된 문제에는 관심이 없기 때문이다. 이들은 합리적으로 돈을 사용하려고 할 때 지금까지 누렸던 자유를 포기하기 싫어하고 감수해야 할 변화를 두려워한다. 결국 이들이 바라는 건 미래가 저절로 나아지는 것이다.

이들은 모든 문제를 내일로 미룬다. 생활방식을 바꾸면 재정 형편이 나아지고 적지만 여윳돈도 생긴다는 걸 잘 알고 있음에도 말이다. 심각한 경제적 고통을 경험하지 않는 이상 이들이 생활방식을 바꾸기는 어렵다.

❸ 실용주의형

이들에게 돈은 목적을 위한 수단일 뿐 돈 자체는 특별한 가치를 지니지 않는다. 노후 대비가 반드시 필요하다고 여기지만 넉넉한 계좌 잔고에 별로 기뻐하지도 않고 큰 관심도 두지 않는다. 돈에 연연하지 않으면서 자기 방식대로 행복을 찾는 사람들이라고 할 수 있다. 아마도 가끔 TV에 나오는, 가난하지만 행복한 삶을 영위하는 사람들이 이런 부류일 것이다.

❹ 위임형(안락추구형)

이들은 돈 문제에 관심을 가질 의욕이 없다. 대신 가족이나 친구 등 믿을 수 있는 '돈의 전문가'에게 재정 운영을 맡기고 조언을 듣기 원한다. 정보를 찾는 일은 성가실 뿐이고 태도를 바꾸라는 충고를 들어도 바꾸지 않는다. 이들은 돈에 신경 쓰거나 돈 문제에 책임과 권리를 갖길 원치 않는다. 위임형은 그래서 안락추구형이라고 부를 수 있다. 이들은 돈 때문에 긴장하며 살기를 원치 않아 자신의 책임을 주변 사람에게 떠넘기곤 한다.

위임형은 귀찮은 것이 싫고 독립적인 사고를 기피하는 성향을 지녔다고 볼 수 있다. 다른 사람의 동정을 이용하고 스스로 책임지려 하지 않으면 언젠가 사람들이 도와주지 않는 때가 온다는 걸 알아야 한다. 걱정해주는 친구나 친척이 있는 한 그럭저럭 먹고사는 데는 지장이 없을 수 있지만 삶을 독립적으로 꾸려나갈 수 없다는 위험을 안고 살아간다.

❺ 근검절약형

큰 부를 소유하고 있지 않지만 자신의 생활 수준이나 소득에 만족하며 더 많은 돈을 벌거나 돈을 불리겠다는 재정 목표를 추구하지 않는다. 이들은 돈을 낭비하지 않고 조심스럽게 수동적으로 사용하며 절약한다. 고소득을 올려 생활 수준을 높이는 게 아니라, 지금 갖고 있는 것에 만족하고 절약하며 살아가는 것을 중요하게 생각한다.

❻ 안전지향형

재정 상황이 더 낫다는 점에서 안전지향형은 근검절약형과 구별된다. 돈을 충분히 벌기 때문에 굳이 소비를 통제하고 절약할 필요를 느끼지 않는다. 여유 자금이나 자산을 활용하는 데 보수적이며 안정적인 투자를 선호한다. 돈을 보유하는 것에서 안정감을 느끼지만 그렇다고 반드시 행복감을 더 느끼는 것은 아니다. 돈 문제에 관심을 갖고는 있지만 돈과 관련된 활동이 삶의 중심은 아니다. 돈을 충분히 벌지 못한다면 이들은 위임형이나 실용주의형, 때로는 근검절약형으로 전환될지 모른다.

❼ 절대주권형

신문의 경제·금융 기사를 즐겨 읽으며 돈과 관련된 흐름을 놓치지 않는 데 지속적인 관심을 보인다. 지적 수준을 높이는 동시에 돈을 불릴 기회도 찾고 싶기 때문이다. 이들은 돈을 좋아하며, 안전하게 은행에 맡기기도 하지만 항상 투자의 기회를 엿본다. 돈에 관심이 많지만 절대주권형에게 가장 중요한 것은 돈보다는 능력 있는 자기 자신이다. 자신의 존재감을 느끼고 싶어 하며 이를 위해 소비한다.

❽ 야심가형

야심가형에게 돈은 성공의 잣대이며 모든 일이 돈을 중심으로 돌아간다. 끊임없이 돈을 불릴 기회를 찾으며 얼마든지 리스크를 감수할 준비가 돼 있다. 부동산이나 주식 투자가 직업인 사람도 많다. 그 일이 재미있기 때문이고 돈을 벌 수 있는 좋은 기회를 놓치는 것이 두렵기 때문이기도 하다. 야심가형은 24시간 돈과 관련된 일과 생각을 하며 살아가지만, 실제로 부자가 된 사람은 그리 많지 않다는 게 아이러니한 점이다.

독일에서 야심가형이나 절대주권형은 채 20퍼센트가 되지 않으며 절반에 가까운 국민은 무사태평형이나 위임형, 체념형에 속한다고 한다. 한국도 크게 다르지 않을 것이다. 그러나 과거에 비해 야심가형이나 절대주권형의 비율이 점점 더 늘어나고 있다. 저성장·장기 불황 시대를 살아가야 하다 보니 미래가 불안하고 돈 벌 기회를 찾아야 한다는 절박함이 크기 때문일 것이다. 무엇보다 돈이 없으면 실패자, 낙오자로 여기는 사회 분위기는 사람들을 더욱 더 돈에 집중하고 돈 생각에 몰두하도록 만들고 있다. 그러나 돈 생각은 돈 문제 해결에 도움을 주지 않을뿐더러 주관적 안녕감에도 악영향을 끼친다.

그렇다면 돈은 나쁜 존재인가? 어릴 때부터 우리는 욕심쟁이를 부정적으로 묘사하는 동화책을 읽어왔고 돈을 추구하는 건 도덕적으로 옳지 않다고 교육받아왔다. 놀부는 욕심쟁이에 부자이고 흥부는 착하지만 가난하다. 결국 놀부는 벌을 받고 재산을 잃는다. 그런데 흥부는 어떻게 되나? 돈을 추구하는 것을 죄악시하면서도 흥부가 받는 상은 바로 돈이다. 흥부는 부자가 됨으로써 자신의 선함을 보상받는다. 참으로 아이러니가 아닌가. 돈을 추구해서 얻은 돈은 죄악시되고, 우연히 보상으로 받은 돈은 괜찮은 것인가? 그렇게 된 부자는 열심히 돈을 벌어 된 부자보다 나은 부자인가?

우리는 돈에 대해 이중적 태도를 갖고 있다. 돈만 생각하고 돈 위주로 삶을 영위하는 건 올바르지 않다고 생각하면서도 필요한 것보다 더 많은 돈을 갖고 싶어 한다. 다들 부자가 되고 싶지만, 욕심쟁이나 부도덕한 사람으로 보이기는 싫으니 착한 일에 대한 보상으로 부자가 되고 싶어 하는 것은 아닐까. 요는 모두들 부자가 되고 싶은 욕망이 있음을 인정해야 한다는 것이다.

돈을 올바로 관리하고 돈을 친구로서 곁에 두고자 한다면, 돈에 대한 부정적인 태도는 결코 도움이 안 된다. 행복한 삶을 위한 다양한 수단의 하나로서 돈을 어떤 식으로 바라보느냐는 돈 관리 성패의 중요한 요소다.

이 책을 읽는 독자들 중 체념형이나 무사태평형, 위임형은 드물 것 같다. 그런 유형이라면 돈에 대한 책을 읽지 않으리라. 어쨌든 돈에 최우선 가치를 둔다면 그 반대급부로 삶의 가치를 잃어버릴 수 있다. 그렇다고 돈을 회피하거나 두려워하거나 죄악시하는 태도는 옳지 않다. 돈 관리를 시작하지 않고, 시작한들 쉽게 포기해버리기 때문이다. 돈 관리를 하지 않으면 평생 돈 문제에 시달리는 대가를 치러야한다.

돈은 내가 원하는 삶을 실현시켜줄 소중한 수단이다. 우리는 돈의 노예가 되는 게 아니라 주체적으로 돈을 통제할 수 있는 능력을 가져야 한다. 돈은 나의 주관적 안녕감을 지속적으로 유지하는 데 쓰일 소중한 친구다.

💰 따뜻한 부자도 있을까

스크루지처럼 극단적으로 돈을 밝히는 사람과 연관된 이미지는 동정심 없고, 사람들과 어울리기를 좋아하지 않고, 남을 돕지 않지만 도움도 받지 않는 독립적은 성향 같은 것들이다. 반면 스크루지에게 가난한 사람은 게으르고 독립심이 없는 이들로, 도와줄 가치가 없었다.

이런 경향은 동화에만 나오는 게 아니라 실험 결과 사실로 증명됐다. 실험 참가자들은 다섯 단어 가운데 네 단어를 써서 한 문장을 만들라는 과제를 받았다. 예를 들어 '춥다' '오늘' '책상' '날씨' '바깥'이라는 단어 가운데 네 단어를 사용해 '오늘 바깥 날씨가 춥다' 라고 문장을 완성하는 식이다. 실험에서 한 집단은 돈과 무관한 단어를, 또 다른 집단은 '두둑하다' '급여' '받는다' '책상' '챙기다' 처럼 돈과 관련된 단어를 받았다. 이때 사람들은 자연스럽게 '급여를 두둑이 챙겨 받다' 같은 문장을 만들었다. 이런 식으로 문장 만들기를 30여 회한 후에는 각자 해결하기 매우 힘든 과제를 받았다.

실험 결과, 돈과 관련된 단어를 제시받은 이들은 도움을 요청하기에 앞서 혼자 힘으로 더 오래 과제를 풀었다. 돈을 떠올릴 때 혼자서 과제를 달성하려는 성향이 강해지는 것은 여러 다른 실험에서도 되풀이돼 나타나는 결과다. 사람들은 돈과 관련되면 관계를 맺기보다 독립적이 되는 경향이 있다.

또 다른 재미있는 실험을 살펴보자. 실험 참가자들에게 집단 과제를 주고 몰래 한 사람을 따돌리도록 했다. 이후 돈을 그림으로 그려보게 했더니 따돌림을 당한 사람은 다른 사람들보다 훨씬 크게 돈을 그렸다. 이는 우리가 인간관계에서 멀어지면 반대급부로 돈을 중요하게 생각하고 경제적 성취를 원하는 마음이 커진다는 것으로 해석할 수 있다.

이 실험들을 통해 우리는 돈이 성취욕을 키운다고 추론할 수 있다. 돈에 의해 동기가 부여되면 어려운 과제를 더 잘해내고 일을 더 열심히 하고 끈기가 늘어난다는 건 분명하다. 부정적 측면이라면, 과제를 혼자 완수하려 할 뿐 아니라 다른 사람이 도움을 청하는 것도 부담스러워하는 마음이 커진다는 점이다. 이는 냉정하고 남을 생각할 줄 모르며 사람들과 어울리지 않으려는 성향이 커진다는 걸 의미한다.

같은 맥락에서, 가난한 사람과 부자에 대한 저소득층과 고소득층의 생각이 다르다. 저소득층은 서로 기대야 할 일이 흔하다. 이런 필요 때문에 상부상조, 신뢰, 협동, 가족, 성실을 높이 사는 문화를 공유한다. 서로 의지하는 것, 집단의 일부로서 기여하기도 기대기도 하는 것이 저소득층 문화의 보편적 가치관이라고 할 수 있다. 이들에게 부자는 동정심도 없고 고통에 대한 공감 능력 없이 자신의 지위와 부를 유지하는 데만 전전긍긍하는 사람이다. 반면 부자들은 가난한 사람을 성취욕도 비전도 능력도 없으면서 타인에게 의존하려는 사람으로 생각한다. 게으르고 불성실하다는 편견도 가지고 있다.

만약 돈을 떠올리면 동기가 부여되고, 더 나은 미래를 위해 노력하고 있다는 자부심을 충전하고, 더 좋은 결과를 위한 성실함과 끈기를 지속적으로 이끌어낼 수 있다면, 돈 생각은 삶에서 매우 중요하고 필요한 것이다.

그렇다면 남을 생각하지 않고 냉정해지는 부작용은 어떻게 해야 할까? 부자가 되고 싶은데 돈을 밝히는 스스로를 부끄러워하지 않으려면 어떻게 해야 할까? 돈을 추구하되 이기적이지 않고 타인에게 연민하고 충분히 공감하는 것, 다른 사람들의 어려움을 돌아볼 줄 알고 사람을 경멸하거나 평가절하하지 않는 것, 이를 '사람 냄새 나는 돈 생각'이라고 부를 수 있을 것이다.

사람 냄새와 돈 생각은 양립 불가능하지 않다. 가수 이효리를 떠올려보자. 누구보다 화려한 삶을 살아온 셀러브리티이자 엄청난 돈을 벌지만 그녀는 약자에게 공감하고 연민하며 도움을 주려 노력한다. 그녀는 쌍용자동차 파업 노동자들이 47억 원의 손해배상 문제로 고통받자 이를 해결하기 위한 '노란 봉투 켐페인'에 참여했다. 4만 7,000원씩 10만 명이 모금하면 해결할 수 있지 않겠냐고 시작된 노란 봉투 캠페인에 이효리도 4만 7,000원을 보낸 일은 사회적으로 화제가 되었고, 많은 이들의 참여를 이끌어내기도 했다. 이효리의 사례처럼 돈을 추구하며 살면서도 타인에 대한 공감과 연민을 잃지 않는 것은 불가능하지 않다.

돈을 밝히는 삶이라고 폄하하거나 무시하지 말자. 돈을 밝히기는 하되 돈을 친구처럼 생각하고 사람 냄새 나는 돈 생각을 하는 건, 지금 자산이 얼마이고 수입이 얼마냐의 문제보다 중요한 돈 관리의 성공 요인이다.

투자도 부자도 운인 걸까

욕망은 만족을 모른다. 특히 돈에서는 더욱 그러하다. 당장 100만 원만 더 벌면 좋을 것 같지만 실제로 100만 원을 더 벌면 몇 달 후 200만 원을 더 벌기를 원하게 된다. 옷장에 옷은 가득한데 늘 입을 옷이 없다는 생각이 들고 다시 쇼핑에 나서기를 반복한다. 방금 전까지 우리 집 가격이 5,000만 원이나 올랐다고 좋아했는데 친구 집은 1억 원이 올랐다는 소리를 들으면 나만 뒤처진 것 같고 이제라도 빚이라도 내서 다른 동네로 이사를 가야 하나 조급해지기도 한다. 욕망은 결코 끝나지 않는다. 돈이 많아도 돈 생각이 행복을 저해하는 점이 바로 이 부분이다.

돈이 많은 사람은 대개 자신의 능력에 대한 충만한 자신감이 있다. 비록 부모로부터 받은 재산이라 해도 그것조차 능력이라 여긴다. 이들은 부를 일궈낸 자신의 능력과 낙관적 미래를 긍정한다. 운명을 스스로 잘 개척할 수 있으리라 생각하며 더 많은 욕망을 충족시킬 수 있으리라 믿는다.

욕망이 커지는 이유는 이미 충분히 갖고 있는 데다 더 큰 욕망을 충족시킬 수 있다고 믿기 때문이다. 가진 것이 적으면 현재의 불만족과 결핍을 채우는 게 시급한 문제이기에 욕망이 커질 여유가 없다. 자신이 능력 있다고 믿는 이들에게 욕망이란 그들을 움직이게 하는 동력이지만 결코 사라지지 않는 족쇄이기도 하다.

그런데 정말 능력이 있어서 지금의 부를 소유하게 되었을까? 태어나면서부터 부자인 사람들이 있다. 부모의 재정적 도움을 받거나 좋은 유전자를 물려받아 다른 사람보다 유리한 입장에서 부자가 된 사람도 있다. 물론 스스로 노력해서 부를 일군 사람도 있다. 그런데 생각해보자. 가난한 사람들은 정말 노력하지 않아서 가난한 걸까?

부자가 되는 데 노력보다 큰 요소는 '운' 이 아닐까. 부모를 잘 만난 것도 운이고, 마침 선택한 직업이 고용이 잘되는 분야였다는 것도 운이고, 강남에서 태어나 살다 보니 집값이 오른 것도 결국 운이 좋았기 때문 아닐까. 내 능력으로 모든 것을 예측하고 정확하게 판단해서 지금의 성공을 이루었다고 생각하는 건 자만이 아닐까. 능력이 뛰어나고 선견지명이 있어서 성공한 게 아니라, 여러 상황이 잘 맞아떨어져 성공했기에 능력이 있다고 여겨지는 게 아닐까.

유명한 투자가이자 사상가인 나심 니콜라스 탈레브는《행운에 속지 마라》에서 투자의 세계에서 성공의 가장 중요한 요소는 운이라고 말한다. 그는 워런 버핏조차 그저 세계에서 가장 운이 좋은 사람으로 표현하며 로또 당첨, 주식 대박, 승진 등 예상치 못한 행운이 왔을 때 이를 자신의 실력으로 믿으면 안 된다고 말한다. 방심하는 순간 슬며시 불운이 다가와 당신의 인생을 습격할 수 있다고 경고한다.

투자는 운이라는 탈레브의 말을 절감했던 경험이 있다. 나는 2004년 본격적으로 주식 투자를 시작했다. 담당 업무가 금융 관련 정보를 다루는 일이다 보니 주식 투자 정보를 봐야 했기에 일도 하고 겸사겸사 투자까지 하게 됐다. 드라마 대신 주식 방송까지 챙겨 보며 투자에 공을 들였는데 때를 잘 잡았는지 주식 가격이 오르기 시작했다. 펀드 붐이 일어난 것도 그즈음이었다. 결국 붓고 있던 적금도 해지해 주식 투자로 돌렸다.

수익률이 높아지자 투자를 선택한 스스로가 자랑스러웠다. 주변에 은근히 투자를 권하기도 했다. 이제는 주식 투자의 시대이고 나이 들어서도 할 수 있는 일이니 지금이라도 공부해서 주식에 투자해야 한다고 주장하기도 했다. 투자가 쉽고 만만하게 느껴져 여유 자금을 모두 주식에 투자하고 방송, 신문 기사, 증권사 리포트를 챙겨 보는 등 주식 투자는 생활의 일부가 되었다.

이후 3년여 동안 코스피 시세가 2000포인트를 넘어서며 기세가 등등하던 2007년 하반기, 문득 실제로 얼마나 수익을 얻었는지 궁금해져 꼼꼼하게 계산해보기로 했다. 결과는 나쁘지 않았다. 적금이나 예금보다 뛰어난 결과였다. 그러나 놀라운 반전이 하나 숨어 있었다. 내가 얻은 수익률은 같은 기간 코스피 상승률과 똑같았다. 내심 충격을 받았다. 열심히 공부하고 노력했는데 시장이 오른 만큼의 수익을 얻는 데 불과했기 때문이다. 투자에서 노력이나 실력은 전혀 작용하지 않았다는 의미다. 내 투자 실력이 좋다는 건 착각이었다. 마침 주식 상승기에 투자를 시작한 운이 작용한 결과였을 뿐, 만약 시장이 하락세로 돌아서면 내 계좌의 수익률도 같이 하락할 것이었다. 그때 느꼈던 충격이 아직도 생생하다.

이후 투자와 심리의 관계에 관한 행동경제학을 공부하고 여러 가지 경험을 하면서, 나는 남보다 투자에 뛰어나거나 나만은 다를 거라는 생각이 얼마나 어리석은지 깨달았다. 탈레브가 말한 운이란 흘려 들을 이야기가 아니라 사실에 기반한 내용임을 인정할 수밖에 없었다.

흥미로운 건, 운을 인정하는 것이 스스로를 폄하하는 결과를 낳지 않는다는 점이다. 성공과 부에 대해 스스로 성취했다고 생각하지 않고 운에 공을 돌리는 건 사람을 겸손하게 만든다. 이는 욕망과 욕심을 내려놓는 데 매우 중요한 역힐을 한다. 원래 내 것이 아니었다고 생각하기에 욕망을 통제할 수 있는 것이다. 뿐만 아니라 불운이 닥쳤을 때도 능력 부족을 탓하며 자존감과 자신감에 상처를 입지 않는다. 운이 좋을 때도 있었으니 나쁠 때도 있는 것이라 여기며 다시 새로운 삶을 시작할 수 있다.

"자본주의 세상에서 나만 잘 먹고 잘사는 건 없다. 결국 누가 못 먹고 살아서 내가 잘사는 거거든. 빈익빈 부익부고. 그런 면에서 '내가 능력이 있어서 잘 먹고 잘사는 거야'라는 식의 태도를 보이는 건 아주 어글리한 일이라고 본다. 결국에는 돌고 도는 거니까. 그래서 타인에 대한 애정과 관심과 사랑이 필요하다고 본다. 타인에게 관심이 많은 게 또 우리나라인데 못난 관심 말고 예쁜 관심을 갖고 살았으면 좋겠다. 그래야 세상이 조금 더 좋아지지 않을까 싶다.”

이 말은 배우 유아인이 인터뷰 도중 한 말이다. 성공을 향한 경쟁이 어느 곳보다 치열한 곳이 연예계다. 누구나 스타를 꿈꾸지만 스타가 되기는 하늘의 별을 따기만큼 어렵고, 스타와 스타가 되지 못한 이의 생활은 하늘과 땅 차이다. 그렇다고 재능이나 열정, 외모, 능력에 큰 차이가 있는 건 아니다. 연예계는 아마도 운이 가장 크게 작용하는 세계일 것이다. 유아인은 이 점을 잘 알고 있고, 그의 말은 겸손한 부에 대해 잘 설명해주고 있다.

욕망을 다스릴 줄 아는 건 대부분 성직자처럼 종교에 헌신하는 이들이지 우리 같은 평범한 사람들이 아니다. 욕망을 조절하기란 결코 쉽지 않다. 그러나 운의 존재를 인정하고 부와 성공에 겸손한 태도를 가진다면 욕망을 조절하기가 한결 쉬워질 것이다. 지금 가진 것에 감사하게 되고 그러니 더 만족스런 일상을 누릴 수 있어 주관적 안녕감이 높아질 것이다. 또한 돈에 덜 집착하게 되고 돈 생각도 그만큼 덜하게 된다. 운을 인정하고 고마워할 줄 아는 겸손한 부자가 되는 것이 이 책을 읽는 모든 사람의 궁극적인 목표가 되었으면 좋겠다.

삶의 자유 없는 경제적 자유

가난이라는 표현은 사실 추상적이다. 보다 구체적인 표현은 궁핍이다. 궁핍이란 꼭 필요한 깃들이 모자란 상태로, 많은 부작용을 낳는다. 우울증을 앓게 되고 인간관계에 문제가 생기고 수행해야 하는 여러 과제─학업, 직장 업무─에서 성과가 떨어진다. 게다가 마음이 쪼들리고 스트레스가 크니 건강에 문제가 생긴다. 몸에 좋은 음식은 더 적게 먹게 되고 오염물질에 더 많이 노출되어 장기적으로 기대수명까지 줄어든다. 무엇보다 '능력이 없다' '게으르다' '성실하지 못하다'라는 사회적 고정관념이 무언의 압력으로 작용해 직장과 학교에서 제대로 대접받지 못하게 한다. 그래서 사람들은 부자가 되기를 원한다. 경제적 자유를 누리고 싶다고 표현하기도 한다.

돈이 있으면 돈에 구애받지 않고 자유롭게 다양한 선택을 할 수 있는 특혜를 누린다. 돈이 없어서 불이익을 받는 게 아니라 특혜를 누릴 수 있는 삶, 그것이 바로 경제적으로 자유로운 삶이다.

자녀들을 생각하면 경제적 자유는 더더욱 갖고 싶은 것이 된다. 배우고 싶은 것을 배울 수 있는 자유, 가고 싶은 곳을 갈 수 있는 자유, 쉬고 싶을 때 쉴 수 있는 자유, 문화생활을 원하는 대로 누릴 수 있는 자유를 내 아이에게 주고 싶다는 생각은 부모라면 간절히 할 수밖에 없다.

ⓢ 지금 없는 것이 나중에 생길까

경제적 자유를 갖고 싶다는 소망을 이루기 위해 많은 이들이 부단히 노력하며 살고 있다. 근검절약은 물론이거니와 부동산, 주식 등 각종 투자 공부, 실전 투자에 이르기까지 힘들지만 열심히 살고 있는 사람들은 언젠가 경제적 자유를 얻을 수 있으리라는 희망으로 오늘도 자신을 채찍질하고 있다. 당연히 모든 생각과 행동이 돈 위주로 굴러갈 수밖에 없다. 돈을 더 많이 벌거나 모을 수 있는 것이 모든 선택의 기준이 된다.

문제는 여기서 발생한다. 경제적 자유를 얻기 위해 하는 노력들이 사실은 자유를 제약하고 있다는 모순이 생긴다. 만약 빚을 얻어 투자를 했다면 빚을 갚기 위해 자유가 크게 제약될 수 있다. 함부로 돈을 쓸 수 없어 여행을 가거나 외식을 하는 것조차 꺼려진다. 투자 행동이 나중에 큰 수익이 된다 해도 어쨌거나 지금은 불확실하기 때문에 손해 볼지도 모른다는 불안한 마음이 사라지지 않아 편치 않은 일상을 반복해야 한다. 자유와는 사뭇 다른 삶이다.

자유와 자기 결정권, 즉 자율성이 있으면 더 높은 만족을 느낄 수 있다. 일례로 독일, 영국, 스위스 3개국에서 자영업자와 임금노동자의 직무 만족도를 비교한 결과 자영업자가 더 높은 만족도를 보였다. 높은 수준의 자율성이 가능하기 때문이다. 이와는 대조적으로 종속적인 고용관계에 놓인 사람들은 상급자의 명령에 따라야 하므로 만족 수준이 떨어진다.

부동산 활황기에 전세와 대출을 끼고 여러 채의 집을 산 지인이 있다. 호가가 올라서 장부상 자산이 늘어난 것은 틀림없는 사실이었고 생각만 해도 흐뭇하지 않을 수 없는 일이었다. 그러나 실상은 매달 대출 이자를 갚느라 생활비는 빠듯했고 육아휴직을 하고 싶어도 대출 상환 때문에 엄두를 내지 못해 육아와 가사, 직장생활에 지쳐 있었다. 자신의 의지대로 자유롭게 할 수 있는 일이 아무것도 없었다. 투자를 하기 전에는 여행도 잘 다니고 돈에 쪼들린다는 생각을 하지 않았는데, 자산이 늘어난 지금이 오히려 더 힘들다고 했다. 자유는 언젠가 투자가 큰 수익으로 돌아왔을 때나 누릴 수 있는 걸까?

돈이 없는 상황, 궁핍한 상황이 자유를 저해할 뿐만 아니라 많은 부작용을 낳는 것은 분명하다. 그러나 궁핍하지 않음에도 돈을 위주로 돌아가는 삶, 돈 생각으로 터널링을 이루고 있는 생활 역시 자유를 저해하고 자율성을 침해한다.

혹시 우리는 지금 궁핍하지 않음에도 돈 때문에 하고 싶지 않은 일을 하고 하고 싶은 일을 못하면서도 경제적으로 자유로운 삶을 향하고 있노라 착각하는 건 아닐까? 진정한 부는 자유가 확장되는 부여야 한다. 부자가 되고자 하는 노력과 그 결과가 자유를 침해하고 있다면 과연 올바른 방향이라 할 수 있을까? 내가 원하는 방식으로 살아가고 있지 않다면 비록 자산이 많다 해도 진정한 부라고 할 수 없다.

돈은 궁핍하지 않지만 자유는 궁핍한 삶을 경제적 자유라고 생각하는 건 아닌지 되돌아볼 필요가 있다. 경제적 자유를 누리고 싶은 사람이라면 지금 이 순간 내 자유를 어떻게 실현할 수 있을지, 유보한 자유를 미래에 갖는 것이 과연 의미가 있는지 고민해볼 필요가 있다. 진정한 경제적 자유란 무엇인지 그 해답은 각자의 가치 판단에 따라 달라지겠지만, 돈 생각이 경제적 자유를 침해한다는 건 분명한 사실이라는 점만은 기억해야 할 것이다.

지금까지 돈 생각으로 터널링에 빠져 있으면 돈 관리에 도움이 안 될 뿐더러 인간관계나 일상의 과제를 수행하는 데 방해가 되고 주관적 안녕감, 즉 행복에도 장애가 된다는 점을 확인했다. 돈에 대해 부정적이거나 회피하거나 두려워하는 태도 또한 돈 문제를 해결하는 데 도움이 되지 않으며, 돈에 대해 긍정적인 마인드를 갖고 인생의 목표를 달성하는 수단으로서 돈을 적극적으로 활용하겠다는 태도를 가져야 한다는 점도 알게 되었다.

그렇다면, 가능한 한 돈 생각을 하지 않으면서 돈 관리를 올바르게 하고 나아가 돈을 불리는 투자까지 할 수 있으려면 도대체 어떻게 해야 할까? 결론부터 말하자면, 답은 숫자에 있다.

인간은 본능과 무의식의 지배를 받기 때문에 합리적 인간 이콘(econ)이 아니라 실수투성이 휴먼(human)이다. 휴먼으로 살아가면서 돈에 관련된 수많은 오류와 실수를 반복하지 않기 위해, 가능한 한 객관적이고 합리적 판단을 하기 위해서는 머릿속 생각을 버려야 한다. 대신 숫자에 의지해야 한다. 숫자에 근거한 돈 관리는 합리적일 뿐 아니라 돈 생각에서 최대한 해방될 수 있다. 이제 숫자에 근거한 돈 관리에 대해 본격적으로 알아보자.

2장

숫자를 알아야
부가 보인다

측정되지 않는 것은 관리되지 않는다

한 기업을 제대로 알기 위해서는 그 기업의 회계장부를 보고 분석해야 한다. 회계장부는 무의미한 숫자의 나열이 아니라 숫자 하나하나가 의미를 담고 있다. 이 기업이 우량한 기업인지, 경영에 어떤 위험요소가 있는지, 효율적으로 생산을 하고 있는지와 같은 다양한 질문에 숫자는 정확한 답을 해줄 수 있다. 숫자가 말하는 것을 잘 분석하고 참고해서 경영자는 회사를 경영하고 주주는 투자를 결정한다.

가정경제도 기업과 마찬가지다. 한 가정의 살림살이가 보여주는 숫자는 많은 질문에 대한 답을 가지고 있다. 단순히 아끼고 절약해야 한다는 신념을 유지하거나 더 많이 공부해서 똑똑한 소비자가 되는 것으로 가정경제를 운영하면 금세 한계에 부딪친다. 개인의 결심이나능력은 상황에 따라 달라지며 지속 가능한 요소가 아니기 때문이다.

불확실한 미래를 헤쳐가야 하는 우리에게 가장 확실한 의사결정의 근거는 다름 아닌 숫자다. 이제는 내 마음속이나 옆집 아주머니가 아니라 우리 집 재무장부 속 숫자에 질문을 하자. 답은 숫자가 알려줄 것이다.

📟 숫자, 가장 확실한 증거

집이나 학교 혹은 직장 주변이 공사 중이라고 가정해보자. 수시로 발생하는 소음은 스트레스와 짜증을 유발하고 과제와 업무를 정상적으로 수행하는 걸 방해한다. 돈 생각은 한창 공사 중인 옆집처럼 머릿속에 지속적으로 소음을 만들어낸다.

갑자기 차가 고장났다.

'보험 처리를 할까? 그냥 내 돈으로 할까? 이 참에 차를 바꿀까? 새 차를 사면 한 달에 할부금이 얼마나 들어갈까? 적금을 깨야 하나?'

친구가 좋은 투자처가 있다며 투자를 권유한다.

'투자할 만한 대상이 맞을까? 괜히 돈만 날리는 게 아닐까? 당장 여윳돈이 없는데 마이너스 통장을 만들어야 하나? 아니면 신용대출을 받을까? 와이프한테 말하지 않아도 될까? 투자를 한다면 얼마를 해야 할까? 이왕 하는 거 무리를 좀 해서라도 크게 해야 하나? 손해 볼지 모르니 조금만 할까?'

생각은 꼬리에 꼬리를 물고 떠올라 머릿속에 소음을 만들고 그로 인해 마음은 심란해지고 능률은 떨어진다. 어떤 생각으로 터널링에 빠지는 이유는 결론을 내지 못하기 때문일 것이다. 답을 얻지 못했으니 생각을 반복하지만 정작 답을 찾지 못하는 답답한 상황이 반복된다. 대부분의 문제는 생각만으로는 답을 찾지 못한다. 돈 문제도 예외가 아니다.

최선의 답을 찾기 위해서는 필수적인 조건이 있다. 문제를 객관적이고 구체적으로 정리하는 것이다. 자신만의 논리에 빠져 합리화하면 잘못된 결론을 내릴 수 있기 때문에 주관적이 아니라 객관적으로 문제를 봐야 한다. 또한 무엇이 문제의 원인이고 무엇이 현상인지 구체적으로 봐야 한다. 추상적인 문제 파악은 추상적인 결론만 도출하기에 반복되는 돈 생각을 끊어낼 수 없다.

전문가에게 재무 상담을 받는 이유가 바로 문제를 객관적이고 구체적으로 파악하기 위해서다.

한 남성이 전세를 끼고 집을 사놓은 상황에서 만약 결혼하면 집을 어떻게 해야 할지 고민이라며 상담을 신청했다. 숫자를 가지고 문제를 구체적으로 파악하자 답은 금방 나왔다. 지금 가진 돈으로 전세보증금을 돌려줄 수 없으니 집을 팔아 신혼집을 새로 구하든지 대출을 더 받아 그 집에 들어가든지 둘 중 하나였다. 후자를 선택한다면 대출 상환을 위해 상당 기간 맞벌이를 해야 한다는 점도 확인했다. 빚을 지고 사놓은 집 한 채가 자산의 거의 전부로, 결혼식이나 살림 장만에 돈을 쓸 여유조차 없는 상황이었다.

집을 가지고 있다는 사실에 내심 든든해하던 그는 상담 후 충격을 받았다. 마침 집값이 올라 흐뭇해하는 상황이었는데 현실은 그렇지 않음을 깨달았던 것이다. 자신 명의의 집이 있다는 생각만 했지 재무 상황이 어떤지 객관적으로 따져보고 구체적으로 문제를 파악하지 않았기 때문이다.

또 다른 예로, 한 부부는 이사 문제로 고민이 많았지만 서로의 생각을 공유할 기회를 갖지 못하고 있었다. 남편은 50평대에 살고 있는 부모와 합가하기를 원했지만 차마 말을 못 꺼내고 있었고, 아내는 남편의 의중을 알았지만 일부러 말을 꺼내지 않고 문제를 회피하기만 했다. 각자 추상적인 생각만 하면서 알게 모르게 불만과 갈등이 쌓여갔다. 그런 와중에 가정경제 상담을 하면서 집 문제를 구체적으로 따져볼 기회를 얻었다. 남편은 부모와 함께 살면 돈을 절약할 수 있겠다 싶었지만, 구체적으로 따져보니 부모의 생활비까지 부담해야 해서 절약은커녕 지출이 더 늘어날 상황이었다. 여기에 시부모와 같이 살면서 아내가 겪을 스트레스까지 고려하면 현명한 선택은 아니라는 판단을 할 수 있었다. 막연히 생각만 하지 않고 구체적으로 따져본 결과 고민은 단 몇 시간 만에 해결됐다.

돈 문제에서 가장 구체적이고 객관적인 지표는 숫자다. 숫자는 거짓말을 하지 않는다. 없는 사실을 있는 것으로, 초라한 것을 화려한 것으로 꾸며낼 수도 없다. 엉뚱하게 자기 합리화를 하거나 보고 싶은 것만 보지도 않는다. 돈 문제를 해결하기 위해서, 그리고 올바른 돈 관리를 위해서는 가정경제의 가장 확실한 증거인 숫자를 근거로 의사결정을 해야 한다. 처음부터 숫자를 기반으로 의사결정을 한다면 쓸

데없이 고민하느라 시간을 낭비할 가능성이 줄어들고 따라서 돈 생각으로 쉽게 터널링에 빠지지도 않을 것이다.

당신의 귀가 얇은 이유

두 아이를 둔 K씨는 누가 봐도 알뜰살뜰한 주부다. 남편 월급만으로는 아이 키우고 저축하기가 힘들어 학습지 교사 일도 병행한다. 아이들 학비를 미리 준비해야 할 필요성을 느껴왔던 K씨는 주가가 많이 떨어졌으니 지금이 변액보험 가입의 적기라는 보험설계사의 말에 귀가 솔깃했다. K씨 부부는 각자 10만 원씩 총 20만 원의 연금보험을 넣고 있었지만 노후 자금으로는 너무 부족하다는 설계사의 말도 맞는 것 같았다. 주가가 많이 떨어진 시점이라 시기도 좋고 어차피 필요한 저축이니 생활비를 절약하면 보험료를 낼 수 있겠다고 K씨는 생각했다. 그래서 두 아이 앞으로 하나씩, 본인 앞으로 하나, 총 3개의 보험에 새로 가입했다. 납입 금액은 모두 60만 원이었다.

　가입 후 주가가 바닥을 찍고 올라가면서 K씨는 그때 가입하기를 잘했다고 내심 흐뭇해했다. 그러나 오래지 않아 상황은 기대와는 다르게 진행됐다. 자꾸만 마이너스 통장에 손이 가게 되고 매월 적자가 커졌다. K씨는 생활비를 절약하고 조금만 신경 쓰면 60만 원의 보험료는 감당할 수 있으리라 생각했던 자신이 틀렸음을 깨달았다. 돈을 잘 모으기 위해 선택한 금융상품이 오히려 빚을 늘리는 결과를 불러왔다. K씨는 팔랑귀인 자신을 책망했다.

K씨처럼 스스로를 팔랑귀라고 생각하는 이들이 의외로 많다. 그만큼 내 돈을 노리는 유혹이 많다는 뜻일 것이다. 당장 이 보험에 가입하지 않으면 큰일 날 듯 겁을 주거나 이 금융상품에 가입하지 않으면 남들 다 받는 혜택을 못 받을 것처럼 우리를 유혹한다. 더 이상 팔랑귀로 살고 싶지 않다고 경계의 안테나를 세우고 마음을 닫아걸어도 유혹을 물리치기에는 역부족이다.

금융상품을 판매하는 이들은 판매를 잘하기 위해 필요한 다양한 교육을 받은 사람들이다. 금융회사는 최선의 설득 논리를 개발해 판매 사원에게 알려준다. 그들의 말을 듣고 있노라면 당장이라도 이 상품에 가입해야 하는 것처럼 느껴질 수밖에 없다. 태어날 때부터 팔랑귀인 게 아니라 금융회사의 마케팅 폭탄 앞에서는 팔랑귀가 돼버리는 게 당연하다.

그렇다고 금융상품을 판매하는 이들이 사기꾼이라는 의미는 아니다. 이들이 권하는 금융상품도 나름의 효용 가치가 있을 것이다. 금융상품 자체만 보면 무조건 나쁘거나 고객에게 해를 끼치는 것은 있을 수 없다. 문제는 내 재무 상태가 과연 상품에 가입할 만한지 여부다. 불행히도 우리는 이 금융상품이 좋은지 나쁜지에만 주의를 기울일 뿐 내 재무 상황을 고려한 적절한 금융상품 가입까지는 신경을 쓰지 못했다.

금융상품 가입뿐만 아니라 돈에 관한 의사결정을 할 때 우리는 남의 말을 많이 참고한다. 요즘은 아마 집 문제로 마음이 심란한 사람이 많을 것이다. 집을 사려면 대출을 받아야 하는데 얼마까지 받아야 하는지, 어떤 방식으로 갚아야 하는지 구체적인 가이드라인을 가지고 있는 사람은 거의 없다. 단지 앞으로 집값이 오를 것 같다, 집이 없으면 이사 다니느라 너무 힘들다, 친구네는 집값이 1억 원이 올랐다는 이유로 의사결정을 한다. 구체적인 금액에 대한 가이드라인이 없으니 대강 감으로, 또는 '은행에서 받을 수 있는 최대한'이라는 정도의 근거로 대출을 받고 있다. 얼마를 빌려야 할지도 막연하게 결정하는 마당에 상환 계획 같은 게 있을 리 없다. 10년 이상을 갚아야 하는 대출임에도 매달 상환해야 하는 자금은 어떻게 조달할지, 어떤 변수를 고려해야 할지 깊게 고민하지 않는다.

금융상품에 가입하거나 대출을 받을 때 참고해야 할 점은, 얼마나 좋은 금융상품인가도 아니고 집값이 오를지 여부도 아니다. 나의 재무 현황이 금융상품이나 대출을 감당할 수 있는지가 가장 중요한 의사결정 근거가 되어야 한다. 결국 이 역시 숫자다. 더 이상 팔랑귀로 살고 싶지 않다면 남의 말이 아니라 내가 가진 숫자에 주의를 기울여야 한다.

🧮 결정장애를 극복하는 숫자의 힘

맘에 드는 원피스를 발견했다. 살까, 말까? 옆집 아주머니가 아이 학습지를 권한다. 시킬까, 말까? 보고 싶은 뮤지컬이 있는데 볼까, 말까? 밥하기 싫은데 외식을 할까, 말까? 우리 일상은 이처럼 돈 쓰기에 관한 고민과 선택의 연속이다. 대부분의 사람이 펑펑 써도 될 만큼 충분한 돈을 갖고 있지 못하기 때문에 돈을 쓸 때는 항상 고민하지 않을 수 없다. 써도 되는지 말아야 하는지 고민하는 것뿐만 아니다. 기껏 써놓고는 잘못 쓴 건 아닌지 돌아보고 후회하는 일도 부지기수다. 인간의 생존이 결국 돈을 쓰면서 이뤄지는 것이다 보니 돈 쓰기에 대한 스트레스와 고민에서 우리는 평생 벗어나지 못한다고 해도 과언이 아니다.

이런 현대인의 특성에서 기인한 것이 결정장애라는 심리적 상태다. 점심에 짜장면을 먹을지 김치찌개를 먹을지부터 시작해 우리 모두는 매일 결정장애를 겪는다고 할 수 있다. 결정장애에 빠지면 갈등 상황을 쉽게 끝내지 못하고 머릿속에 계속 생각이 남게 된다. 뇌는 터널링에 빠지고 사고의 대역폭은 좁아진다.

맘에 드는 원피스를 발견했다고 해보자.

갖고 싶기는 한데 원피스는 이미 많아서 맘에 걸린다. → 비슷한 스타일의 원피스는 없으니 사도 될 것 같다. → 사려고 보니 가격이 부담스럽다. → 다음에 다시 오면 다 팔리고 없을 것 같다. → 가격만큼 제값을 할지 의심스럽다. → 안 사면 후회할 것 같다. → 충동구매가 아닐까 살짝 걱정이 된다. → 가격은 조금 비싸지만 고급스럽고 예쁘다.

물건 하나를 살 때마다 이런 식으로 생각이 꼬리를 물고 일어난다. 그런데 결정장애는 원피스 하나로 끝나지 않는다. 과거보다 지금은 선택 옵션이 더 다양해졌다. TV를 틀어도 인터넷에 접속해도 싸고 좋은 상품이 너무 많다. 지출에 있어서 결정하기 어려운 상황은 매일매일 끊이지 않는다. 너무나 많은 선택지와 갈등 상황은 판단력을 떨어뜨려 때로는 나쁜 선택을 하게 만든다.

결정장애는 돈 문제이기도 하지만 시간의 문제이기도 하다. 쉽게 결정하지 못하면 미루게 되고, 미룬다는 건 계속 시간을 소모하는 것이다. 가격과 품질 면에서 최선의 선택을 하고 싶어 옷 하나를 사는데 몇 날 며칠 인터넷을 뒤졌다고 하자. 옷 한 벌은 잘 샀을지 몰라도 돌이킬 수 없는 많은 시간을 허비했다는 사실을 우리는 잘 기억하지 못한다. 허비한 시간 또한 우리가 치르는 비용이다.

돈을 써야 할지 말아야 할지 선택의 기로에서 결정장애에 빠지는 이유는, 그 대상이 좋은지 나쁜지를 사고의 중심에 두었기 때문이다. 따라서 돈을 쓸 대상이 아니라 나의 재정 상태를 사고의 중심에 두어야 한다. 아무리 좋은 물건이나 서비스라 해도 돈이 없다면 구입하면 안 된다. 반대로 돈에 여유가 있다면 조금은 잘못된 선택이었다 하더라도 크게 신경 쓸 이유는 없다.

역시 답은 숫자다. 결정장애를 극복하는 힘은 더 많이 알아서 더 똑똑한 소비자가 되는 게 아니라 내가 얼마를 쓸 수 있는지 그 숫자를 정확히 아는 것에서 나온다.

숫자는 항상 정직하다

가정경제에서 숫자를 파악할 때 가장 먼저 해야 할 일은 비용 파악이다. 얼마를 가져야 삶을 유지할 수 있는지 모르는 사람이 의외로 많다. 생활 유지에 얼마의 돈이 필요한지 알아야 최소한 얼마를 벌고 얼마를 저축해야 하는지 알 수 있다. 지출을 줄일 가능성은 있는지, 불필요한데 무의식적으로 하고 있는 지출은 없는지도 알 수 있다. 왜 나는 돈이 모이질 않는지 의아하다면 반드시 비용을 파악해야 한다.

비용 파악이란 지출 금액을 아는 것 이상을 의미한다. 마음 가는 곳에 돈이 간다고 가장 많은 비용을 지출하고 있는 항목이 바로 우리의 욕망과 가치관, 감정이 가장 집중된 곳이다. 내 삶의 비용은 나라는 인간을 구성하는 중요한 요소다. 비용을 알면 돈도 알게 되지만 내가 누구인지를 아는 데 더 가까이 다가갈 수 있다.

🖩 고정 비용 vs 변동 비용

비용에는 고정 비용과 변동 비용이 있다. 이 두 가지를 파악하는 것은 비용 파악의 가장 기본이다. 고정 비용은 지출 금액이 이미 정해져 있는 것으로 월세, 대출 이자, 통신비, 공과금, 교육비, 보험료, 용돈 등이다. 변동 비용은 금액이 정해져 있지 않는 지출로 식비, 문화생활비, 의류비 등이 이에 속한다.

가정경제에서 고정 비용의 비중은 상당히 커서 60~80%까지 차지하는 경우가 대부분이다. 아껴 쓰는데도 왜 늘 쪼들리는지 의문이라면, 고정 비용이 차지하는 비중이 크기 때문이다. 고정 비용은 대부분 자동이체로 빠져나가기 때문에 만져보지도 못한 채 통장에서 사라지는 돈이다. 내 손으로 직접 지출하는 돈은 대개 변동 비용이다. 때문에 우리는 돈을 적게 쓴다고 착각한다. 하지만 정작 따져봐야 할 것은 알아서 빠져나가는 고정 비용이다.

변동비가 적은 비중을 차지하기 때문에 아껴 쓰고 싶어도 아낄 돈이 없고 낭비하고 싶어도 낭비할 돈도 없는 것이 정확한 현실이다. 따라서 지출을 절감하고 싶다면 고정 비용을 줄이는 편이 훨씬 효과가 크다. 고정비는 매달 발생하는 비용이기 때문에 일단 줄여놓으면 1년 동안 총 12회의 절감 효과를 얻을 수 있다. 고정비를 한 달에 10만 원 줄이면 10만 원만 절감하는 게 아니라 120만 원을 줄일 수 있다.

물론 반대의 경우도 있다. 고정비가 10만 원 늘어나면 1년에 120만 원의 지출이 증가하는 결과가 발생한다. 고정비의 위험성이 바로 여기에 있다. 홈쇼핑에서 물건을 팔 때, 무이자 할부로 결제하면 된다며 12개월로 나눈 값을 보여준다. 120만 원짜리를 한 달에 10만 원만 내면 된다고 광고하면 우리는 120만 원은 잊어버리고 10만 원만 머릿속에 집어넣고는 싸다고 생각하고 쉽게 구매 결정을 한다.

조삼모사라는 사자성어가 떠오른다. 먹이를 아침에 3개, 저녁에 4개를 주니 싫어 해서 아침에 4개, 저녁에 3개를 주었더니 좋아하는 원숭이의 어리석음을 비웃는 이야기다. 사실 조삼모사는 원숭이뿐만 아니라 사람에게도 해당되는 말이다. 120만 원짜리를 일시불로는 사지 않겠다면서 한 달에 10만원씩 내라고 하니 좋다고 한다. 돈을 쓰기 전에 그것이 만약 고정 비용이라면 정말 필요한 지출인지 반드시 신중하게 생각해야 한다.

📟 공통 비용 vs 개별 비용

가정에는 버는 사람도 있고 쓰는 사람도 있다. 가족 구성원은 능력에 따라 벌고 필요에 따라 나눈다. 함께 살고 있기 때문에 같이 쓰는 공통 비용도 있고 각자 쓰는 개별 비용도 있다. 대표적인 공통 비용은 주거비, 인터넷 같은 공통 통신비, 공과금, 여행 비용 등이며 개별 비용은 교육비, 의류비, 용돈 등이다.

개별 비용을 파악하면 우리 집에서 누가 가장 돈을 많이 쓰는지 알 수 있다. 다들 자신은 쓰는 돈이 별로 없다고 여기지만 현실은 그렇지 않다. 일단 한 집에 같이 살고 있기 때문에 들어가는 공통 비용을 무

표 2-1	남편 지출 비용 vs 아내 지출 비용					(단위: 원)

남편 지출			아내 지출		
지출 항목	월간 비용	연간 비용	지출 항목	월간 비용	연간 비용
정기 용돈	400,000		정기 용돈		
휴대폰	50,000		휴대폰	50,000	
대중교통	60,000		대중교통	30,000	
의류/속옷		500,000	의류/속옷		1,500,000
신발/가방		200,000	신발/가방/모자		300,000
안경/렌즈/액세서리			안경/렌즈/액세서리		300,000
헤어		120,000	헤어		400,000
운동/레저			운동/레저	100,000	
취미활동			취미활동		
교제/친목모임			교제/친목모임	50,000	
화장품/미용용품		50,000	화장품/미용용품		300,000
피부관리/마사지			피부관리/마사지		
강좌 수강			강좌 수강	60,000	
도서 구입		50,000	도서 구입		100,000
기호품(담배/커피)			기호품(담배/커피)	50,000	
미용/클리닉/네일			미용/클리닉/네일	20,000	
월 평균	586,667		월 평균	593,333	
연 합계	7,040,000		연 합계	7,120,000	

시할 수 없다. 4인 가족이 월세 100만 원을 내고 산다면 1인당 매월 25만 원의 비용이 들어가는 셈이다. 한 달 용돈이 10만 원이라고 10만 원만 쓴다고 생각한다면 오산이다.

주부들은 별도로 용돈을 책정하여 지출하는 경우가 드물고 생활비에서 자신을 위한 지출을 하는 경우가 대부분이다. 한 주부는 가족의 개인 지출을 파악하고 깜짝 놀랐다. 남편보다 자신의 지출이 더 많았기 때문이다.

아내는 용돈은 따로 없지만 자신을 위해 지출하는 돈이 적지 않았다. 반면 남편은 따로 용돈이 있지만 용돈 이외의 다른 비용은 쓰지 않거나 용돈에 포함해서 써왔다. 그 결과 각자 쓰는 개별 비용은 남편이 아내보다 적었다.

아내과 남편의 입장이 이 사례와 반대되는 경우도 흔하다. 재혼한 L씨는 아내의 씀씀이가 헤프다고 생각해 늘 불만이었다. 재혼까지 했으니 어려운 형편에 서로 아끼고 살아야 하는데 아내는 핸드폰만 잡으면 시간 가는 줄 모르고, 식당 일을 하며 버는 돈은 도통 살림에 보태지 않고 혼자 다 쓰고, 도대체 어디에 돈을 쓰고 돈이 없다고 하는지 모르겠다며 답답해했다.

그런데 막상 지출 내역을 따져보니 L씨는 자신이 생활비를 책임진다고 생각하고 있는 게 착각임을 알았다. L씨는 조기축구회의 열성 회원이었는데 여기에 쓰는 돈이 만만치 않았다. 정기적인 회비뿐 아니라 모임 때마다 들어가는 회비며 운동 장비에 들어가는 비용이 수입에 비해 너무 많은 부분을 차지하고 있었다. 게다가 L씨는 건강에 두려움을 느껴 보험료 또한 만만치 않게 지불하고 있었다. 이렇게 계산해보니 그동안 아내가 번 돈은 아내가 개인적으로 쓴 게 아니라 살림을 꾸려나가는 데 상당 부분 사용되고 있었다는 사실을 확인할 수 있었다.

가족 구성원 개별로 지출을 파악하고 평가하는 일은 야박해 보일 수 있다. 하지만 지출이 어떻게 이뤄지고 있는지, 어디서 줄일 수 있는지 알기 위해서는 반드시 필요한 과정이다. 소소하게 들어가는 아이들의 지출을 합해보면 의외로 큰 금액인 경우도 많으며 이럴 때는 양육비 지출의 구조조정을 고려해봐야 한다. 반면 지출 금액이 다른 가족 구성원에 비해 크지만 경제적 가장 역할을 하는 사람의 지출을 줄이기는 어려울 수 있다.

통제 가능 비용 vs 통제 불가능 비용

통제 가능 비용은 의지와 노력으로 절감이 가능한 비용이고, 통제 불가능 비용은 반드시 지출해야 하는 비용을 말한다. 통제 불가능 비용은 고정 비용과 비슷한 개념으로 이해할 수도 있지만 그보다는 범위가 좁다. 가령 대출 이자는 고정 비용이자 통제 불가능 비용이다. 정해진 돈이 매달 지출된다는 면에서 고정 비용이고 마음대로 줄이거나 없앨 수 있는 비용이 아니라는 측면에서 통제 불가능한 비용이다. 반면 자녀 사교육비는 고정 비용이긴 하나 수입이 줄어들거나 필요 없다고 생각되면 줄이거나 없앨 여지가 있기 때문에 통제 가능하다고 보면 된다.

통제 불가능 비용은 숨만 쉬고 있어도 지출되는 것으로, 반드시 벌어야 하는 최소의 수입이라고 볼 수 있다. 갑자기 수입이 줄어들거나 예상치 못한 지출을 해야 하는 재무적 위험 상황이 발생할 때 이 비용이 클수록 가정경제의 위험도는 올라갈 수밖에 없다.

통제 불가능 비용을 줄이고 싶다면 방법은 단 하나, 자산 구조조정밖에 없다. 집을 줄이거나 차를 팔거나 보험을 해약하는 일들이 바로 자산 구조조정이다. 아껴 쓰고 절약하는 것은 통제 불가능 비용에 어떤 영향도 끼치지 못한다. 반대로 전체 지출에서 통제 불가능 비용의 비중이 적다면 재정상 위험도는 크지 않다고 볼 수 있으며 지출 구조조정의 가능성도 찾을 수 있다.

통제 가능 여부를 판단하는 간단한 방법은 1년간 수입이 끊긴다는 전제로 유지할 비용과 줄이거나 없앨 비용을 생각해보는 것이다. 이 과정을 통해 지출의 우선순위를 결정하는 자신의 가치관을 점검해볼 수도 있다. 부모에게 보내는 용돈, 자녀 사교육비, 품위 유지비 등 다양한 지출 항복에 우선순위를 매겨보면 삶에서 내가 무엇을 중요하게 생각하는지 알 수 있다.

우리가 쓰는 돈이 우리를 말해준다

시중에 나와 있는 가계부 대부분은 식비, 의료비, 교통비, 교육비, 생활용품비, 의류비처럼 돈을 어디에 쓰는지에 따라 지출 계정을 구분하고 있다. 이런 식으로 지출을 기록하고 나중에 결산해보면 식비는 얼마, 교육비는 얼마, 의류비는 얼마 썼다는 숫자를 보게 된다. 이런 관리방식은 직관적이기는 하나 결과로서 보게 되는 숫자는 우리에게 아무 말도 해주지 못한다. 그저 숫자로만 남을 뿐이다. 개별 지출 계정도 너무 많아 기억하기도 쉽지 않다.

지출 계정을 지출 대상이 아니라 지출 목적별로 구분할 때 숫자는 특별한 의미를 품게 된다. 가령 식비와 생활용품비, 각종 수리비 등을 '먹고사는 생활'로, 문화생활, 여행, 취미생활을 묶어 '풍요로운 생활'이라는 계정으로 지출을 구분할 수 있다. 지출을 목적별로 구분해 예산을 수립하고 지출을 기록하면 내 삶이 어떤 식으로 구성되어 있으며 내가 어떤 것을 중요하게 생각하는지 알 수 있는 자기 발견의 기회가 된다. 만약 '멋스런 생활'의 지출 비중이 크다면 패션에 관심이 큰 셈이고 '사람 노릇'에 돈을 많이 쓰고 있다면 나 자신보다 가족과 친지와의 관계를 더 챙긴다는 뜻이다.

지출 계정을 목적별로 분류하면 현재 상태 파악뿐 아니라 내가 지향하는 삶을 향한 실천도 가능하다. 원하는 목적의 계정에 더 많이 지출하는 것이다. 멋스런 생활을 줄이고 사람 노릇에 예산을 더 배정하거나 차량 유지비를 과감히 포기하고 이를 풍요로운 생활로 돌릴 수도 있다. 어떻게 살고 싶다거나 무엇을 하고 싶다는 바람은 마음만으로는 아무것도 이뤄지지 않는다. 돈이 움직여야 현실화된다.

〈표 2-2〉는 일반적인 가정에서 사용할 수 있는 지출 목적별 계정표다. 전체 지출에서 개별 계정이 각각 몇 퍼센트를 차지하는지 분석해보면 지출 구조를 체계적으로 파악하고 우선순위를 정하는 데 도움이 된다. 1인 가구나 미혼이라면 기혼 가정과는 생활 패턴이 다르기 때문에 다소 차이가 있다(〈표 2-3〉).

🖩 가족 공동생활

한 가족이 생활할 때 공동으로 쓰는 비용이 있다. 주거비, 공과금, 통신비 등이 대표적이며 대부분 고정 비용이라 한 번 정해지면 줄이기 어렵다. 그래서 가장 먼저 확보해야 할 금액이기도 하다.

표 2-2 | 목적별 지출 분류표(기혼 가정)

계정	항목	이름
먹고사는 생활	목욕	목욕탕, 찜질방
	외식	배달 음식, 외식
	식비	주/부식, 과일, 간식
	김장	장보기, 현금 지원
	생활용품	욕실/빨래 용품, 침구/커튼/가구, 컴퓨터/가전, 주방용품, 생활용품, 수선/수리비
차량 유지	보험/세금	자동차보험, 자동차 세금
	대리운전	대리운전
	수리/정비	엔진오일, 수리/정비, 타이어, 세차
	주유	주유
	주차/톨	월 정기 주차, 비정기 주차, 톨게이트비
	벌금	과태료, 범칙금
자녀 양육	어린이날	외식, 용돈, 나들이, 선물
	생일/기념일	외식, 용돈, 선물 구입
	사교육/학습/장난감	도서 구입, 학습지/인터넷 강의, 문화센터/학원비, 참고서/교재비, 과외, 장난감,
	유아 양육(3세 미만)	분유/이유식, 육아용품, 육아 도우미, 기저귀
	보험료	정기보험, 상해보험, 종신보험, 실손보험
	유치원/어린이집	보충(특성화)수업, 급식비/간식비, 체험학습/소풍, 스승의 날/선생님, 수업료
	의료	클리닉, 약값, 보약/건강식품, 병원
	용돈	현금 지원, 월 정기 용돈
	초/중/고	방과후교실, 급식비/간식비, 체험학습/소풍, 스승의 날/선생님, 수업료
	통신비	핸드폰 할부, 핸드폰 요금
	교통비	대중교통, 택시비
공동생활	공동생활기타	약값, 택시비
	주거	전기요금, 가스비, 난방비, 관리비, 월세, 수도요금
	보험료	화재보험, 통합보험
	렌탈	기타 대여, 정수기
	종교/봉사	기부/후원, 십일조
	공공 비용	건강보험, 국민연금, 세금
	통신	케이블/TV, 인터넷, 유선전화

계정	항목	이름
풍요로운 생활	반려동물	사료비, 병원비, 기타 용품
	대학원/진학	교재비 기타, 등록금
	문화/레저/취미/운동	책, 장비 구입, 동호회 회비, 강좌 수강료, 교재,
		영화/공연/전시
	온라인 오락	기타 아이템, 게임 아이템, 음악 구매
	여행/나들이/체험	회비, 식비, 입장료, 숙박비, 교통비, 여름휴가
부채 상환	신용카드	카드론, 현금서비스, 할부 구매, 선 포인트 할인,
		리볼빙
	신용대출	신용대출, 마이너스 통장, 학자금대출
	개인 금융	일수, 가족 대출, 지인 대출, 계
	담보대출	자동차 할부, 전세자금대출, 약관대출
		예금/퇴직금/연금 담보, 부동산 담보
예산 외 지출	예산 외 지출	예산 외 지출
사람 노릇	명절/제사/행사	명절 장보기, 기타 행사 현금 지원, 제사 장보기
	부모님	외식, 명절 현금, 보험료, 의료비, 현금 지원,
		월 정기 생활비, 생일축하금, 선물/현물, 통신비, 교통비
	가족/친지	모임 회비, 외식, 명절 현금, 현금 지원, 축의/부의/생일,
		월 정기 생활비, 조카 용돈/선물, 선물/현물, 교통비
멋스런 생활	미용 서비스	클리닉, 시술, 마사지, 네일아트, 성형수술
	의류	의류, 드라이/수선, 속옷/양말
	안경/렌즈	안경, 렌즈, 선글라스
	미용	염색/클리닉, 커트/퍼머, 헤어용품
	화장품	기초, 메이크업, 기타 화장 도구
	신발/가방	액세서리, 가방/지갑, 수선비, 신발
남편 비용/	생일/기념일	외식, 용돈, 선물 구입
아내 비용	기호품	담배, 커피
	보험료	정기보험, 건강보험, 상해보험, 종신보험, 실손보험
	의료비	클리닉, 약값, 보약/건강식품, 병원
	용돈	현금 지원
	교제비	모임 회비, 술값/밥값, 현금 지원, 축의/부의금, 선물/현물
	종교/봉사	기부/후원, 십일조
	통신비	핸드폰 할부, 핸드폰 요금
	교통비	대중교통, 택시비

표 2-3 │ 목적별 지출 분류표(1인 가구 혹은 미혼)

계정	항목	이름
기본생활비	주거	전기요금, 가스비, 난방비, 관리비, 월세, 수도요금
	보험료	화재보험, 정기보험, 건강보험, 상해보험, 종신보험, 실손보험, 통합보험
	생활비	부모님 전달
	렌탈	기타 대여, 정수기
	종교/봉사	기부/후원, 십일조
	공공 비용	건강보험, 국민연금, 세금
	통신	케이블/TV, 핸드폰 할부, 인터넷, 유선전화, 핸드폰 요금
함께하는 삶	데이트 비용	문화생활/체험, 데이트 통장, 식비, 선물/현물, 교통비, 여행/나들이
	교제비	모임 회비, 술값/밥값, 현금 지원, 축의/부의금, 선물/현물
필수 용돈	매 식비	아침, 저녁, 점심, 간식/배달 음식
	기호품	담배, 커피
	교통비	대중교통, 택시

먹고사는 기본생활

먹고살기 위한 기본적인 비용으로 식비, 외식비, 생활용품비가 이에 해당한다. 외식은 배달 음식을 포함해 산정해야 하며, 생활용품은 세탁·목욕·위생·주방 용품 등이다. 컴퓨터/가전에는 프린터, 카트리지, 종이와 수리비 같은 컴퓨터 유지비가 포함된다. 그 외 마트나 시장에서 장을 보는 것은 거의 이 항목에 넣으면 된다. 이 계정도 공동생활 비용과 마찬가지로 가족이 함께 사용하는 비용이다.

🖩 자녀 양육

아이를 키우는 데 들어가는 금액이다. 자녀의 나이에 따라 지출 항목이 달라지지만 자녀를 위해 쓰는 돈이라는 점에서 동일하다. 요즘은 아이들을 위한 지출 항목이 매우 다양해져 성장 촉진이나 비만 클리닉 비용 같은 항목도 생길 수 있다. 또한 분기별, 학기별로 지출되는 경우가 많아 목돈이 필요할 때도 있다. 보험료나 통신비, 의료비는 대부분 가족 구성원별로 들어가는 비용이므로 '자녀 보험료' '자녀 통신비' 처럼 자녀 양육 항목에 넣어 파악하도록 한다.

🖩 사람 노릇

가족과 지인들과의 관계를 유지하기 위한 비용으로 '부모님' '가족·친지' '명절 등 행사'로 구분할 수 있다. 부모님 용돈처럼 고정된 비용도 있지만 각종 경조사비처럼 불시에 생기는 비용 또한 무시할 수 없어 예산을 정하기 어려운 항목이기도 하다.

사람 노릇에 들어가는 비용은 의외로 지출에서 큰 부분을 차지한다. 내 시어머니의 예를 들어보려 한다.

연세가 80대 중반이다 보니 시어머니와 나는 세대 차이가 정말 많이 난다. 더군다나 도시생활은 한 번도 해본 적 없고 읍내에서도 살아본 적 없이 고향 마을에서 평생을 살아온 분이라 더더욱 그 차이가 크다. 시어머니의 소비 모습으로 본 부모 또는 조부모 세대의 소비방식은, 자기 자신보다 사람 노릇을 위한 소비를 우선으로 하는 것이다.

시어머니는 젊었을 때 형님, 즉 내 남편의 큰아버지 집과 이웃해 살았는데 먹을 게 생기면 당신은 작은 것, 못생긴 것을 갖고 크고 맛있는 건 큰집에 보냈다고 한다. 부모도 아닌 마당에 그렇게까지 존중할 필요가 있을지 내 상식으로는 그다지 이해되지 않았다.

그 밖에도 다른 사람(자녀를 포함해) 집을 방문할 때는 빈손으로 가는 법이 없다. 그냥 가면 큰일 나는 줄 아신다. 대학까지 졸업한 다 큰 손자손녀의 생일을 챙기고, 동네 경조사에는 빠지지 않고 조금이라도 봉투를 챙기신다. 당신이 버는 돈이 있는 것도 아니고 나이가 많아 경제력이 없다는 점은 고려하지 않고 내가 안 먹고 안 쓰는 한이 있더라도 사람 도리가 먼저라 생각하시는 까닭이다. 당연히 자신을 위해 쓰는 돈은 거의 없다. 30년이 넘도록 들고 다니는 촌스러운 핸드백은 시어머니의 돈 쓰기 철학을 보여주는 화석 같은 증거다(자식들이 사다 준 가방이 많은데 왜 이 핸드백을 안 버리시는지 모르겠다).

과거 지역공동체 또는 가족공동체는 생존의 기반이었고, 그곳에서 벗어날 수 없는 삶이었다면 주변의 평판이 무엇보다 중요하기에 개인의 욕구를 우선시하기란 어려웠을 것이다. 내 시어머니처럼 한 곳에서 계속 살아왔다면 평판이 나빠지거나 관계가 틀어지는 건 삶의 기반이 흔들리는 위험에 직면하는 것과 마찬가지다. 규범이 개인의 욕망보다 중요하게 여겨지는 환경에서 살아오신 점을 생각하면, 시어머니의 행동이나 생각을 이해 못할 바는 없다.

개인의 만족이나 취향보다 집단의 규범을 우선시하는 경향은 사회가 개인화되고 관계가 파편화되면서 급속히 사라지고 있다. 농경시대 사람들은 자신의 토지가 있는 곳에서 평생을 살 수밖에 없었지만 산업화·도시화 시대에는 일을 따라, 자녀 교육을 따라, 주거비 부담에 따라 계속 이동하며 산다. 주변의 평판이 그리 중요해지지 않아진 것이다. 더군다나 개인의 욕망을 추구하는 것이 속물스럽거나 저속하다거나 이기적인 게 아니라 자연스러운 일로 받아들여지는 분위기가 널리 퍼져 있다. 집단의 규범에 예속되기보다는 개인의 만족을 중요시하는 자녀 세대이기에 부모 세대와 소비에 대한 가치관의 차이와 갈등도 필연적으로 나타난다.

그런데 개인주의적 소비가 대세인 세상에서 실제 지출은 어떻게 변했을까? 개인적 욕구 지출이 가족과 친지를 위한 지출, 사람 노릇을 위한 지출보다 많으리라고 예상할 수 있을지 모르겠다. 그러나 놀랍게도 개별 가정의 지출을 따져보면 사람 노릇을 위한 지출 비중이 생각보다 매우 크다. 부모에게 보내는 월 생활비, 각종 선물, 어버이날 선물 및 외식, 명절 비용, 각종 친지 모임의 회비, 경조사비, 조카 선물이나 용돈에 들어가는 비용을 계산해보면 만만치 않은 금액이다.

사람 노릇을 해야 한다는 생각은 교육의 영향만은 아니다. 이 또한 진화 과정에서 유전자의 명령이 작용하는 것으로 해석이 가능하다. 진화는 자신의 유전자를 후대에 전달하는 방식으로 작동한다. 자신과 비슷한 유전자를 가진 가족이나 가까운 혈족에게 그래서 더 많이 투자하고 비용을 쓴다. 모든 문화권에서 선물 비용은 가까운 정도에 비례한다. 또한 사회적 존재로서의 인간은 같은 공동체나 지인에게

이타성을 보여준다. 그래서 먼 혈족보다 가까운 친구에게 더 많은 선물 비용을 할당한다. 이렇게 사람 노릇은 본능이기도 하기에 아무리 사회가 개인화된다 한들 크게 달라지지 않을 것이다.

사람 노릇을 위한 비용의 특징 하나는, 마땅히 줄일 부분이 없다는 점이다. 경제력이 없는 부모의 생활비를 갑자기 줄일 수도 없고, 경조사에 발을 딱 끊을 수도 없다. 자식을 결혼시켰다면 받은 게 있으니 다른 집 자식 결혼식에 안 갈 수도 없으며, 가족이 모이면 밥 한 끼 안 먹고 헤어질 수도 없는 노릇 아닌가. 지출 내역을 아무리 들여다봐도 줄이려야 줄일 게 없다.

이는 사람 노릇이 본능이나 교육과 함께 감정의 문제이기도 하기 때문이다. 개인적인 욕구를 채우고 싶은 마음과 사람 노릇을 해야 한다는 의무감 사이에서 갈등은 늘 발생한다. 아무리 사회가 변했다 해도 이 마음속 갈등은 사라질 수가 없다. 만약 사람 노릇에 많은 돈을 쓰고 있다면 그래야 내 감정이 편하기 때문이라고 해석할 수 있다. 내가 좀 덜 쓰고 덜 가지더라도 사람 노릇을 하는 게 낫다는 쪽으로 감정이 움직인 것이다. 그저 의무감으로만 이루어진 어쩔 수 없는 선택이 아니다. 사람 노릇이 중요하다 생각하는 본인의 감정을 인정하면 돈을 쓸 때 훨씬 편해질 수 있다.

풍요로운 삶

풍요로운 삶에 대한 기준은 사람마다 다르기 때문에 명확하게 규정하기는 어렵지만 일반적으로 문화생활이나 여행, 취미활동 등을 이 항목에 넣을 수 있다. 여름휴가, 가족 나들이, 공연 관람, 도서 구입, 자기계발, 취미를 위한 장비 구매, 동호회 활동비 등이다. 만약 맛집을 찾아다니는 식도락가라면 외식비를 취미 항목으로 정하고 풍요로운 삶 계정으로 옮겨올 수도 있다.

TV를 보면 요즘 예능 프로그램의 상당수는 여행, 외식, 체험에 관한 것들이다. 유명 연예인이 여행을 가고 거기서 맛있는 음식을 먹고 새로운 체험을 하는 프로그램이 넘쳐난다. 휴가철이나 연휴에는 인천공항이 인산인해를 이루고 있다는 뉴스가 빠지지 않는다. 나 빼고 다들 이처럼 삶을 즐기고 있는 걸까? 박탈감과 소외감이 느껴진다.

그런데 사람들이 풍요로운 삶을 지향하고 그래서 관련 지출이 클 것 같지만 전체 지출에서 차지하는 비중은 놀라우리만치 적다. 대부분의 가정에서는 풍요로운 삶을 위한 지출이 5%를 넘지 않는다. 1인 가구라면 상대적으로 비중이 크겠지만 주거비나 필수 생활비가 계속 증가하는 추세이기 때문에 풍요로운 생활에 쓰는 비용을 늘이기는 쉽지 않다.

멋스런 생활

옷, 신발, 액세서리, 가방, 화장품, 미용 등에 들어가는 돈으로 치장을 위한 지출을 의미하며 미혼 여성들이 상대적으로 많이 쓰는 계정이다. 전체 가족의 비용을 묶어서 산정할 수 있지만 정확하게 따지고 싶다면 소비 주체별로, 즉 '남편 옷' '아내 옷' '자녀 옷' 으로 따로따로 산정해볼 수도 있다.

🖩 차량 유지

차 한 대를 유지하는 데 들어가는 비용이 적지 않다. 차를 운전하지 않고 세워만 놓아도 세금과 보험료로 한 달에 최소 20만 원은 들어간 다. 조금 오래된 차라면 수리비만 1년에 100만 원 이상 나오게 마련 이다. 차 한 대를 굴리는 데 얼마나 비용이 들어가는지 알면 차를 살 때 좀 더 신중할 수 있다.

🖩 남편 비용 / 아내 비용

각자가 매월 정해진 금액을 가져가는 용돈이 기본적으로 있다. 여기 에 교통비, 커피값, 술값 같은 교제비 등이 추가된다. 자녀 양육 계정 과 마찬가지로 보험료, 의료비, 통신비를 각각 파악해서 남편과 아내 가 정확하게 얼마의 지출을 차지하고 있는지 파악한다.

🖩 예상 외 지출

살다 보면 늘 예상치 못한 지출이 발생한다. 갑자기 이가 아파서 치과 치료비가 엄청나게 나오기도 하고, 형제자매가 결혼을 해서 냉장고라도 사줘야 하는 상황이 생긴다. 부모님 칠순에 여행을 보내드리거나 큰맘 먹고 가족들이 해외여행을 떠날 수도 있고, 결혼할 때 산 TV가 수명을 다하면 새것으로 교체해야 한다. 이렇게 예상치 못한 지출은 매년 발생하고, 평소 지출액이 클수록 함께 커진다. 보통 예상 외 지출의 1년 예산은 한 달 평균 생활비 정도로 잡으면 된다.

📟 부채

부채가 있다면 월 이자로 얼마를 내고 있는지, 원금은 얼마인지 구분해서 봐야 한다. 원금은 못 갚고 이자만 계속 내는 경우가 많기 때문이다. 월별이 아니라 분기별이나 1년에 한 번 이자를 내는 것들도 빠뜨리지 않고 파악해야 한다. 할부금이 있다면 이 또한 부채로 잡아야 한다. 부채는 매우 중요한 관리 항목이며 이후 자세하게 살펴볼 것이다.

📟 1인 가구 혹은 미혼 대상 계정

사람 노릇·멋스런 생활·풍요로운 생활·차량 유지·부채·예상 외 지출 항목은 기혼 가구와 동일하다. '기본 생활비'는 고정 지출을 의미하며 기본적으로 매월 빠져나가는 지출이다. '함께하는 삶'은 미혼이나 1인 가구의 교제 비용이 상대적으로 크기 때문에 별도로 계정을 잡았다. '필수 용돈'은 고정 지출과는 달리 돈 버는 활동을 위해 필요한 지출이라고 보면 된다.

수입, 현실과 착각

자신의 수입을 아는 사람보다 모르는 사람이 훨씬 많다. 가정경제에 관한 강의나 상담을 하고 나면 얼마를 버는지조차 몰랐던 자신을 반성하는 고백이 가장 많다. 돈과 관련해 어떤 행동보다 먼저 해야 할 일은 수입을 정확하게 파악하는 것이다.

고정 수입

고정 수입은 매월 또는 매년 정해진 금액으로 발생하는 소득이다. 급여를 받는 사람이나 임대 소득을 얻는 사람은 매월 정해진 소득이 발생하고 금융 자산이 있는 사람이라면 연/분기 단위로 이사나 배당 소득이 발생한다. 만약 국가나 소속한 회사로부터 정기적으로 발생하는 소득이 있다면 이 또한 고정 수입으로 파악해야 한다.

고정 수입을 파악했다면 이 금액이 소비와 저축의 가장 중요한 가이드라인이 된다. 한 달 동안 우리 집 또는 내가 쓸 수 있는 돈이 이고정 수입이다. 경제활동의 기본은 버는 한도 내에서 쓰는 것이다. 고정 수입 한도 내에서 모든 지출과 저축이 이뤄져야 한다는 것은 기본중의 기본이다. 하지만 많은 이들이 버는 이상 쓰고 그 결과 계속 늘어나는 빚으로 살림살이가 더욱 힘들어지는 악순환을 겪고 있다. 버는 한도 내에서 쓰기는 가정경제의 가장 첫 번째 원칙이자 불문율이며 이는 고정 수입을 파악하는 것으로부터 시작한다.

🖩 변동 수입

변동 수입은 발생 여부가 정해지지 않았거나 발생하지만 금액이 정확하지 않은 소득을 말한다. 프리랜서라면 고정 수입보다 변동 수입이 더 큰비중을 차지할 것이다. 급여소득자라면 보너스나 상여금 혹은 연말정산환급금 등이 해당된다. 카드 포인트, 각종 경조사 부조금도 변동 수입에속한다. 급여소득자라도 변동 수입은 항상 존재한다. 특히 공무원이나교직원은 변동 수입의 비중이 매우 높은 편이다(〈표 2-4〉, 〈표 2-5〉 참조).

다음은 초등 교사의 연간 급여액으로, 윗부분이 공제 전이고 아랫부분이 공제 후 수령액이다. 급여의 편차가 클 뿐 아니라 교원연금을 포함한 공제 금액이 커서 실수령액은 연봉의 80% 정도에 불과하다.

표 2-4 | 고위공무원 12개월 월급 예 (단위: 원)

월	1월	2월	3월	4월	5월	6월
금액	9,800,000	4,200,000	9,500,000	3,700,000	11,500,000	4,200,000
월	7월	8월	9월	10월	11월	12월
금액	9,800,000	4,200,000	9,500,000	4,200,000	11,500,000	4,200,000
합계	86,300,000					

최고 급여 달과 최저 급여 달이 약 3.5배 차이가 날 정도로 급여액의 편차가 크다

표 2-5 | 교직원 월별 소득 예 (단위: 원)

월	1월	2월	3월	4월	5월	6월
공제 전	4,897,080	2,835,300	2,964,630	3,001,580	2,927,680	2,927,680
공제 후	4,300,810	1,923,340	2,206,500	2,069,210	2,298,360	2,305,720
월	7월	8월	9월	10월	11월	12월
공제 전	3,681,280	2,927,680	6,892,120	4,006,320	3,010,780	3,130,870
공제 후	3,066,710	2,340,230	6,197,100	3,301,950	2,309,720	2,420,140

내 마음속 회계장부

우리는 같은 금액의 돈이라 해도 그 출처에 따라 다르게 생각한다. 실제로 통장계좌에 따로 넣어놓지는 않지만 마음속에서는 별도의 계정으로 분류한다. 행동경제학에서는 이를 마음속 회계장부라는 뜻으로 심적 회계(mental account) 또는 심리계좌라고 부른다. 예를 들어 아르바이트로 번 돈 5만 원은 '일해서 번 돈'이라는 계좌에 넣는다. 열심히 일해서 벌었기 때문에 소중히 여기고 함부로 써서는 안 될 돈이라고 생각한다. 반면 길을 가다 5만 원짜리 지폐를 주웠다. 이 돈은 그즉시 '공돈'이라는 계좌로 들어간다. 공돈계좌에 들어간 돈은 아주

쉽게 쓴다. 말 그대로 공돈이기 때문이다. 수많은 로또 당첨자가 거액을 쉽게 탕진하는 것도 당첨금을 공돈계좌에 넣어놨기 때문이다.

친구 사이인 A와 B는 연봉이 같다. 그러나 월급을 받는 형식은 다르다. A가 다니는 회사는 연말에 한 번 보너스를 준다. B의 회사는 보너스를 한 번에 주지 않고 12로 나눠 급여에 일정하게 포함해서 준다. 결과적으로는 같은 돈을 받는 A와 B, 그러나 항상 B가 A보다 더 많은 돈을 저축한다. 그렇다고 A가 B보다 사치스럽거나 자제심이 없는 건 아니다. 월급을 어떤 심리계좌에 넣어두었느냐는 차이가 있었을 뿐이다.

월급은 열심히 일한 대가로 번 돈이다. B는 이 돈을 '일해서 번 돈'이라는 계좌에 집어넣고 쉽게 쓰려 하지 않는다. A도 매달 월급은 '일해서 번 돈'이라는 계좌에 집어넣는다. 그러나 연말 보너스는 추가로 생기는 소득이라는 생각에 '공돈계좌'에 들어간다. 일단 '공돈'이라는 이름표가 붙으면 꺼내 쓰기가 쉬워진다. 평소에 억눌렸던 소비 욕망이 꿈틀대기 시작한다. "보너스도 탔는데 이 정도쯤이야"라며 지갑을 여는 데 과감해진다. 결국 A의 저축액이 B보다 적을 수밖에 없다.

따라서 수입을 파악할 때는 발생 가능한 변동 수입의 종류와 금액을 예상하고, 그것까지 포함해 지출과 저축 계획을 가지고 있어야 한다. 그래야 공돈이니 마음대로 써도 된다는 생각에서 벗어날 수 있다.

변동 수입을 관리하는 또 다른 방법은 변동 수입이 발생하자마자 저축계좌로 옮기는 것이다. 해지하면 손해 볼 수 있으므로 중간에 꺼내 쓰지 않을 계좌가 좋다. 납입 금액과 날짜가 자유로운 자유적금에 무조건 입금하는 것이 변동 수입을 지키는 가장 좋은 방법이다. 물론 전부 저축하지 않고 미뤄놓았던 욕구 충족을 위해 사용할 수도 있다. 변동 수입을 관리하는 통장 하나가 충동구매나 불필요한 소비를 미연에 방지해주는 보호막이 될 수 있다.

🔢 내 수입은 어느 정도일까

고용노동부의 '고용형태별 근로실태 조사'를 토대로 한국경제연구원이 2016년 근로소득세를 납부한 임금근로자 1,544만 명의 연봉을 분석한 결과, 평균 연봉은 3,387만 원이며 연봉 순으로 줄 세웠을 때 한가운데 있는 중위 연봉은 2,623만 원이었다.

대기업과 중소기업 근로자의 평균 연봉은 여전히 2배 가까이 차이가 났다. 대기업 정규직 근로자는 6,521만 원, 중소기업 정규직은 3,493만 원으로 대기업의 53.6%에 그쳤다. 같은 조사에서 2016년 연봉 1억 원 이상은 43만 명(2.8%), 8,000만~1억 원 미만은 47만 명(3.0%), 6,000만~8,000만 원 미만은 107만 명(7.0%), 4,000만~6,000만 원 미만은 224만 명(14.5%), 2,000만~4,000만 원 미만은 601만 명(39.0%), 2,000만 원 미만은 521만 명(33.8%)이었다.

이 조사를 참고로 내 연봉 수준을 가늠해볼 수 있다. 전체 인원을 10%씩 나누어서 10분위로 끊었을 때 그림에 보이는 금액이 각 분위 연봉 하한액이다. 즉 대한민국 상위 10%의 노동자 연봉은 최하 6,607

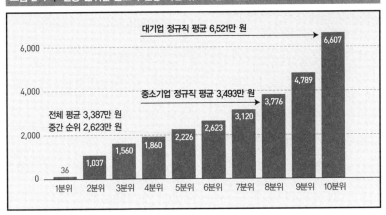

출처: 한국경제연구원, 고용노동부

만 원이며, 상위 20~10%의 연봉은 4,789만~6,607만 원이다.

만약 부부가 둘 다 평균 연봉을 번다면 수입은 합쳐서 7,000만 원이 돼야 한다. 그러나 그렇지 못한 경우가 훨씬 더 많을 것이다. 이것이 평균의 함정이다. 전체 평균이 3,387만 원인데 소득 분위로 보면 전체의 30~40%에 해당하는 7분위다. 가운데가 아니라 좀 더 상위권에 있다. 연봉 분포에서 가장 가운데에 위치한 중위 연봉은 그보다 낮은 2,632만 원이다. 평균 연봉이 중위 연봉보다 높다는 건 고소득자와 저소득자 간의 격차가 크다는 의미다.

10분위의 평균 연봉은 얼마일까? 상위 10%의 연봉이니 꽤 높을 것이다. 재벌닷컴에 따르면, 2017년 4월 기준으로 국내 30대 그룹(상장사 없는 부영그룹 제외) 계열 상장사의 임원 1인당 평균 연봉은 7억 5,488만 원이다. 대기업 직원의 평균 연봉이 6,521만 원이니 임금 격차는 11배가 넘는다. 임원들의 연봉 수준이 이처럼 높으니 10분위의 평균 연봉도 매우 높을 것 같다. 그러나 실제로는 9,586만 원이다. 전체적으로도 양극화가 심하지만 상위 10% 내에서도 소득 격차가 매우 크다.

흥미로운 건, 상위 10%의 소득이 얼마나 될지 물어보면 대부분은 실제보다 훨씬 높게 대답한다는 사실이다. 강의에 참가한 이들을 대상으로 설문조사를 진행해본 적이 있는데, 42%가 그들의 월 소득이 5,000만 원 이상일 거라고 답했다. 29%는 3,000만~5,000만 원, 23%는 1,000만~3,000만 원이라고 생각했다. 실제로는 평균 연봉 9,586만 원을 12로 나눈 800만 원이지만, 800만~1,000만 원이라고 답한 사람은 5%에 불과했다.

상위 10%의 평균 월 소득이 800만 원이라는 사실에 놀라는 이들이 많은데, 그것도 세전 금액이다. 2017년 기준으로 4대 보험과 각종 세금 등을 제하고 나면 매달 손에 쥐는 금액은 월 640만 원이다. 연봉이 1억 원이라 해도 660만 원 정도가 실수령액이다.

나만 빼고 남들은 다 잘 벌고 잘 쓰는 것 같은 상대적 박탈감을 느끼는 이들이 많다. TV 속 인물들의 화려한 삶이나 SNS 속 친구들의 멋진 일상이 박탈감을 부추기기도 한다. 상위 10%의 소득에 대한 극단적인 오해는 상대적 박탈감이 만들어낸 허상이라 볼 수 있다. 한 달에 몇 천만 원씩 벌며 돈 걱정이라곤 할 게 없는 사람들은 극소수에 불과하다. 오히려 99%는 각자의 상황에서 돈 걱정이 사라질 날 없는 하루하루를 살고 있다.

이 통계가 한 사람당 소득이라면, 가계소득을 비교할 수 있는 자료

표 2-6	지역별 소득 평균과 중앙값					(단위: 만 원)
	가구 소득	**중앙값**			**가구 소득**	**중앙값**
전국	5,010	4,040	충북		4,240	3,480
서울	5,545	4,200	충남		4,637	3,612
부산	4,391	3,600	전북		4,348	3,630
대구	4,808	3,860	전남		4,272	3,290
인천	4,758	3,840	경북		4,602	3,600
광주	4,948	4,004	경남		4,751	4,140
대전	4,806	4,080	제주		4,616	3,400
울산	5,975	5,145	수도권		5,421	4,332
경기	5,474	4,590	비수도권		4,629	3,780
강원	4,416	3,600				

평균은 일부 극상/극하 가구에 의해 영향을 받을 수 있다. 전체 가구 중 가장 가운데 위치한 값이 중앙값이다

도 있다. 통계청에서 발표하는 '가계금융복지 조사'에 따르면, 2016
년 기준으로 전국 가구소득 평균은 5,010만 원(세전)이며 중앙값은
4,040만 원이었다(《표 2-6》). 한 가구에 돈을 버는 사람이 많을수록 소
득은 늘어나나 이를 평균 낸 값이 바로 가계소득이다. 이 통계는 지역
별 소득 평균과 중앙값을 알 수 있어 본인이 거주하는 지역에 맞게 자
신의 소득을 평가해볼 수 있다.

둘이 버는데 왜 돈이 안 모일까

맞벌이를 하면 둘이 버니 돈도 더 많이 모을 수 있으리라는 생각은 당
연하다. 그러나 현실은 한참 동떨어져 있다. 아내의 육아휴직으로 외
벌이 상태였다가 복직으로 맞벌이가 된 부부의 지출 현황을 보면(《표

2-7〉), 맞벌이는 맞벌이라는 이유로 더 많이 지출할 수밖에 없는 함정에 빠져 있음을 확인할 수 있다.

　부부는 둘 다 소득이 안정적인 공무원이지만 30대 후반에 결혼해 마음이 조급하다. 아이가 어릴 때 하루라도 빨리 내 집부터 마련해야 할 듯해 신도시의 38평 아파트를 분양받았다. 모자라는 1억 2,000만 원은 20년 만기로 대출을 받았다. 대출 원리금 상환으로 한 달에 80만 원이 들어가 부담은 되지만 육아휴직 중인 아내가 다시 직장에 다니게 되면 수입이 2배가 되니 충분히 감당할 수 있는 수준이라 생각했다. 더군다나 둘 다 정년이 보장되는 공무원이라 20년이라는 대출 기간도 큰 문제가 없으리라 판단했다.

　그러나 표를 보면 부부의 생각이 착각이었음을 알 수 있다. 아내가 출근을 하게 되면서 아이를 어린이집에 맡기고 가끔 도우미를 쓰는 등 육아비가 발생했다. 여기에 아이를 어린이집에 데려다주고 데려오기 위해 아내가 차로 출퇴근을 하면서 차가 2대가 됐다. 아내가 직장을 다니게 되면 발생하는 비용은 이뿐만이 아니다. 양가 부모님 용돈도 각 10만 원씩 총 20만 원을 올려드려야 한다. 독실한 신자인 이 부부는 소득이 늘어나면서 십일조 금액도 늘어났다. 점심값, 기타 교제비 등 최소 20만 원의 아내 용돈도 필요하다. 여기에 의류비, 미용비도 어쩔 수 없이 증가한다. 내 집을 마련했다는 기쁨도 잠시, 좀 더 넓은 집으로 이사를 가는 바람에 관리비가 4만여 원 늘어나고 대출금 상환으로 80만 원의 지출이 새로 생긴다. 연간 2회 세금도 내야 한다.

　저축 가능 금액은 맞벌이 전이 14만 1,000원, 맞벌이 후가 12만

표 2-7	맞벌이 전/후 지출 현황			(단위: 천 원)
	맞벌이 전	맞벌이 후	설명
주거비	190	230	더 넓은 집으로 이사를 가게 되어 관리비 부담 늘어남
식비/외식	300	350	외식비 5만 원 증가
교통비	270	520	아내도 차로 출퇴근, 유류비 증가
육아비	-	450	어린이집 / 도우미
용돈(부부, 양가 부모)	600	1,000	- 아내 용돈 30만 원 추가 - 부모 용돈 20만 원 인상
교제비	330	530	십일조 비용 증가
금융 비용	-	800	대출 상환 발생
차 유지비	100	200	차 2대 유지(수리비, 보험료, 세금)
의류비	30	60	아내 의류비 증가
미용	20	50	아내 미용비 증가
세금	-	60	집 소유로 세금 부담 발생(월 환산)
저축 가능 금액	141	128	

8,000원으로 오히려 외벌이였을 때가 더 크다. 물론 대출금 상환에서 원금 상환을 저축으로 간주하면 80만 원 중 50만 원은 저축으로 볼 수도 있다. 그러나 어린 자녀를 떼어놓고 직장에서 스트레스 받아가며 일하고, 살림하고, 대출금 갚아가면서 아등바등 살아야 하는 현실을 생각하면 그 보상이 초라하기 그지없다.

맞벌이는 수입이 2배라고 생각하다 기대만큼 늘어나지 않는 은행 잔고를 보며 허탈해하는 경우가 많다. 긴장하지 않는 소비생활, 과감한 투자, 맞벌이이기 때문에 지출해야 하는 비용들 때문에 자산 상태, 현금 흐름 등에 많은 문제를 안고 있을 가능성이 크다. 게다가 돈 문제만으로 끝나지 않는다. 대부분의 맞벌이 부부가 왜 수입이 많은데도 돈 문제에 시달리는지 모르는 채 힘든 현실에 불만을 갖게 된다. 이런 현실은 종종 문제를 상대방의 탓으로 돌리게 하며, 잠재적인 부부 갈등의 씨앗이 된다. 그렇다고 재무 상태를 들여다보고 원인과 해결책을 찾으려는 노력은 하지 않는다. 그보다는 문제를 상대방 탓으로 돌리는 게 더 마음 편하고 쉽다.

특히 남편은 아내가 돈 문제를 의논하려 하면 회피하는 경우가 대부분이다. 아내는 선의를 가지고 함께 문제를 해결하려 하지만, 남편은 이를 돈을 적게 벌어오는 자신을 책망하는 것으로 받아들이기 때문이다. 아내의 돈 걱정에 숨겨진 의도는 "이 문제를 함께 의논해서 해결해보자" 또는 "내가 돈 문제로 힘드니 위로가 필요해"일지라도 남편은 "네가 돈을 적게 벌어오니 내가 이 고생이야. 다 네 탓이야"로 받아들이기 쉽다. 이런 생각의 간극은 돈 문제의 원인을 들여다보고 해결책을 찾는 데 가장 큰 장애물이다.

부부는 반드시 가정경제의 현황과 문제점에 대해 공유해야 하며, 그 공유 내용은 숫자여야 한다. 편협한 감정이나 섣부른 선입견을 갖고 상대방을 탓하면 안 된다. 숫자라는 정확한 근거를 바탕으로 서로 의논하고 합의한다면 부부가 더 이상 돈 문제를 말하기 꺼려할 필요가 없다.

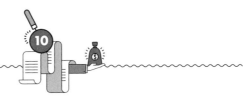

수입을 늘리는 가장 쉬운 방법

수입을 늘리고 싶지 않은 사람이 어디 있을까. 생활비가 모자란 사람은 당연하거니와 부족하지 않다고 느끼더라도 누구나 지금보다 더 벌고 싶어 하기에 많은 이들이 투 잡을 뛰어야 하나 부업을 해야 하나 고민 중이다. 획기적으로 수입을 늘리기는 쉽지 않겠지만 지금이라도 누구나 해볼 수 있는 방법은 없을까?

고정 비용 줄이기가 우선

당연한 말이기는 하지만, 수입은 그대로라도 지출을 줄이면 수입이 늘어나는 효과가 생긴다. 지출을 줄이려면 앞서 설명한 대로 고정 비용을 줄여야 효과가 있다. 일상적인 지출은 괜히 절약하겠다고 돈 쓸 때마다 신경 쓰이고 스트레스만 받지 지출 절감의 효과는 거의 없다. 고정 비용을 획기적으로 줄이지 않는 한 지출은 줄어들지 않는다는 점을 꼭 기억해야 한다.

지출 줄이기가 반드시 필요한 까닭은, 수입만 늘린다고 돈 문제가 해결되지 않기 때문이다. 수입이 늘어나면 지출도 함께 늘어난다. 연수입이 5,000만 원인 가정과 1억 원인 가정의 재무 상황을 비교해보면 결코 후자가 전자보다 2배 더 여유롭다고 할 수가 없다. 소득이 높아지면 주거 환경·교육·생활·수준도 함께 높아져 30평대 아파트가 40평대로, 강북에서 강남으로, 중형차가 대형차로 바뀐다. 특히 연봉이 1억 원이라면 1억이라는 숫자가 주는 착각으로 인해 품위 유지비가 더 많이 들어간다. 하다못해 각종 경조사에 돈도 더 많이 내야 한다. 이에 맞춰 살아가다 보면 만져보지도 못하고 빠져나가는 고정 비용은 점점 불어나고, 남들보다 많이 버는데도 빠듯한 생활을 이어나가야 한다.

소득이 커질수록 고정 비용이 증가하는 것은 과소비 성향과는 상관이 없다. 특수한 사람에게만 해당되는 이야기도 아니다. 대한민국에 사는 사람이라면 이 문제에서 예외가 되기 어렵다. 지금 심정이야 연봉 1억 원이면 모자람 없이 쓰고 저축까지 할 수 있을 것 같지만 막상 그 상황이 되면 소득이 늘어난 만큼 많이 써야 하는 구조에 얽매이게 된다.

많이 버는 것보다 어떻게 쓰느냐기 돈 관리에서는 훨씬 중요한 문제다. 돈을 제대로 잘 쓰면 굳이 수입을 늘리지 않아도 돈을 더 많이 모을 수 있다.

📟 보험, 고정 비용의 주범

고정 비용을 파악해보면 매달 내는 보험료가 상당 부분을 차지하고 있을 것이다. 심지어 보험으로 지출하는 돈이 저축보다 큰 가정이 반대의 경우보다 많다. 위험을 대비하기 위한 보험은 반드시 필요하지만 재무 여력을 넘어서는 보험 지출이 만연해 있다. 불안을 부추기는 보험 광고, 지인 영업 위주의 판매 관행 등 원인은 다양하지만 보험에 대한 정확한 이해가 없기 때문에 발생하는 문제이기도 하다.

그런데 보험은 너무 어렵다. 약관을 읽어보려 해도 두꺼운 데다 어려운 말만 잔뜩 써 있고 보험설계사의 설명도 들을 때는 알겠는데 돌아서면 잊어버린다. 무엇보다 보험설계사의 설명은 상품의 장점만 부각한다는 의구심을 지울 수가 없다. 그럼에도 혹시 병에 걸리거나 사고를 당하면 어쩌나 하는 불안한 마음에 보험 가입을 한다. 그렇게 보험은 늘어나고 그러다 형편이 어려워지면 보험료를 내지 못해 해약하는 악순환을 반복한다. 중도 해지로 그동안 납입한 돈을 손해 본 경험은 아마 대부분이 있을 것이다.

가정경제 교육이나 상담 시 빠지지 않는 게 보험 문의다. 내가 들어놓은 보험이 괜찮은 것인지, 불필요한 것은 아닌지, 보험설계사에게 속은 것은 아닌지는 마음속에 항상 담겨 있던 질문일 것이다. 그런데 이런 질문에 대한 나의 대답은 "나도 모른다"이다.

미래에 발생할지도 모르는 위험에 대비하기 위해 돈을 조금씩 모아놓는 것이 보험이다. 그렇게 많은 이들이 함께 일종의 기금을 만들어놓고 위험이 발생한 사람에게 그가 낸 것보다 더 많은 돈을 주는 것이다. 보험사는 돈을 모으고 운용하고 지급하는 일을 대행하며 수수료를 받는 회사다. 만약 암에 걸려 지금까지 낸 500만 원의 보험료보다 많은 2,000만 원의 보험금을 탔다고 하자. 이 돈은 어디서 왔을까? 암보험 가입자들이 낸 보험료로부터 나왔다. 보험사가 회사 돈을 보태서 주는 것이 결코 아니다.

그렇다면 암보험에 들었는데 암에 걸리지 않은 사람은 손해가 아닌가? 맞다. 위험이 발생하지 않는다면 보험은 무조건 손해가 나는 구조다. 그러나 만약 암에 걸린다면 암보험은 많으면 많을수록 좋다. 10개라도 괜찮다. 반대로, 암보험이 1개뿐이라 해도 암에 걸리지 않는다면 불필요한 것이다. 어떤 보험이 좋은지, 불필요한 보험은 아닌지 질문을 받으면 "모른다"라고 대답할 수밖에 없는 이유는 미래를 모르기 때문이다.

결국 보험은 현재의 확실한 이익인 '내 돈'을 미래의 불확실한 이익인 '보험금'과 맞바꾸는 것이다. 병에 걸리지도 않고 일찍 죽을 위험도 없다고 100% 확신하는 사람이거나, 몇 천만 원의 보험금을 타는 게 중요하지 않은 자산가라면, 보험은 필요 없다.

앞날을 알고 있는 사람은 없기에 미래의 불확실한 위험은 공포로 변해 우리를 불안에 떨게 한다. 단 1%의 불확실성이 있어도 우리는 불안하다.

예를 들어보자.

상황 ①

당신이 1억 원을 받을 수 있는 확률이 1%이고, 그 결과는 내일 아침에 알 수 있다.

상황 ②

당신이 1억 원을 받지 못할 확률이 1%이고(받을 확률이 99%), 그 결과는 내일 아침에 알 수 있다.

당신은 어떤 상황에 잠을 설칠 것인가? 아마도 상황 ②일 것이다. 상황 ①보다 돈을 받을 확률이 수십 배 높은데도 말이다. 만에 하나 받지 못할 1%의 가능성이 그 이상의 큰 공포심을 심어준다. 보험을 드는 이유가 바로 여기 있다. 불행이나 위험에 대한 공포는, 실제로 그런 일이 발생할 확률과는 상관없이 우리로 하여금 뭔가 대비해야 한다는 조바심을 일으킨다.

특히 사고나 질병은 머릿속에 생생한 이미지를 떠올리게 한다. 갑자기 암 선고를 받고 치료비는 계속 들어간다. 가족들의 부담은 점점 커가고 살림은 궁핍해진다. 보험도 하나 들어놓지 않았냐고 주변에서 타박하지만 후회한들 이미 소용이 없다. TV 광고 또는 직접 목격했던 사례들을 통해 연상되는 이런 이미지들은 공포심을 극대화하고,

우리는 보험에 가입해서 안도하려 한다.

🖩 만기에 원금을 돌려주는 보험도 손해일까

그렇다면 만기환급형 보험은 어떨까? 암에 걸리면 보험금을 지급하고 암에 걸리지 않아도 납입한 보험료를 고스란히 돌려준다니 소비자 입장에서 손해 볼 것 없는 장사 같다. 정말 그럴까?

다음의 표를 살펴보자. 만기환급형인 보장성 보험의 경우, 사고 발생 시 고객에게 지불하기 위한 위험 보험료 비중은 전체 금액의 23%밖에 되지 않는다. 대신 만기에 원금을 돌려주기 위한 적립 보험료가 55%에 달한다. 반면 순수보장형은 적립 보험료가 필요 없기 때문에 그만큼 보험료는 줄어든다.

40세 여성이 D사의 암보험에 80세 만기, 20년 납입 조건으로 가입할 경우 월 보험료(2017년 기준)는 순수보장형이 2만 9,800원, 만기환

표 2-8 | 보장성 보험에서 보험료가 차지하는 비중

종류	설명	비중
적립보험료	매달 꼬박꼬박 저축이 되는 보험료. 이것이 쌓여 해약환급금이나 만기환급금이 됨	55%
위험보험료	보험사가 실제로 질병이나 사망 발생 시 보험금을 지급하기 위한 자금. 매월 보험료에서 일정 부분을 위험보험료로 받아 쌓다가 보험금을 지급함	23%
사업비	보험회사의 운영비, 보험설계사 수당, 보험회사의 이익	22%

출처: 건강보험하나로 《이슈 리포트》

급형은 6만 8,300원이다. 동일한 보장의 같은 보험 상품인데 순수보장형이 50% 가까이 저렴하다.

🧮 100세 만기 보험이 더 싼 이유

이번에는 만기를 100세로 잡아보자. 같은 보험이고 20년 납입 조건도 같다. 이때 순수보장형이 4만 2,200원, 만기환급형이 6만 1,800원이다. 100세 만기면 보장 기간이 더 긴데 보험료는 80세 만기보다 더 저렴하다. 그 이유는 첫째, 적립한 보험료를 20년 더 운용함으로써 발생하는 보험사의 이익이 감안되었기 때문이다. 둘째, 암 발병률은 80세가 넘으면 하락해서 보험금 지급 확률이 떨어지기 때문이다.

보험사가 만기환급형 상품을 열심히 팔고자 하는 데는 다 이유가 있다. 보험료가 비싸지면 보험사가 가져가는 사업비도 그와 비례해 높아진다. 보험사가 만기환급형 상품을 더 많이 팔고 싶어 하는 것은 당연하다. 보험설계사들에게 돌아가는 몫도 더 떼어주면서 좀 더 회사에 이득이 되는 상품을 팔도록 독려한다. 광고는 "보장 확실하고, 만기에 그동안 납입한 보험료를 그대로 돌려드려요"라고 소비자를 유혹하지만 "보험료는 만기환급형이 순수보장형의 2배입니다"라는 안내는 항상 쏙 빠져 있다.

흥미로운 사실은, 보험료가 2배라는 사실을 알아도 사람들은 만기환급형을 선호한다는 점이다. 그 이유는 인간의 손실 회피 성향에 있다. 보험료를 냈는데 병에 안 걸리면 한 푼도 돌려받지 못하는 것을 손해라고 생각하기 때문이다. 그러나 불행히도 손해를 피하려다 더 큰 손해를 껴안는 것이 바로 만기환급형 보험이다. 80세 만기, 20년 납 만기환급형이라면 40세에 가입해도 80세에 딱 내가 낸 돈만 돌려받는다. 이자 0%인 저축상품인 셈이다. 이자가 0%라는 건 원금을 지키는 게 아니라 물가 상승, 즉 인플레이션으로 인해 계속 손해 보는 저축을 하고 있다는 의미다.

만약 순수보장형에 가입하고 그 차액을 저축하면 어떻게 될까? 앞서 예시한 보험을 기준으로 차액(6만 8,300−2만 9,800=3만 8,500)을 저축하면 40년 후 받을 돈은 약 2,307만 1,000원(금리 3%, 20년 적금, 20년 예금으로 운용 가정, 세전 금액)으로 만기 시 받을 돈 1,639만 2,000원보다 훨씬 많다. 이처럼 만기에 돌려받는 돈은, 물가 상승률과 저축을 포기하는 기회 비용을 고려하면 소비자 입장에서 이익이 아니다.

이런 설명을 듣고 나서도 만기에 돌려받는 게 그래도 낫다고 생각할 수 있다. 그런데 만기환급형 보험이 불리한 가장 큰 이유는, 다름 아니라 비싼 보험은 유지가 힘들다는 점이다. 형편이 어려워지면 가장 먼저 줄이는 것이 보험료다. 중간에 해지하면 혜택은커녕 그동안 넣은 돈도 손해 봐야 한다. 유지 못할 보험은 없는 것이 낫다.

사람들은 보험을 비용이 아니라 저축 혹은 자산으로 생각한다. 매달 돈을 납입하기 때문이다. 그러나 보험은 사고가 나고 병에 걸리지 않는 한 무조건 손해인 금융상품이다. 특히 위험에 대비하기 위한 보장성 보험은 매월 돈을 내고 보험이라는 물건을 산다고 생각하면 된다. 물건을 사면 쓸 때도 있지만 쓰지 않을 때도 있다. 보험 역시 보험금을 탈 수도 있지만 그러지 못할 수도 있다. 이번 달 보험료를 내고 혹시나 생길지도 모를 사고에 대비했다면 보험의 효용은 달성된 것이며, 보험료는 쓸모를 다하고 없어진 것이다. 보험금을 타지 못한 상황을 손해로 생각해서는 안 된다. 오히려 나에게 보험금 탈 일이 발생하지 않았다는 것, 아프거나 죽지 않았다는 게 가장 큰 이익이 아닐까?

보험에 대해 한 가지 더 알아야 할 점이 있다. 우리가 일상적으로 겪게 되는 위험들은 굳이 보험에 가입하지 않아도 해결할 수 있는 것들이 훨씬 많다. 내가 가진 돈으로 해결하면 힘들게 보험료를 냈는데 혜택은 아무것도 없다는 허탈감도 느낄 필요 없다. 이미 가입한 보험이 있다면 지금까지 낸 보험료는 얼마이고 지금까지 쓴 병원비는 얼마인지 떠올려보기 바란다. 건강에 치명적인 문제가 없다면 보험료 낼 돈으로 충분히 병원비를 감당할 수 있다. 매달 내는 보험료라는 비용에 비해 우리가 받을 수 있는 보험금이라는 혜택이 생각보다 크지 않다.

그렇다고 보험이 불필요하다는 뜻은 아니다. 큰 병에 걸려 병원비가 많이 나오거나, 사고를 당해 영구적인 장애를 얻거나, 갑자기 가장이 사망하는 경우, 보험에 가입했다면 이익임에 틀림없다. 비록 이런 일이 발생할 확률이 상당히 낮다고 해도 만에 하나 발생했을 때 가정 경제에 끼치는 영향은 지대하다. 바로 이런 큰 위험을 대비하기 위해 보험을 드는 것이다. 반면 내 능력으로 해결할 수 있는 위험은 굳이 보험으로 대비할 필요가 없다.

보험은 한 번 가입하면 10년 이상 납입해야 하는 초장기 금융상품이므로 가입에 신중에 신중을 기해도 모자람이 없다. 한 달에 10만 원씩 내는 보험도 20년 납입이라면 이자까지 쳐서 약 6,600만 원(금리 3% 산정)에 달하는 매우 비싼 금융상품이다. 따라서 보험에 가입하기 전에 부담해야 할 보험료와 받을 수 있는 보험금을 꼼꼼히 따져봐야 한다. 한 달치가 아니라 반드시 총 보험료를 기준으로 해야 정확한 비교가 가능하다. 그래야 240개월 동안 보험료를 내고 겨우 10개월치를 돌려받으면서 이익이라 생각하는 우를 범하지 않는다.

🔓 어떤 보험에 가입할까

흔히 생명보험 하나, 건강보험 하나는 갖고 있어야 한다고들 하지만 모두에게 맞는 조언은 아니다. 일반적으로 생명보험은 사망·질병·상해 보장을 포괄하는 보험을 말한다. 건강보험은 용어가 애매하기는 하지만 보통 실손보험(질병,상해 시 병원비를 돌려주는 보험)을 의미한다.

　온 가족이 일순위로 고려해야 하는 보험은 아프거나 다쳤을 때 도움이 되는 질병·상해 보장이지 죽었을 때 보험금이 나오는 사망 보장이 아니다. 사망보장보험의 대표격인 종신보험은 피보험자가 사망하면 언제라도 목돈을 받을 수 있는 것으로 경제적 가장이 사망했을 때 남겨진 가족을 위해 필요한 보험이다. 부양 가족이 없다면 가격도 비싼 종신보험에 굳이 가입할 이유가 없다. 맞벌이 여성이라면 부부의 경제적 기여도에 맞춰 가입 여부를 결정하면 된다. 갑작스런 사망에 대비하고 싶다면 종신보험보다는 기한이 정해져 있는 정기보험이 합리적이며, 자녀가 대학을 졸업하는 시점의 경제적 가장의 나이로 기한을 정해 가입하기를 권한다. 즉 막내가 대학을 졸업할 때 가장의 나이가 65세라면 기한을 65세로 정한다. 만약 65세 이전에 사망하면 처음 약정한 사망보장금을 받을 수 있다.

젊은 사람이라면 보험이 없더라도 내가 가진 돈만으로 의료비는 충당할 수 있다(지금까지 낸 보험료와 병원비를 비교해보면 아마도 병원비보다 보험료를 더 많이 냈을 것이다). 그러나 미래는 모르는 법, 혹시나 돈이 많이 드는 병에 걸릴지도 모르니 이를 위해 실손보험은 가입해놓는 것이 좋다. 다른 특약은 넣지 말고 입원비와 통원비를 돌려받을 수 있는 특약만 넣어 최대한 저렴하게 가입하도록 한다.

그러나 실손보험에 가입했다고 의료비 부담에서 해방되는 것은 아니다. 100세 만기라면 100세까지 갱신이 가능하다는 뜻으로 실손보험은 1년 혹은 3년 단위로 갱신된다. 문제는 갱신할 때마다 보험료가 올라간다는 점이다. 나이가 많아질수록 병원에 가는 일도 많아지니 보험료는 오를 수밖에 없는데 젊었을 때는 상승률이 미미할지 몰라도 50세 이상이 되면 급격하게 오른다.

만약 암 가족력이 있다면 특약으로 집어넣지 말고 진단비보험만 별도로 가입하도록 한다. 실손보험 갱신 과정에서 보험료가 높아지면 해지하게 될 수도 있는데 이 경우 특약으로 넣은 진단비도 같이 없어지기 때문이다. 진단비는 물론 많을수록 좋겠지만 병에 걸리지 않을지도 모르는데 무턱대고 큰돈을 보험료에 쏟아붓다가 결국 능력이 안 돼 해지하면 진단비도 사라지고 그동안 넣은 보험료도 날리는 이중 손해를 당할 수 있다.

　진단비보험에 가입할 때는 미래에 돈 가치가 떨어지는 점도 고려해야 한다. 1,000만 원짜리 진단비보험이 30년 후에는 지금 가치로 200만 원 정도밖에 되지 않아(물가 상승률 4% 산정) 치료에 별 보탬이 되지 않을 수 있다. 100세 만기 진단비보험도 당장 발병하지 않는 이상 30~40년 후에는 크게 유효한 의료비 수단은 못된다고 봐야 한다. 60세 이후 보험금을 타도 크게 도움이 안 된다고 생각한다면 만기를 60세로 잡아 진단비보험에 가입하는 것도 보험료를 줄일 수 있는 방법이다. 무엇보다 해지하지 않고 꾸준히 유지할 수 있는 금액으로 보험료를 산정해서 가입해야 보험의 가치를 온전히 누릴 수 있다.

　한 가지만 더 덧붙이자면, 암에 걸리면 엄청난 돈이 들어갈 것 같은 공포가 있지만 실제 암 치료비는 1년 평균 160만 원, 5년 평균 700~800만 원이라고 한다. 국가의료보험이 제공하는 본인부담금 상한제 같은 제도 덕분이다. 그러나 평균 수명 100세 시대에 병원비는 늘어날 수밖에 없다. 대부분의 사람들에게 조부모, 부모, 배우자, 본인, 자녀의 병원비를 개인의 힘으로 감당하기는 불가능한 일이다. 따라서 의료비는 기본적인 사회보장제도로서 상당 부분을 국가가 책임져야 한다.

　현재 민간의료보험에 지출하는 금액은 한 가정당 수십만 원을 넘는다. 이 돈의 일부를 국가의료보험으로 돌리면 국가기 의료비를 부남하는 일도 가능하다.

건강보험하나로시민회의(https://www.facebook.com/healthhanaro/)에 따르면, 건강보험료를 1인당 1만 1,000원만 더 내면 급여 · 비급여 진료를 모두 포함해 1년에 본인부담금 총액 한도를 100만 원으로 할 수 있다. 사실상 무상의료나 다름없다. 의료복지가 확대되면 민간보험에 지출하는 돈을 줄일 수 있고 의료비 걱정도 없앨 수 있다. 이런 정책들이 실현될 수 있도록 시민의 목소리를 내는 일이 필요하다.

보험료는 얼마를 내야 할까

보험료로 수입의 얼마를 지출하는 것이 좋을까? 수입의 몇 퍼센트라고 일괄적으로 정하기보다는 여러 상황을 종합적으로 살펴봐야 한다. 먼저 사망보장의 경우 보장 금액이 커질수록 보험료도 올라가기 때문에 최소한의 필요 금액을 정해보자. 자녀들이 독립하기 전에 가장이 사망한다면 남은 가족이 최소한의 소득을 확보하기까지 걸리는 시간과 자금이 얼마인지 계산해보면 된다. 예를 들어 한 달 생활비가 최소 400만 원이고 50% 정도를 보험금으로 충당하며 완전 자립에 필요한 기간이 2년이라면 약 5,000만 원이 필요하다. 이 금액이 바로 사망보장 기준 금액이 된다.

　여기서 한 가지 변수는 바로 부채다. 부채가 있다면 보험금으로 갚아야 하는 부담이 추가로 주어진다. 따라서 부채 금액만큼 또는 부채 금액의 최소 50%를 사망보장 금액에 더해야 한다. 만약 부채가 1억 원이라면 50%인 5,000만 원이 사망보장 금액에 추가로 필요하다. 부채가 있으면 이자 부담뿐 아니라 보험료도 올라가는 이중 부담이 생기는 셈이다. 또한 사망보장은 종신보험뿐 아니라 연금보험 같은 저축성 보험 등 대부분의 보험에 일부분 특약으로 들어 있다. 사망보장 금액이 얼마인지 가입한 모든 보험을 확인해보는 것도 반드시 필요하다.

실손보험은 자산이나 지출과 보험료와의 상관관계가 없으므로 저렴한 보험을 선택하면 되나 진단비보험은 다르다. 피보험자가 경제적 가장이라면 치료비뿐 아니라 가족의 생계유지 자금도 필요하다. 반면 나이가 많거나 경제적 가장이 아니라면 치료비로 사용할 금액만 필요하다. 이를 고려해 진단비 금액을 선택하는 것이 바람직하다.

치료 기간을 1년으로 잡고 지출의 50%를 보험금으로 충당한다고 했을 때, 월 생활비 400만 원 가정은 생활비 2,500만 원과 치료비 1,000만 원을 합한 3,500만 원의 진단비가 필요하다는 계산이 나온다. 기간과 금액은 개별 가정의 상황에 따라 달라질 수 있다. 이 예는 절대적인 것이 아니라 적절한 보험료 산정을 위한 하나의 근거다.

우리는 가장이 암에 걸리거나 사망하는 경우를 상상하면, 보험을 많이 들어두는 게 좋을 것 같다. 자립까지 2년은 부족한 것 같고, 암에 걸리면 치료 기간을 1년이 아니라 2년은 잡아놓아야 할 것 같다. 그러려면 보험료를 많이 지출해야 한다. 그러나 불확실한 미래에 너무 많은 돈을 투입하는 건 위험한 행동이다. 당장 재무 상태에 문제가 생길 수 있으며, 막상 위험이 현실화되지 않으면 경제적으로 손해라는 사실은 지금까지 누차 설명했다. 또한 앞서 제시한 가이드라인조차 버거운 가정도 많기 때문에 각자의 상황에 맞는 기준을 선정해야 한다.

그럼에도 불구하고 지켜야 할 원칙은, 저축성 보험(연금보험, 변액보험 등)을 제외한 보장성 보험을 기준으로 적어도 저축이 보험보다 많아야 한다는 점이다. 보험은 미래의 불확실성을 대비한 것이지만 저축은 당장 써야 할 돈, 즉 확실한 미래에 돈 쓸 일을 대비하는 것이기 때문에 반드시 저축이 우선돼야 한다. 이 원칙을 지킨다 해도 수입의 6% 이상을 보장성 보험료로 지출하는 건 가정경제에 부담이 될 수 있다. 이 점 또한 보험에 가입할 때 반드시 고려해야 한다.

한국 가정은 저축보다 보험의 비중이 훨씬 크다. 2016년 기준으로 저축은 월 소득의 8.6%인 반면 보험 관련 지출은 이보다 훨씬 커 월 소득의 18%를 차지하고 있다(금융소비자연맹 '가계 보험 가입 적정성에 대한 비교조사 연구', 2018년). 물론 연금보험이나 변액보험 같은 저축성 보험도 포함한 것이긴 하나 저축성 보험은 장기 가입을 전제로 한 상품이기 때문에 당장에 돈 쓸 일을 대비할 수 없다. 저축상품으로서는 치명적 약점이다. 이를 반영하듯 같은 조사에서 4가구 중 1가구는 중도 해지 경험이 있는 것으로 나타났다. 이유는 보험료를 내기 어려워서(28.2%), 갑자기 목돈이 필요해서(11.9%)였다. 재무 상태를 제대로 파악하지 못하고 성급하게 보험 가입을 한 결과 오히려 돈을 손해 본 것이다.

보험 가입 경로를 보면, 자발적 가입 비율은 18.2%에 그쳤고 나머지는 모두 지인이나 설계사 등 타인의 권유로 가입한 것으로 나타났다.

우리는 과도한 보험 가입으로 재무 상황 악화라는 심각한 손실을 입고 있다. 아무리 친하고 믿을 만한 사람이 권유한다 할지라도, 지금까지 설명한 내용을 기준으로 보험을 유지하고 관리하자.

돈이 아니라 몸으로 때우기

지출을 줄이기 위한 노력의 일환으로 돈이 아니라 몸으로 해결하는 방법은 어떨까. 결혼을 앞두고 신혼집으로 이사를 할 때였다. 남편은 친구를 불렀고 나도 동생들을 동원해 함께 이삿짐을 날랐다. 점심은 짜장면과 탕수육을 시켜서 신문지를 깔고 앉아 다 같이 나눠 먹었다. 대부분 포장이사를 이용하기 때문에 요즘은 찾아보기 힘든 풍경이다. 그러다 보니 이사에 친구의 도움을 요청하는 건 '쪼잔하게' 보인다. 포장이사 업체를 부르면 되는 것을, 괜스레 민폐 끼치는 사람이 돼버린다.

포장이사가 없던 시절에는 이삿날 친구와 친지에게 무거운 짐을 날라달라고 부탁하는 일이 어색하지 않았다. 한 번 도움을 받으면 한번 도움을 주며 살아왔기 때문이다. 내가 베푼 친절이 내게 다시 돌아오는 자연스러운 나눔과 상생의 선순환이 분명 우리 삶에 존재했다. 돈이 없어도 몸으로 해결할 수 있었던 것이다.

따지고 보면 우리가 편리하다는 이유로 돈을 쓰고 있는 서비스나 제품은 돈으로 때울지 몸으로 때울지의 선택에서 돈으로 때우기로 결정된 것들이다. 직접 할 수 있음에도 전문가가 하면 더 나을 테고, 내가 못하니 잘하는 사람을 불러서 해야겠고, 친구에게 부탁하느니 돈 주고 사람을 쓰자는 이유로 자연스럽게 우리는 돈으로 문제를 해결하기 시작했다.

특히 자녀를 키우면 부모들은 돈과 몸 중에서 무엇을 선택할지 수시로 결정해야 한다. 부모의 몸으로 해결할 수 있는 수많은 일이 결국은 돈으로 해결되곤 한다. 맞벌이라 직접 키우지 못하니 할머니나 도우미의 도움을 받는 데 양육비를 써야 한다. 함께 놀아주는 대신 장난감을 사주고, 책을 읽어주는 대신 책 읽어주는 선생님을 부르고, 한글을 직접 가르쳐주는 대신 학습지를 시킨다. 사교육 시장에 아이들을 보내는 건 몸 대신 돈으로 때우는 일이다.

자녀를 학원에 보내 돈으로 때우면 일단 몸이 편하고 부모 노릇을 하고 있다고 안심이 될 수도 있지만, 정작 내 아이가 어떤 사람인지 알 기회를 놓치는 것일지 모른다. 학원 교사들이 학부모에게 공통적으로 하는 말이 "아이가 머리는 좋은데 노력을 안 하네요"라고 한다. 그러면 대부분의 학부모가 동의한다는데, 이는 부모들이 정작 자기 아이를 제대로 모른다는 방증이기도 하다. 혹시 나도 그렇지 않은가 생각해볼 필요가 있다. 돈으로는 때울 수 없는 것들이 분명 있다.

요즘 아이들은 운동 하나, 악기 하나, 영어 하나는 기본이라고 한다. 아이를 학원에 보내야 부모 노릇을 제대로 하는 것이라고 생각하기도 한다. 그러다 보니 결국 돈으로 때워야 하는 일이 많아져 돈 걱정이 끊이질 않는다. 물론 아이들에게 다양한 경험은 중요하다. 그러나 왜 운동과 악기, 영어가 기본이 돼야 하는지 한번 의심해보자. 정말로 운동, 악기, 영어가 살아가는 데 필수불가결한 것인가?

정말로 아이들에게 기본이 되는 건 올바른 인성이다. 그런데 인성은 학원에서 가르쳐주지 않는다. 돈으로 때울 수 없다. 올바른 인성은 부모로부터 배운다. 부모가 몸으로 가르쳐줘야 한다. 학원에 보내놓고 부모 노릇 다 했다고 생각할 일이 절대 아니다. 아이들은 돈보다 부모의 몸이 더 필요하다.

사회가 복잡하고 다양해지면서 많은 서비스가 생겨나 이제 돈만 내면 뭐든 다 할 수 있다. 그러다 보니 나와 관계를 맺고 있는 사람들과 도움을 주고받기보다는 가장 간편하게 해결할 수 있는 방법, 즉 돈으로 서비스를 사고 있다. 일견 생활이 더 편리해진 듯하지만, 이런 환경에서는 충분히 몸으로 할 수 있는 일에도 돈을 써야 한다. 돈 걱정이 가시질 않는 우리 집 살림살이는 결국 능력이 부족하거나 돈을 적게 벌기 때문이라기보다는 필요한 재화와 서비스를 모두 돈으로 구매해야 하는 현대 도시사회 구조에서 기인한다고 보는 것이 맞다.

이런 환경에서 기술을 많이 가진 사람, 즉 돈을 내고 누군가에게 맡길 일을 스스로 할 수 있는 사람이 되면 돈 관리에서 매우 유리해진다. 전등을 LED로 교체할 때 인터넷으로 구매하고 교체는 직접 하면 사람을 부르는 비용을 절약할 수 있다. 도배나 페인트칠, 간단한 목공같은 일도 배워두면 두고두고 활용할 수 있다는 점에서 매우 유용한 기술이다. 이제는 돈을 쓰기 전에 몸으로 할 수 없을지를 먼저 생각해보면 어떨까?

그림 2-2 | 생활에 유용한 기술을 배울 수 있는 강좌들

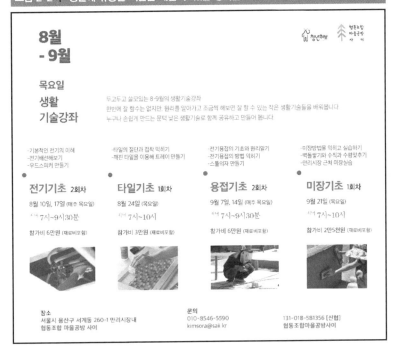

두 번째 직업을 준비하라

지금 다니고 있는 직장을 언제까지 다닐 수 있을까? 지금 하고 있는 일을 언제까지 할 수 있을까? 공무원이나 교직원 또는 의사, 변호사 같은 전문직을 제외한 평범한 월급쟁이라면, 늘 이런 불안감을 품고 살아간다. 직업을 잃을지 모른다는 두려움으로, 또는 수입을 늘려보 겠다는 마음으로 투 잡을 생각해보기도 하지만 시간이나 건강을 생각 하면 이 또한 쉽사리 덤벼들 수 없다.

직업의 안정성이 점점 떨어지면서 두 번째 직업에 대한 관심과 욕구도 커지고 있다. 평생직장이라는 말은 구시대의 유물이 돼버린 지 이미 오래, 단순히 직장을 옮기는 게 아니라 직업 자체를 바꾸는 전업을 적극적으로 준비해야 하는 시대가 됐다. 지금 하는 일이 아닌 다른 일을 준비해서 두 번째 직업으로 커리어를 쌓는 건 이제 피할 수만은 없는 과제가 됐다.

그렇다면 두 번째 직업 준비는 어떻게 해야 할까? 두 번째 직업 하면 흔히 자기계발을 연상하고 이에 맞는 다양한 '스펙' 쌓기로 연결지어 생각한다. 그래서인지 요즘 스펙 경쟁은 20대 사이에서만 치열한 게 아니다. 평생직장 개념이 사라진 살벌한 일터에서는 남들에게 뒤처지지 않기 위해 뭐라도 해야 한다는 압박감 속에 자기계발이라는 이름으로 스펙 경쟁이 치열하게 벌어진다. 자기계발이라는 명목으로 우리는 대학원 진학이나 영어학원 수강, 각종 자격증 취득에 시간과 노력과 돈을 쏟는다. 이런 자기계발이 정말로 나의 경쟁력을 높이고 인생에 도움이 되는 투자일까? 아니면 아무것도 하지 않으면 불안하기 때문에, 무언가 하고 있다는 자기 위안을 위한 면피성·도피성 소비에 불과한 건 아닐까?

두 번째 직업은 더 많은 돈을 벌거나 더 높은 지위를 얻겠다는 성공의 논리에서 비껴나 다른 시각으로 바라봐야 한다. 만약 더 많은 돈을 벌겠다는 것이 두 번째 직업의 목표라면 본업인 첫 번째 직업이 정상적으로 수행되는 걸 방해할 가능성이 매우 높다. 준비하는 과정은 물론 두 번째 직업을 본격적으로 수행하는 데 쏟는 에너지와 시간, 스트레스가 너무 커 본업에 차질을 주기 때문이다. 주식 투자를 부업으로 하는 경우를 생각해보면 쉽게 이해가 될 것이다. 시시각각 변하는 주식 시장에 정신을 빼앗기다 보면 본업에는 아무래도 소홀해진다. 업무에 소홀해진 당신의 상태를 직장 상사는 귀신같이 알아챌 것이다.

따라서 두 번째 직업은 돈보다는 내가 좋아하고 잘하고 하고 싶은 일에서 고르는 게 좋다. 취미생활을 확장시킬 수도 있고, 직업상 배우고 익힌 기술이나 노하우를 좀 더 발전시킬 수도 있다. 이를 기반으로 나만의 스토리를 만들어 살을 붙여나가면 경쟁력 있는 콘텐츠를 가질 수 있다. 쉽게 말해 남들보다 잘하는 일이나 남들에게 도움이 될 만한 부분을 가지고 전문가로서 역량을 키우는 것이다.

나만의 콘텐츠를 만들어가기 위한 좋은 방법은, 그 분야의 강사가 될 수 있을 정도의 역량을 쌓는 것이다. 남을 가르칠 수 있다면 전문가로 불릴 수 있다. 그렇게 남을 가르칠 수준의 역량을 쌓게 되면 실제로 강사에 도전해보는 것도 좋은 방법이다. 강의를 본업으로 삼는다기보다 다양한 활동을 영위한다는 의미다.

두 번째 직업을 위해 또 한 가지 기억해야 할 점은, 나만의 콘텐츠를 끊임없이 세상에 알리고 외쳐야 한다는 것이다. 우리에게는 인터넷이라는 훌륭한 홍보 수단이 있다. 블로그나 SNS, 시민기자 활동 등을 통해 꾸준히 나의 존재와 목소리를 알려야 한다. 좋은 내용이라면 많은 이들이 호응해줄 테고 이를 통해 생각지도 않은 다양한 기회를 잡을 수도 있다.

이는 내 경험이기도 하다. 나는 인터넷 기획자에서 가정경제 전문가로 전업을 했고, 재테크와 가정경제 분야에서 나만의 콘텐츠를 쌓아 인터넷 매체에 다양한 칼럼을 기고했다. 이를 바탕으로 책을 내고 동영상 강의도 제작해 교직원 연수 프로그램으로 제공할 수 있었다.

당장 두 번째 직업으로 생계를 유지하기는 쉽지 않다. 따라서 첫 번째 직업에서 나오는 수입을 보조하는 수준이거나 본업에서 은퇴한 후 본격적으로 일하기 위한 준비 작업으로 바라봐야 한다. 그럼에도 두 번째 직업을 준비하고 있다는 사실만으로 뿌듯하고 든든해진다. 좋아하는 일로 준비하고 있다면 즐거움까지 더해진다.

철학자 한나 아렌트에 따르면, 인간의 활동에는 돈을 벌기 위한 노동뿐만 아니라 재능을 발휘해 재미와 명예를 바라는 작업 그리고 개인의 욕망과 필요를 넘어 공동체 속에서 대의를 위해 하는 활동이 있다. 이 세 가지가 조화를 이뤄야 일상의 만족과 행복을 느낄 수 있다. 그러나 현대인들에게는 돈을 벌기 위한 노동만 강요되고 자기계발 역시 더 효율적으로 노동하기 위한 수단에 다름 아닌 경우가 많다. 노력하면 성공할 수 있다는 긍정의 도식은, 어쩌면 노동만 능숙하게 잘하도록 우리를 길들이는 주문에 불과할지도 모른다.

생각을 조금 바꿔 성공적인 삶이 아니라 좋은 삶에 관심을 가져보자. 그러기 위해서는 노동뿐만 아니라 작업도 필요하다. 즐거운 작업은 노동으로 지친 심신을 달래는 가장 효과적인 수단이다. 가장 잘하고 좋아하면서 돈도 벌 수 있는 일, 은퇴 후에도 할 수 있는 일을 찾는 것이 바로 직업 수명을 늘리는 길이다. 이제 두 번째 직업은 선택이 아니라 필수다. 돈을 벌기 위해서일 뿐만 아니라 좋은 삶을 살아가기 위해서 더더욱 그러하다.

가정경제는 생각만큼 단순하지 않다. 그 사실은 지금까지 충분히 확인할 수 있었다. 이 복잡한 상황을 정리하고 돈 생각으로 터널링에 빠지지 않으려면 내 머리만으로는 부족하다. 결국 기록의 힘이 필요해진다. 돈 씀씀이와 자산을 기록하는 일은 돈 문제를 구체화하고 객관화하는 가장 효과적이자 유일한 수단이라 해도 과언이 아니다.

지금까지 우리는 아껴 써야 잘산다는 식으로 근검절약만을 강조하고 개인의 자제력에 모든 책임을 돌려왔다. 그러나 사회는 복잡해지고 미래는 점점 더 불확실해져가는 시대의 책임이 더 크다. 그럴수록 주먹구구식으로 혹은 순간적인 판단에 기대어 돈에 대한 의사결정을 해서는 안 된다.

이제는 숫자를 통해 과거를 평가하고, 현재를 계획하며, 미래를 준비해야 한다. 숫자는 거짓말을 하지 않으며, 편향에 휩싸여 있지도 않고, 감정적이지도 않다. 숫자에 의거한 결정을 통해 오류투성이에 착각에 빠지기 쉬운 인간의 단점을 보완해야 지속 가능한 가정경제를 꾸려나갈 수 있다.

노후 공포 마케팅 극복하기

노후에 10억 원 이상이 필요하다는 이야기를 쉽게 접할 수 있다. 그런데 이 금액은 도대체 어떻게 산정된 것일까? 예를 들어 월 230만 원을 생활비로 정했으면 연간으로 환산하면 2,760만 원이다. 은퇴 시기를 60세로 하고 평균 수명을 90세로 가정한다면 은퇴 기간이 30년이고, 2,760만 원×30년=8억 2,800만 원이 된다.

그런데 여기서 끝이 아니다. 관련 기사나 정보를 보면 이 금액을 물가 상승률을 감안한 미래 가치로 환산하여 금액을 부풀린다. 지금 8억 원이니 은퇴 시점에는 12억 원이 될 것이라고 말이다. 사실 지금 8억 원이나 20년 후 12억 원이나 같은 금액이지만 우리가 느끼기에 12억 원은 8억 원보다 훨씬 큰 엄청난 돈이다. 노후 공포가 생기지 않을 수 없다.

노후에 일시금으로 거액이 필요하다는 주장에는 치명적인 오류들이 있다. 첫째, 일시금으로 노후 자금을 가지고 있다가 조금씩 빼서 쓰는 것을 전제로 하면서 거액의 노후 자금이 가져다주는 이자는 계산하지 않는다는 점이다. 12억 원의 자산이 있다면 거기서 나오는 이자가 연 2%만 해도 월 170만 원이고, 이 금액은 현재 가치로 따져도 약 113만 원에 달한다. 여기에 부부의 국민연금을 합하면 생활비의 상당 부분을 마련할 수 있다. 이런 식이면 죽을 때 12억 원의 재산이 고스란히 남는다. 그러나 대부분의 사람들은 재산을 고스란히 남기고 죽기보다는 가진 재산을 노후 자금으로 쓰면서 살기 때문에 일시금으로 거액의 노후 자금이 필요한 것은 아니다.

또 다른 오류는 은퇴 시점 이후 추가 소득에 대한 고려가 전혀 없다는 것이다. 먼저 국민연금이 있다. 부부가 함께 국민연금을 수령하면 생활비의 상당 부분을 감당할 수 있게 된다. 또한 평균 수명의 연장으로 명목상 직장에서 은퇴하는 시점과 실제로 직업 전선에서 완전히 은퇴하는 나이에는 큰 차이가 있다. 적어도 한 달에 부부가 함께 용돈 정도만 번다고 해도 거액의 은퇴 자금이 필요하지 않게 된다.

이뿐만이 아니다. 노후생활이 항상 똑같다고 가정하고 노후 자금을 산정하는 것 또한 오류다. 모든 연령대에서 같은 생활비가 소요되지 않는다. 고령으로 갈수록 소비는 감소한다. NH투자증권에서 60세부터 90세까지 10년 단위로 세분화해 연령별 지출을 분석한 자료를 보면, 현재 60대 가구주가 실제 지출하고 있는 자금은 월 196만 원, 70대는 110만 원, 80대는 59만 원, 90대는 36만 원으로 크게 줄어드는 것으로 나타났다. 이를 반영할 경우 노후에 필요한 총 자금의 평균은 4억 8,000만 원으로 크게 낮아진다는 것이 NH투자증권 측의 설명이다(NH투자증권 보고서, 2015년 3월). 이렇게 따져보면 노후가 그리 비관적인 것만은 아니라는 것을 알 수 있다.

3장

우리 집 손익계산서 & 재무상태표 쓰기

쉽게 쓰는 손익계산서

기업에서 손익계산서란 매출과 비용을 분석해놓은 것이며, 손익분기점은 수익과 생산 비용, 즉 원가가 교차하는 지점이다. 가정경제에도 비슷하게 적용해볼 수 있다. 기업의 매출은 가정에서는 수입이고, 원가는 비용 또는 지출이며, 벌어들인 돈에서 쓴 돈을 뺀 나머지를 이익으로 볼 수 있다. 수입과 지출을 일목요연하게 표로 정리해 손익계산서를 써보자.

손익계산서는 얼마 벌어서 얼마를 어디에 썼는지 알 수 있기에 기업에서 가장 기본적인 회계장부다. 특히 단순하게 이익이 얼마라고 기록하는 게 아니라 매출과 원가, 이익을 단계별로 나눠 파악한다. 빵을 만드는 회사를 예로 들어보자. 해당 기간에 빵을 만들어 판 총 판매 금액이 매출액이다. 빵을 만드는 데 들어간 재료비는 매출원가로

표 3-1 | 간단한 손익계산서의 예

포괄손익계산서		
오소서 마트	20X1년 1월 1일부터 20X1년 12월 31일까지	(단위: 천 원)
과목	금액	
매출액		1,150,000
매출원가		(-)650,000
매출총이익		500,000
영업비용		(-)220,000
급여	(-)150,000	
임차료	(-)70,000	
영업이익		280,000
금융수익		50,000
이자수익	50,000	
금융비용		(-)30,000
이자비용	(-)30,000	
법인세차감전순이익		300,000
법인세비용		(-)90,000
당기순이익		210,000

잡는다. 매출원가는 빵을 많이 만들수록 비례해서 커지는 원가다. 매출에서 매출원가를 뺀 것이 바로 매출총이익이다.

매출총이익에서 판매비와 관리비를 빼는데, 이는 빵을 생산하지 않아도 반드시 들어가는 원가, 즉 공장 임대료나 직원 임금, 기타 회사 운영을 위한 관리비를 의미한다. 매출총이익에서 판매비와 관리비를 빼고 난 이익이 영업이익이다.

만약 이 회사가 건물을 가지고 있어 임대료 수익이 있다면 영업이익에 영업 외 수익으로 더해준다. 만약 은행에서 돈을 빌려 갖고 있다면 영업 외 비용이므로 수익에서 이를 뺀다. 그러면 법인세 비용 차감

전 순이익이 되고, 여기서 법인세를 빼면 드디어 당기순이익이 산출된다.

💰 손익계산서에 써야 할 항목

기업의 손익계산서를 가정경제용으로 쓰기에는 무리라 그대로 쓸 수는 없지만, 기본 개념은 비슷하게 만들어 사용할 수 있다. 〈표 3-2〉는 가정용으로 수정된 손익계산서다.

최대 잉여금

최대 잉여금이란 고정 소득에서 필수생활비를 제외한 금액이다. 필수생활비는 고정 비용과 먹고사는 데 들어가는 비용을 합한 것이다. 가정에서는 부채 상환을 반드시 해야 하기 때문에 여기에 포함시켰다. 최대 잉여금은 여타 지출을 하지 않는다면 매월 최대로 남길 수 있는 흑자 금액이라고 보면 된다. 그러나 대부분 필수 지출 이외의 지출이 발생하므로 최대 잉여금이 그대로 실제 잉여금이 되지는 않는다.

실제 잉여금

최대 잉여금에서 변동 지출, 기부금을 뺀 것으로 해당 기간 일반적인 생활비로 지출하고 남은 돈이라고 보면 된다.

표 3-2 | 가정용 손익계산서에 들어갈 내용

항목	설명
고정 수입	매월 고정적이며 확정적으로 들어오는 수입
필수 지출	반드시 해야만 하는 지출로 통상 고정 비용과 먹고사는 지출(식비와 생활용품)을 합한 지출 (부채 상환 / 기부금 제외)
부채 상환	이자와 원금 포함하여 각종 부채를 상환하는 지출
최대 잉여금	필수 비용과 부채 상환을 제외한 잉여 자금(고정 수입 – 필수 지출 – 부채 상환)
변동 지출	고정 비용이 아닌 지출로 일반적으로 풍요로운 생활이나 멋스런 생활을 의미함
기부금	가정생활비와 관련 없이 사용하는 지출
실제 잉여금	고정 소득에서 실제 지출한 돈을 빼고 남은 자금으로 손익분기점 결정
금융 소득	이자 / 배당금으로 벌어들이는 돈
투자 소득	투자로 벌어들인 돈 (수익 예정 금액이 아니라 이익이 확정된 금액)
투자 손실	투자 시 발생한 손실(손실 예정 금액이 아니라 손실이 확정된 금액)
자본 소득	금융 소득 + 투자 소득 – 투자 손실
변동 소득	확정된 소득 외 추가로 발생하는 소득
저축 가능 자금	지출이 다 끝나고 사용 가능한 여유 자금(실잉여금 + 자본 소득 + 변동 소득)
저축	매월 고정적으로 하는 저축
가처분 소득	지출과 저축 모두가 완료된 후 남은 처분 가능한 소득(저축 가능 자금 – 저축)

자본 소득

노동이 아니라 자본을 운용하여 추가적으로 창출된 수입이다. 예금이나 적금 이자, 각종 배당금은 금융 소득이고 주식이나 펀드, 채권 등 투자를 통해 얻은 이익은 수익이 된다. 투자는 손실도 있으므로 투자 손실 또한 함께 산정해야 한다. 따라서 금융 소득 + 투자 소득에서 투자 손실을 뺀 금액이 자본 소득이다.

표 3-3 | 가정용 손익계산서 예 (단위: 원)

손익계산서		
항목	금액	설명
고정 수입	3,800,000	세후 급여액
필수 지출	2,700,000	각종 고정 지출
부채 상환	300,000	전세자금대출 이자
최대 잉여금	800,000	
변동 지출	300,000	의류, 문화생활 등 변동 지출
기부금	30,000	기부금
실제 잉여금	470,000	손익분기점은 3,330,000원 (고정 수입 − 실제 잉여금)
금융 소득	100,000	이자 소득
투자 소득		
투자 손실		
자본 소득	100,000	이자와 투자 손익 합산
변동 소득	200,000	수당
저축 가능 자금	770,000	저축할 수 있는 금액 (실제 잉여금+자본 소득+변동 소득)
저축	500,000	매월 고정 저축
가처분 소득	270,000	매월 고정 저축

참고로, 가계부 사이트인 머니내비(www.moneynavi.co.kr)에서 예산과 수입만 등록하면 우리 집 손익 계산서를 손쉽게 조회할 수 있다. 머니내비 상단메뉴 통계보고서〉손익계산서에서 가능하다.

주식이나 펀드를 매도하지 않은 상황에서 계좌상 보이는 이익은 가변적인 것이므로 소득으로 볼 수 없다. 매도 후 수수료 등의 비용을 제외하고 실제 확정된 금액으로 계산해야 한다.

저축 가능 자금

저축 가능 자금은 실제 잉여금 + 변동 소득 + 자본 소득으로, 해당 기간 가정의 흑자 금액으로 볼 수 있다.

가처분 소득

가처분 소득이란 지출과 저축까지 모두 끝난 후 사용할 수 있는 자금을 말한다. 즉 해당 기간 번 돈에서 저축과 투자 손실을 포함한 비용을 모두 제외하고 남은 금액이다.

가처분 소득이 마이너스라면 적자라는 뜻으로 지출이나 저축 모두 구조조정을 해야 한다. 지출이 많은 것인지 아니면 잉여 자금에 대한 잘못된 판단으로 무리한 저축을 하고 있는지 파악해야 한다. 마이너스인 가처분 소득이 계속 쌓이면 결국 부채가 늘어나는 악순환을 맞을 수밖에 없기에 반드시 원인을 파악하고 해결책을 모색해야 한다.

가처분 소득이 플러스라는 것도 좋은 것만은 아니다. 저축 계획이 제대로 잡혀 있지 않음을 의미하기 때문이다. 통장에 남아 있는 현금은 소비에 대한 긴장감을 무장해제시켜 불필요한 소비로 이어질 운명이라고 봐도 좋다. 따라서 가처분 소득이 0에 가까워지는 소비와 저축 계획이 가장 바람직하다.

가정 내에서 행해지는 지출 하나하나가 의미를 갖지는 않으며 모든 걸 기억할 수도 없다. 그렇지만 중요한 지표는 숫자를 기억하는 것이 매우 중요하다. 돈을 쓰기 전에 기억하고 있는 숫자를 끄집어내어 돈을 쓸 수 있는지 여부를 판단할 수 있기 때문이다. 돈이 없는데 그것도 모른 채 무작정 저질러왔던 수많은 시행착오는 이 숫자를 하나도 기억하고 있지 않았던 게으름과 무지의 결과다.

이제는 앞서 설명한 지표를 기억하자. 모두 기억하기가 쉽지 않다면 손익분기점은 머릿속에 넣고 있어야 한다. 가처분 소득은 수입과 지출, 저축이 균형 잡혀 있다면 0에 수렴할 것이기에 이 경우 굳이 기억할 필요가 없다. 가진 돈 안에서 지출하는 게 기본 중의 기본이라는 점을 다시 한 번 마음속에 새기길 바란다.

최소한 얼마를 벌어야 할까

손익분기점은 수입과 지출이 동일해지는 지점이다. 손익분기점은 반드시 벌어야 하는 소득의 하한선이라 생각하고 이 이상 벌어야 한다는 기준점으로 기억하고 있어야 한다.

손익분기점은 수입과 지출 기준을 어떻게 잡느냐에 따라 달라진다. 먼저 수입을 살펴보자. 고정 수입이 기본적인 수입 기준이지만 고정 수입의 범위를 다양하게 정할 수 있다. 맞벌이 가정이라면 육아 때문에 직업활동을 지속하기 어려운 점을 감안하여 남편의 소득만 고정 수입으로 정하고 아내의 수입은 변동 수입으로 놓을 수도 있다. 이때 고정 수입을 기준으로 비용 기준을 잡게 되므로 지출 규모를 줄여야 한다. 반면 변동 수입이 늘기 때문에 저축 가능 자금은 증가한다.

흔히 한 사람의 수입만으로 생활하고 나머지 한 사람의 수입은 모두 저축하라는 조언을 하는데, 손익분기점을 작성할 때 고정 수입을 한 사람의 소득만으로 잡으면 같은 효과를 얻을 수 있다.

많은 직장인이 연봉만 기억하지 실제로 통장에 얼마가 들어오는지는 잘 모른다. 연봉이 1억 원이라 해도 실제로 매월 통장에 들어오는 금액은 최대 660만 원 정도다. 수입을 연 1억 원이라고 생각하는 것과 월 660만 원이라고 생각하는 것은 소비에 큰 차이를 가져온다. 맞벌이 부부는 둘이 합쳐 1억 원이 넘는 경우도 많아 소비에서 경계심이 떨어질 수밖에 없다. 그러나 머릿속 연봉이 아니라 실제로 통장에 찍히는 금액으로 고정 수입을 파악하고 손익분기점을 잡아보면 생각보다 가처분 소득이 많지 않다는 사실을 절감하게 된다.

손익계산서에 지출을 일괄적으로 합하지 않고 단계적으로 파악하는 것은 나름의 의미가 있다. 최대 잉여금을 산출하기 위해 파악하는 필수 지출은 기본적인 생활을 위해서 반드시 필요한 기초생활비를 의미한다. 당연한 말이지만 기초생활비가 크다는 건 많이 벌어야 한다는 뜻이다. 반복적으로 말하지만 고정 비용은 한 번 정해지면 줄이기 어렵고 매월 반드시 나가는 돈이라 규모가 크다. 지출 구조조정을 하고 싶다면 이 부분에서 해야 한다.

다음 단계인 실제 잉여금을 산정하기 위해 필요한 지출인 변동 지출은 문화생활이나 의류 소비 등이 대부분이므로 줄일 수 있는 여지가 많다. 기부금은 생활과는 관계가 없기 때문에 필수 비용에서 제외한다. 필수 지출, 부채 상환, 변동 지출, 기부금이 일반적으로 가정에서 소요되는 총 비용이다. 손익분기점은 바로 이 비용으로 결정된다. 적어도 이 만큼은 벌어야 저축은 못하더라도 빚은 지지 않는 생활을 유지할 수 있다.

손익분기점을 넘기는 소득은 모두 저축으로 넘어갈 수 있다. 예를 들어 300만 원을 버는 외벌이 가정에서 빚은 없고 저축을 30만 원 한다면 손익분기점은 270만 원이고 소득 대비 저축률은 10%이다. 만약 아르바이트로 추가 소득이 60만 원 생겼다고 하자. 소득은 20% 늘어났지만, 추가 소득을 모두 저축으로 돌리면 60만 원이 증가하여 저축이 200% 늘어난 효과를 거둘 수 있다.

　만약 추가 소득이 발생해도 그 만큼 지출하면 손익분기점은 다시 높아진다. 수입이 늘었음에도 가처분 소득이 늘어나지 않는 건 이 때문이다. 더 벌었다고 기뻐할 게 아니라 지출도 늘어나 손익분기점이 올라갔는지 아니면 제자리를 유지하고 있는지를 함께 확인해야만 정확한 재정 상태를 파악할 수 있다.

💰 부채 상환, 저축일까 비용일까

부채 상환 방식은 이자만 내느냐 원금을 함께 갚고 있느냐 두 가지로 나뉜다. 이자만 내고 있다면 100% 비용이다. 돈을 빌린 대가로 치르는 돈이며 자산으로 쌓이지 않기 때문이다. 반면 원금 상환을 같이 하고 있다면 이야기는 조금 복잡해진다. 보통 원금과 이자를 합쳐서 상환하는데 이자는 100% 비용이지만 원금은 부채의 내용에 따라 저축인지 비용인지 결정된다.

　만약 주택담보대출을 받아 집을 사고 원금을 갚고 있다고 하자. 빌린 돈이 집에 다 들어가 있다면 부채가 자산에 포함되어 있기 때문에 저축으로 볼 수 있다. 20년 만기 적금에 비유하자면, 만기에 탈 돈을 미리 받아놓고 20년 동안 갚아나가는 것과 같다고 이해하면 된다. 빚 내서 집 사면 강제저축이 된다는 말은 바로 이런 의미다.

그러나 대출금을 생활비나 기타 다른 곳에 써버렸다면, 즉 부채가 자산으로 남아 있지 않다면 부채 상환은 비용으로 산정해야 한다. 이 경우는 외상으로 물건을 산 후 나중에 갚는 것과 같다. 따라서 이자처럼 비용으로 봐야 한다.

같은 부채지만 돈을 벌기 위한 부채가 있고 쓰기 위한 부채가 있다. 전자는 저축이 될 수 있지만 후자는 비용이다. 당연한 말이지만 돈을 쓰기 위한 부채는 만들지 말아야 한다. 지금 가진 부채들이 혹시 돈을 쓰기 위한 것이라면 전반적인 생활 점검이 반드시 필요하다.

자산과 부채 정확히 파악하기

자산을 불리고 축적하고자 하는 행동은 자본주의 사회를 살아가는 모든 이들의 자연스런 모습이다. 재테크로 통칭되는 자산 불리기 활동은 이제 필수 능력처럼 여겨지며 수많은 투자 성공담과 실패담이 회자되기도 한다. 그만큼 자산 불리기는 우리 모두의 최고 관심사라 해도 전혀 과언이 아니다.

그런데 자산이 있다는 건 어떤 의미일까? 쉽게 말해 자산은 미래에 경제적 효과나 이익을 가져다줄 것을 기대할 수 있는 자원이라고 보면 된다. 즉 자산은 더 많은 자산을 축적할 수 있는 기반이 되거나 더 많은 소비를 통해 편익을 누릴 수 있는 가능성을 제공한다. 문제는 자산을 불리고 싶다는 욕망만큼 준비와 고민은 하지 않다는 것이다. 가장 큰 오류라면 자산을 정확히 파악하지 못하는 점이다. 혹시 당신도 얼마의 자산이 있는지, 대출은 얼마까지 받을 수 있는지 정확히 모르면서 남들이 좋다니까 혹은 재테크 책에서 추천하니까 이곳저곳 기웃거리고 있지는 않은가?

자산 그리고 부채에 대한 정확한 분석과 평가는 돈을 불리기 전에 가장 먼저 해야 하는 과정이다. 앞으로 설명할 내용을 바탕으로 자산 분석을 먼저 진행한 후 재테크에 뛰어들어도 결코 늦지 않다. 섣부른 재테크는 소중한 자산을 손해 보는 결과를 낳을 수 있다.

💰 유동 자산 vs 비유동 자산

유동 자산이란 쉽게 현금화할 수 있는 자산이다. 기업에서 유동 자산은 통상 12개월 이내에 현금화될 것으로 예상되는 자산을 의미한다. 유동 자산이 풍부하다는 건 현금이 많다는 뜻이므로 유동 자산은 기업의 안전판으로 여겨진다. 가정에서도 마찬가지다. 현금 자산이 많다면 돈 문제로 어려움을 겪거나 빚을 질 위험이 없다. 한 가정의 지속 가능한 살림살이를 위해서는 유동 자산을 첫 번째로 파악해야 한다.

12개월 이내에 현금화할 수 있는 자산이라면 대표적인 것이 현금과 1년 이내 만기가 도래하는 단기 금융상품을 들 수 있다. 1년 이내에 회수 가능하다면 빌려준 돈도 유동 자산에 해당한다.

비유동 자산은 1년 이상 후에 보유하게 될 자산이다. 만기가 1년 이상 남아 있는 금융상품, 살고 있는 집이나 소유하고 있는 자동차,

투자 용도로 가지고 있는 부동산도 1년 이내에 팔 계획이 없다면 비유동 자산이다. 만약 보유한 집이 없고 전세나 월세 보증금만 있다면 이 또한 비유동 자산이다. 빌려준 돈이 있는데 1년 이후 받을 예정이라면 역시 비유동 자산이다.

그렇다면 언제든지 팔 수 있는 투자성 자산, 즉 주식이나 펀드, 채권, ELS(Equity Linked Securities, 주가지수 연동 펀드) 같은 파생상품은 유동 자산일까 비유동 자산일까? 정답은 비유동 자산이다. 투자 수익을 목적으로 보유하고 있는 주식, 펀드나 장기 납입해야 하는 보험은 비유동 자산으로 분류된다. 투자상품은 장기 투자를 원칙으로 하기 때문에 쉽게 현금화할 수 없는 자산으로 분류하는 것이 옳다.

유형 자산 vs 무형 자산

자산은 눈에 보이는 것과 보이지 않는 것으로 나눌 수도 있다. 유형 자산은 부동산이나 금융 자산 등 실체가 있는 것으로, 자산이라고 하면 대부분 유형 자산을 뜻한다. 그렇다면 보이지 않는 자산이란 무엇일까? 앞서 자산은 미래에 경제적 효익을 가져다주는 것이라고 했다. 눈에 보이지 않지만 경제적 효익을 가져다주는 대표적 자산은 바로 '나', 즉 노동력이다. 인간의 노동력이야말로 가장 원초적 자산이다.

내가 가진 노동력이 시장에서 어떻게 평가받느냐에 따라 수입의 크기가 달라진다. 숙련노동자나 전문노동자라면 그 가치는 더 클 것이다. 요즘은 지적재산권도 무형 자산의 큰 부분을 차지한다. 기업이 힘 있는 브랜드를 확보하려 하고 브랜드 자체가 엄청난 금액으로 산정되는 것과 마찬가지로 개인도 브랜드 가치가 있다면 그것은 큰 자산이 될 수 있다. 유명 작가나 작곡가, 화가의 이름만으로도 작품의 가치가 커지는 것과 같은 이치다. 매년 봄만 되면 예외 없이 울려퍼지는 노래 한 곡으로 인해 해마다 저작권료를 챙기는 가수의 노래가 〈벚꽃 엔딩〉이 아니라 '벚꽃 연금'으로 불리는 것만 봐도 알 수 있듯이 지적재산권은 만약 가지고만 있다면 무시할 수 없는 자산이다.

그렇다면 내가 가진 무형 자산의 가치는 얼마일까? 계산하기는 어렵지 않다. 한 달에 300만 원을 버는 사람이 있다고 하자. 제1은행권에서 받을 수 있는 예금 이자가 최고 2%라고 할 때, 월 300만 원의 예금 이자를 얻기 위해서는 18억 원을 예치해놓아야 한다. 이자에 붙는 세금을 고려하면 예치 금액은 더 커진다. 한 달에 300만 원을 번다는 건 18억 원의 자산을 소유한 것과 같은 경제적 효익이 있고, 한 달에 500만 원을 번다면 30억 원의 자산을 가진 것과 같다. 이렇게 보면 우리 집 가장이 이전보다 훨씬 든든하고 대견해 보이지 않을까 싶다.

자산 가치로서 노동력을 보면 막대한 노후 자금에 대한 두려움도 조금은 사라진다. 노후에 10억 원이 필요하네 20억 원이 필요하네 하는 기사를 자주 접한다. 당장 10억 원을 어떻게 모으나 싶지만 한 달에 100만 원을 벌 수 있으면 이미 6억 원이라는 자산이 있는 것과 같다. 제2의 직업, 제3의 직업을 준비하며 많이 벌지 않더라도 직업의 수명을 늘려나간다면 이미 상당한 노후 자산을 확보한 것이나 다름없다. 건강한 몸을 유지하고 적은 소득이나마 꾸준히 벌 수 있다면, 그런 노년은 통장에 수십억 원이 없어도 이미 충분한 자산가다.

🪙 금융 자산 vs 부동산 자산

금융 자산과 부동산 자산은 가정에서 흔히 자산을 분류하는 방식이다. 부동산 자산은 토지나 건물이고 금융 자산은 은행에 넣어둔 현금과 각종 금융상품을 말한다. 금융 자산에서 현금성 자산은 현금 그리고 수시 입출금이 가능한 예금이다.

금융상품은 다시 3가지로 분류되는데, 먼저 원금 손실 가능성이 없는 금융상품이다. 예금이나 적금처럼 정해진 금액을 만기에 돌려받는 금융상품은 중도에 해지해도 원금은 보전되므로 이에 속한다. 두 번째는 원금 손실 가능성이 있는 투자성 상품들, 즉 주식이나 펀드, 채권, ELS 같은 파생상품이다. 타인에게 빌려준 돈도 포함되는데 개인 간의 금전 거래는 떼일 가능성이 존재하기 때문에 원금 손실 가능성이 있는 자산으로 분류한다. 마지막으로 장기 목적성 금융상품이 있다. 저축성 보험이나 연금상품 등이 대표적이다. 최소 3년 이상 최대 종신 기간 납입하는 상품들은 해약 시 손해를 보는 경우가 많고 장기적으로 납입해야 하므로 가입에 신중을 기해야 하는 금융상품이다.

우리나라 사람들은 대부분의 자산이 금융상품보다는 부동산에 집중되어 있다. 그런데 부동산 중 투자용이 아니라 거주하고 있는 집은 반드시 필요하다는 점에서 다른 자산과는 다른 특징이 있다. 다른 자

표 3-4 | 금융 자산의 종류

구분	금융상품
현금성	현금 / 수시 입출금 예금 / CMA / MMF 등
원금보장	정기예금 / 적금
원금 손실 가능	주식 / 펀드 / 채권 / 외화 / ELS, ELW / 파생상품 / 빌려준 돈 등
장기 목적성	저축성 보험 / 연금보험 / 변액보험 등

산은 팔아서 현금화해 들고 있을 수 있지만 살고 있는 집은 그럴 수 없다. 판다 해도 다시 부동산에 자산을 투입해야 한다. 집을 팔고 전세를 살아도 전세보증금으로 자산을 사용해야 한다.

살고 있는 집값이 4억 원에서 5억 원으로 올랐다. 앉아서 1억 원을 벌었다는 생각에 자다가도 웃음이 나온다. 그런데 5억이라는 숫자는 호가, 즉 장부상의 숫자에 불과할 뿐 확실하게 실현된 이익이 아니다. 팔아서 내 호주머니에 들어와야 이익이다. 5만 원 주고 산 주식의 현재가가 10만 원이라고 5만 원을 벌었다고 말할 수 없다. 내일, 또 한 달 뒤 어떻게 될지 모르기 때문에 실제로 팔았을 때 이익이 진짜 이익이다. 물론 부동산은 가격 변동성이 주식처럼 크지 않지만 팔아서 내 주머니에 돈이 들어와야 이익이라는 사실은 달라지지 않는다.

만약 1억 원의 이익을 보고 집을 팔았다면 어떻게 될까? 살고 있는 집을 팔았다면 다시 집이 필요해진다. 문제는 내 집만 오른 게 아니라는 점이다. 같은 수준의 집을 사려면 5억 원이 필요하니 결국 남는 돈은 없다. 자가였다면 전세로, 강남이었다면 강북으로, 30평대 집이었다면 20평대로, 지하철역 도보 5분이었다면 마을버스를 타야 하는 상

165

황으로 디그레이드하여 집을 구한다면 1억 원의 이익은 호주머니에 남는다. 그러나 거의 100%의 사람들은 오히려 1억 원의 빚을 더해 6억 원짜리 더 큰 집을 산다. 역시 돈은 부동산으로 버는 거라 되뇌면서 말이다. 결국 5억 원짜리 집을 다시 산다면 달라지는 게 없고, 6억 원짜리 집을 산다면 1억 원의 빚이 다시 생긴다.

집값이 오르면 소유한 입장에서는 기쁘다. 그러나 거주하고 있는 집의 가치는 오르건 내리건 별 차이가 없다. 집을 팔고 집값이 저렴한 지방이나 시골로 이주하지 않는 한 거주하는 집의 시세에 일희일비할 필요는 없다는 뜻이다. 부동산은, 끝날 때까지는 끝난 게 아닌 게임과 같다.

최고의 자산, 부동산에 숨겨진 이야기

부동산 불패 신화는 과연 깨지지 않을 것인가? 부모 세대에서 부동산만큼 확실한 자산 증식 수단은 없었다. 수치상으로도 그 사실은 분명하게 증명된다. 1963년에서 2007년까지 소비자물가가 43배 오르는 동안 서울 땅값은 1,176배 상승했다. 국민은행 조사에 따르면, 고액 자산가들의 자산 축적 방법은 부동산이 45.8%, 개인사업이 28.4%였다. 열심히 일해서 자수성가하기보다는 그저 땅을 가지고 있는 게 부자가 될 가능성이 훨씬 높았던 것이다. 적어도 2000년대 초반까지는 열심히 돈을 모아 집을 사고 그 집을 키워나가는 것이 누구도 부인하지 않는 가장 쉬우면서도 성과가 뛰어난 재테크 전략이었다.

특히 2000년대 초반은 저금리시대가 본격적으로 개막한 시기였다. 은행의 가계대출이 활성화되면서, 부모 세대가 금융 시스템의 역할 없이 자산만으로 집을 구매해온 방식이 더 이상 통하지 않는 시대로 접어들었다. 집값의 50%만 있어도 집을 살 수 있는 데다, 아파트 가격 폭등이 일어나면서 부동산에 대한 낙관론과 함께 하루라도 빨리 집을 사자는 분위기가 확산되었다.

반대로 집값이 너무 올랐다는 불안함을 가진 비관론자들도 분명 존재했다. 그러다 2008년 금융위기에 집값 상승세가 주춤해지고 주택담보대출로 고통받는 하우스푸어가 이슈화되자 무리한 내 집 마련의 후유증에 대한 문제 제기가 많아졌다. 많은 빚을 지고 집을 산 사람들은 집이 있지만 가난한 역설적 상황에 직면한다. 특히 인구가 점점 줄어들고 있기 때문에 집의 수요도 줄어 집값도 하락하리라는 전망이 힘을 얻으며 한때 부동산 비관론이 대세처럼 보이기도 했다.

그러나 상황은 다시 반전되었다. 금리가 계속 떨어져 초저금리라 불리는 상황이 시작되자 2015년부터 2017년까지 부동산은 상승세를 보였다. 특히 2016년은 담보대출 금리가 2%대까지 떨어지면서 이자 부담이 현저하게 줄었고, 시중에 넘쳐나는 자금은 경제 불황에 마땅한 투자처를 찾지 못해 강남 재건축 아파트 같은 부동산에 몰려들면서 부동산 가격은 가파른 오름세를 보였다. 2017년 현재, 시간이 걸리기는 해도 결국 집값은 오른다는 낙관론자들의 주장이 힘을 얻고 있는 것 또한 부정할 수 없다.

부동산 불패 신화를 맹신하는 건 무리한 투자를 낳을 수 있기 때문에 위험하다. 특히 주식 투자와 달리 막대한 자금이 필요하기 때문에 왜곡된 통념에 휩쓸리지 말고 부동산에 대해 올바로 이해한 뒤 의사 결정을 해야 한다.

💰 수익률이 가장 높은 자산이 부동산이다?

부동산 불패 신화의 근거는, 부동산이 다른 어떤 투자 자산보다 높은 수익률을 보여준다는 통념이다. 과연 그럴까? 투자 자산은 매우 다양하다. 부동산, 주식, 금, 현금(예금), 요즘은 가상화폐까지 등장했다. 물론 어떤 주식이고 어떤 부동산이냐에 따라 달라지기도 하지만 한국에서 가장 높은 가격을 유지하고 있는 강남 아파트, 주식 시장 평균이라 할 수 있는 KOSPI200지수, 한국 주식 시장의 최고 대장주인 삼성전자 주식, 그리고 금으로 최근 10년의 수익률을 비교해보자.

〈표 3-5〉에 따르면 모든 자산 중 강남 아파트의 수익률이 가장 낮다. 심지어 예금보다 낮은 수준이다. 의외의 결과다. 그런데 투자에서 가장 중요한 것은 결코 수익률이 아니다. 우리는 높은 수익률에 현혹되기 쉽고 수익률이 높으면 돈을 버는 것으로 생각하지만 절대로 그렇지 않다. 투자의 세계에서 가장 중요한 것은 투자 수익률이 아니라 투자 원금이다. 밑줄 그어가며 기억해야 할 사항이다. 다시 한 번 말하지만 투자 수익률은 의미가 없다. 투자 원금이 돈을 불리는 핵심이다.

투자 원금이 100만 원이면 수익률이 100%일 때 100만 원을 번다. 반면 원금 1억 원은 5%의 수익률만 올려도 500만 원이다. 전자는 수

표 3-5 | 2008~2017년 강남 아파트, 금, 예금 수익률 비교

연	삼성전자	금	KOSPI200	예금	강남아파트
2008	-20.28%	5.11%	-39.33%	5.13%	-1.95%
2009	63.22%	23.90%	51.57%	2.71%	3.94%
2010	18.76%	29.46%	22.23%	2.83%	-1.78%
2011	14.21%	9.57%	-12.21%	3.44%	-0.62%
2012	41.43%	6.89%	10.84%	3.29%	-5.15%
2013	-4.29%	-28.26%	0.12%	2.57%	-1.57%
2014	-7.83%	-2.05%	-7.64%	2.30%	1.27%
2015	-2.29%	-10.58%	-1.51%	1.62%	6.01%
2016	37.16%	8.31%	8.17%	1.35%	4.68%
2017	48.74%	12.91%	24.89%	1.48%	3.41%
연환산	15.94%	6.12%	3.01%	2.67%	0.98%

강남 아파트(국민은행 아파트 시세), 금(미국 금 ETF 가격), 예금(시장 평균 금리)

익률 100%, 후자는 5%에 불과하지만 결과는 후자가 전자의 5배다. 원금이 훨씬 많기 때문이다. 원금이 적으면 아무리 수익률이 높아도 돈을 불리지 못한다. 시간이 경과하면 이 차이는 더욱 벌어진다. 복리가 적용되기 때문이다. 원금이 크면 수익이 크고 이 수익이 또다시 투자되어 원금이 커진다. 원금의 크기가 최종 수익을 좌우할 수밖에 없다(탁구공과 농구공을 모래사장에 같이 굴렸다고 하자. 탁구공과 농구공에 붙어 있을 모래의 수 차이를 상상해보라).

돈이 돈을 번다는 말이 달리 나온 이야기가 아니다. 부동산으로 돈을 번 자산가가 많은 이유가 여기에 있다. 투자하는 금액이 크기 때문에 버는 돈도 많다. 아이러니하게도, 초등학생도 알 수 있는 이 사실을 간과하고 우리는 수익률에 집착한다.

다시 〈표 3-5〉를 보자. 삼성전자 주식이 가장 수익률이 높다. 그러나 원금이 큰 것은 강남 아파트다. 부동산 투자가 유리한 이유는 일단 투자의 단위가 크다는 것, 즉 원금이 크기 때문이다. 더불어 가격 변동성도 적다. 주식 투자에서 20~30% 하락은 흔한 일이다. 심지어 반토막이 나거나 회사가 없어지기도 하지만 부동산은 그렇지 않다. 강남 아파트는 2008년 금융위기에도 −1.95%만 하락했으며 가장 많이 하락한 해도 −5.15%였다. 반면 KOPSI200은 2008년 −40% 가까이 하락했다.

평수에 따라 다르지만 강남 아파트는 적어도 10억 원은 호가할 것이다. 기본적으로 10억 원의 원금으로 투자를 하는 셈이다. 반면 아무리 삼성전자라 해도 한꺼번에 10억 원을 투자할 자산가는 많지 않다(그럴 자산가라면 강남에 30억 원짜리 아파트를 소유하고 있을 가능성이 크다. 이 경우 30억 원에 대한 투자 이익도 가질 수 있다). 아무리 금융 자산에 많이 투자하고 싶어도 일단 살 집은 반드시 필요하다. 결국 주거용 부동산에 투입할 자산을 뺀 나머지로 투자하기 때문에 금융자산에 투자할 자금이 강남 아파트 가격을 넘어설 가능성은 거의 없다.

2008년부터 2017년까지 수익률만 보면 강남 아파트가 약 1%, KOSPI200이 3%, 삼성전자는 무려 16%다. 그러나 현실적으로는 2008년 10억 원짜리 강남 아파트는 10년 후 약 11억 원이 되어 1억 원의 수익을 올릴 수 있다. 같은 기간 1,000만 원을 삼성전자에 투자했다면 4,400만 원이 되어 수익은 3,400만 원이다. KOSPI200은 1,350만 원으로 수익은 350만 원이 된다. 투자 원금 대비 수익률은 주식이 월등하나 돈은 강남 아파트가 더 많이 벌었다. 우리가 원하는 건 효율적으로 돈을 불리는 게 아니라 그냥 돈을 더 많이 불리는 것 아닌가? 그렇다면 돈을 가장 많이 벌어준 자산은 부동산이다.

부동산은 누구에게나 필요한 필수재다. 집 없이 살 수 있는 사람은 없다. 오르내림이 심하지 않아 가격 변동성도 적다. 하락폭이 적으니 손실도 적고 주식 투자보다 심리적으로 편안하다. 주식은 2,000개가 넘는 종목 가운데 골라야 하지만 부동산은 일단 내가 살 집부터 고르는 것이니 주식보다 훨씬 쉽다. 부동산이 투자 자산으로 각광받았던 건 바로 이런 이유 때문이다.

다시 강조하지만 돈을 많이 불리려면 원금이 커야 한다. 원금이 크지 않다면 투자에 지나치게 시간과 에너지를 쏟을 필요가 없다. 얻을 수 있는 성과가 너무 적다. 그 정도 투자 성과로 인생이 달라지지 않는다.

장기 보유할 수밖에 없다는 점 역시 부동산의 또 다른 장점이다. 부동산 시세가 10년 주기로 움직이는 경향이 있다 보니 사실 10년만 보고 수익률을 따지기에는 기간이 부족하다. 그렇다면 자산별 투자 기간을 2001년에서 2017년으로 늘려 따져보면 어떨까? 10년 동안 투자했을 때 강남 아파트는 시중 예금 금리보다 낮았지만 기간이 늘어나자 연 환산 수익률이 1%에서 6.5%로 크게 올랐다. 만약 2001년에 5억 원짜리 아파트였다면 2017년에는 15억 원으로 3배나 오른 것이다. 부동산 장기 투자가 더 많은 돈을 벌어줄 수 있다는 점을 보여주는 결과다.

대출받아 부동산 투자하기, 그 결과는?

부동산 투자의 장점은 이뿐만이 아니다. 아주 중요한 장점이 한 가지 더 있다. 바로 부채를 활용할 수 있다는 점이다. 앞서 예시한 모든 자산은 100% 자기자본으로 투자한다는 걸 전제로 한다. 반면 부동산은 은행에서 담보대출을 해준다. 그것도 장기간으로 자산 가격의 최대 50%까지 해준다. 다른 자산에 비해 매우 파격적인 조건이다.

2001년에 자기자본 2억 5,000만 원, 은행 담보대출 2억 5,000만 원으로 5억 원 하는 강남 아파트를 샀다고 할 때 실제 투자 수익률을 살펴보자. 물론 부채에 대한 이자까지 고려해야 한다. 부채 이자를 예금 이자보다 2% 높다고 산정하고 원금 상환 없이 매년 이자만 지불한다고 가정하면 투자 결과는 〈표 3-6〉과 같다.

5억 원짜리 아파트를 100% 자기자본으로 샀다면 원금 대비 3배가 오를 수 있었다. 반면 50%만 자기자본으로 샀다면 이자와 대출 원금을 제외해도 원금 대비 4배가 오르게 된다. 연 수익률을 따져보면 대출을 끼는 경우 8.65%로, 그렇지 않은 경우의 6.56%보다 연 2%가 더 높다. 연 2%가 17년 동안 쌓인다고 생각하면 그 차이가 매우 크다. 금융과 결합하여 부채를 일으킬 수 있다는 점 때문에 부동산 투자의 성과는 더욱 높아질 수밖에 없다.

그러나 부채를 활용한 레버리지 투자가 결코 만능은 아니다. 투자 결과가 마이너스이거나, 수익률이 플러스를 기록하더라도 미미하다면 지불한 이자 비용을 고려하면 오히려 원금을 손해 볼 수 있기 때문

표 3-6 | 2001~2017년 강남 아파트 투자 결과 (단위: 만 원)

연도	상승률	부채 이자	아파트 가격	지불 이자(연)
2001	22.03%	7.34%	61,015	1,835
2002	35.20%	6.48%	82,492	1,620
2003	14.29%	5.97%	94,280	1,493
2004	-1.33%	5.42%	93,026	1,355
2005	13.54%	5.21%	105,622	1,303
2006	27.66%	5.87%	134,837	1,468
2007	0.49%	6.60%	135,498	1,650
2008	-1.95%	7.13%	132,856	1,783
2009	3.94%	4.71%	138,090	1,178
2010	-1.78%	4.83%	135,632	1,208
2011	-0.62%	5.44%	134,791	1,360
2012	-5.15%	5.29%	127,850	1,323
2013	-1.57%	4.57%	125,842	1,143
2014	1.27%	4.30%	127,441	1,075
2015	6.01%	3.62%	135,100	905
2016	4.68%	3.35%	141,423	383
2017	5.65%	3.48%	149,413	870
지불 이자 합계			22,403	
2017년 가격－(누적 이자 +대출 원금)			102,010	
원금 대비 평가율(연 수익률)			300%(6.56%)	
자기자본 대비 평가율(연 수익률)			400%(8.65%)	

총 부채 금액 2억 5,000만 원 / 평가율 : 원금을 100으로 봤을 때 2017년 최종 가격의 원금 대비 비율

이다. 〈표 3-7〉에서 2008년부터 2017년까지 약 10억 원짜리 강남 아파트는 약 11억 원이 되었고 원금 대비 평가율은 110%였다. 만약 2008년 10억 원짜리 강남 아파트를 50% 자기자본으로 사서 2008년부터 2017년까지 10년 동안 투자했다면 그 결과는 어떨까?

2008년부터 2017년까지 강남 아파트의 연 환산 수익률은 1%로 높지 않았다. 그러나 이자 비용은 연 1% 이상이다. 결국 이자를 내고

표 3-7 | 2008~2017년 강남 아파트 투자 결과 (단위: 만 원)

연도	상승률	부채 이자	아파트 가격	지불 이자(연)
2008	-1.95%	7.13%	98,050	3,565
2009	3.94%	4.71%	101,913	2,355
2010	-1.78%	4.83%	100,099	2,415
2011	-0.62%	5.44%	99,479	2,720
2012	-5.15%	5.29%	94,355	2,645
2013	-1.57%	4.57%	92,874	2,285
2014	1.27%	4.30%	94,053	2,150
2015	6.01%	3.62%	99,706	1,810
2016	4.68%	3.35%	104,372	1,675
2017	5.65%	3.48%	110,269	1,740
지불 이자 합계			23,360	
2017년 가격 - (누적 이자 +대출 원금)			36,909	
원금 대비 평가율			110%	
자기자본 대비 평가율			74%	

부채 금액 5억 원/ 평가율 : 원금을 100으로 봤을 때 2017년 최종 가격의 원금 대비 비율

난 자기자본 대비 평가율은 74%로, 원금 손실 상황이다. 2008년보다 아파트 가격은 분명 올랐지만, 만약 2017년 12월 말에 아파트를 처분했다면, 대출 금액을 갚고 그동안 지불한 이자를 감안하면 3억 7,000만 원 정도만 손에 쥐는 상황이 온다. 여기에 각종 세금이나 수수료를 더하면 이보다 손해는 더 커진다.

부채를 통한 레버리지 투자는 뿌리칠 수 없는 유혹이지만 치명적인 위험도 함께 가진 양날의 검이다. 자산이 미래에 이자 금리 이상 오른다는 확신만 있다면야 빚을 지고 투자하는 것이 자산을 불리는 올바른 선택이다. 특히 부동산은 원금이 크기 때문에 부채를 활용하지 않고는 매매하기 어렵다. 그러나 가격 변동성이 낮고 항상 오른다

는 생각으로 부채에 대한 경각심을 갖지 않는다면 지금까지 확인한 것처럼 매우 위험한 선택이다.

부동산도 다른 투자 자산처럼 예외 없이 등락을 가진 자산이다. 시기를 잘못 만나 하락기에 빚을 지고 투자하면 부동산 역시 원금을 손해 볼 수 있다. 원금이 큰 부동산 자산은 이익도 크지만 손실 또한 더 크게 감당해야 한다. 부동산 불패 신화를 맹신할 게 아니라 이 사실 또한 명심해야 한다.

💰 강남 아파트는 무조건 오를까

대한민국 사람이라면 누구나 살고 싶어 하는 곳이기 때문일까? 부동산 불패 신화의 선봉에 서서 대한민국 부동산 가격 상승을 이끌어가는 대장주가 바로 강남 아파트다. 2016년부터 2017년까지 부동산 시장을 달아오르게 한 시작도 강남 아파트였다. 강남 아파트는 2017년 신규 분양가가 평당 4,243만 원임에도 '착한 분양가'라는 말을 들을 정도로 가장 비싼 부동산임에 틀림없다(2017년 9월 4일자 《조선일보》 '래미안 강남 포레스트 분양가도 착하네. 3.3㎡당 4,243만 원'). 한국 사람이라면 강남 아파트야말로 최고의 자산이자 가장 돈을 잘 불릴 수 있는 자산이라는 점에 이의를 달지 않을 것이다.

그렇다면 강남 아파트 가격은 그동안 어떻게 변해왔을까? 1985년 1억 원짜리 강남 아파트를 구매했다면 2017년 12월에는 약 6억 500만 원으로 6배 정도 가격이 상승했다. 인플레이션은 고려하지 않고

그림 3-1 | 강남 아파트 가격 변화

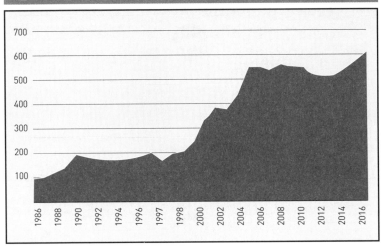

출처: 국민은행 부동산 통계

수익률로 따져보면 연 5.8% 정도다.

6배라면 크게 오른 것이라 여기기 쉽지만, 한편으론 강남 아파트가 그것밖에 안 올랐나 하는 의구심을 가질 수 있다. 혹시 통계 수치가 잘못된 건 아닐까 의심할 수도 있겠지만 거래액의 절대 액수가 아니라 변동률을 측정하는 것이므로 수치에 대해서는 신뢰할 수 있다. 강남 아파트가 본격적으로 가격이 급등한 것은 2000년 이후부터다. 그 이전은 다른 지역과 비교해 상승률에 큰 차이가 없었다. 통계의 문제가 아니라 강남의 모든 아파트가 오른다고 착각하는 것이 오류다. 강남에도 수많은 아파트가 있으며 오르는 아파트만 있는 게 아니다. 같은 아파트 단지라도 평수에 따라 다르기도 하다. 주식 시장에서 삼성전자 주가가 오른다고 관련된 모든 주식이 오르지는 않

그림 3-2 | 반포 래미안퍼스티지 81평형과 34평형 가격 변화 비교 (단위: 원)

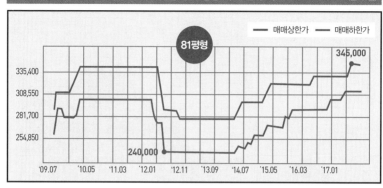

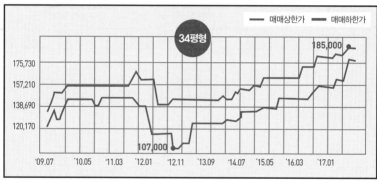

출처: 부동산 114

는 것과 마찬가지다.

　서울 서초구 반포동 래미안퍼스티지는 2009년 입주가 시작된 2,400세대의 대단지로 강남의 대표격 아파트다. 2009년부터 2016년 시세를 살펴보면, 모든 평수가 오르지는 않았다. 가장 일반적인 34평형(전용 면적 26평)과 80평형(전용 면적 67평)을 비교해보자. 34평형은 2009년부터 2016년까지 입주 시에 비해 30% 정도 올랐지만 80평형은 그 절반인 15%밖에 오르지 않았다(부동산 114 시세 데이터, 최고 거래가와 최저 거래가의 중간 가격 기준). 같은 아파트 단지에서도 상승폭이 다르니 다른 아파트 간은 이보다 더 심하다고 봐야 한다.

〈그림 3-2〉를 보면 강남 아파트라 해도 2012년에는 하락폭이 컸음을 알 수 있다. 특히 81평형의 2017년 가격은 2010년 가격을 회복한 것에 지나지 않는다. 34평형도 2016년까지는 2010년 가격을 회복한 수준이었다가 2017년 부동산 가격 상승의 흐름을 타고 오름세를 보였다. 강남 아파트 한 채 사놓으면 매년 가격이 오르리라는 생각은 강남에 살고 있지 않은 사람이 흔히 갖는 환상에 불과하다. 그런데 우리는 이 환상을 강남뿐만 아니라 모든 부동산에 적용한다.

물가 상승률을 고려하면 연 2~3%는 기본적으로 상승해야 할 텐데 그렇지 않은 경우도 많다. 당장 주변을 돌아봐도 갖고 있는 부동산이 오른 사람도 있지만 제자리이거나 떨어진 사람도 있다. 오래된 아파트나 지방이라면 상승했다 해도 물가 상승률 정도에 그치기도 한다.

전국 주택 가격 상승률은 서울과 지방이 현저하게 다르며, 서울이 하락해도 지방은 상승하는 경향을 보이기도 한다. 국민은행 부동산 통계를 보면, 1986년부터 2017년까지 강남 아파트가 6배 가까이 상승하는 동안 전국 아파트는 평균 4배 상승했다. 그러나 2008년부터 2017년까지 통계를 보면 이야기는 달라진다. 강남 아파트가 10년 동안 11% 오른 반면 전국 아파트는 30% 상승했다. 강남 아파트의 약 3배에 달하는 상승률이다. 이 기간은 지방의 부동산이 훨씬 더 올랐기

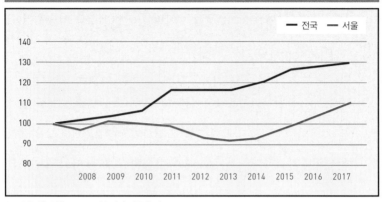

그림 3-3 | 2008~2017년 강남 아파트와 전국 아파트 시세 비교

2008년 1월 1일을 100으로 본 가격 변동 추이
출차: 국민은행 주택 지수

에 강남 부동산에 투자한 사람은 상대적으로 큰 손해를 봤다고 할 수 있다.

전국을 돌며 부동산 투자를 하는 전업 투자자라면, 전국 각지에서 오르고 있는 부동산을 사고팔며 수익을 올릴 수 있을지 몰라도 그런 사람은 극소수다. 주식과 달리 사고팔기 어려운 게 또 부동산이다. 보통은 살고 있는 집이나 거주하는 지역 주변에서 부동산 투자를 한다. 이때 그 부동산 가격이 꾸준히 올라주는 경우는 없다. 물론 장기간의 추이를 보면 오른다지만, 그 장기간이 최소 10년이다. 부동산 불패 뉴스를 맹신하지 않기 위해서는 모든 부동산이 예외 없이 꾸준하게 오르지는 않는다는 사실을 반드시 기억해야 한다.

2016년부터 현재까지 부동산 투자 붐이 불고 있다. 서점에 가봐도 부동산 투자 관련 서적들이 베스트셀러 상위권에 포진해 있다. 한 지인은 몇 번 갭 투자와 아파트 매매를 해서 이익을 보더니 아예 직업을 부동산 투자로 전향했다. 1년 내내 출근하고 일해도 연봉 5,000만 원을 벌기 힘든데 부동산 한 채에 2,000~3,000만 원씩 이익을 내고, 매매로 연봉 이상을 번 경험을 한 후 내린 결정이었다. 이 열풍에서 주부들도 예외는 아니다. 최근에는 상대적으로 자본이 적게 드는 오피스텔이나 갭 투자를 하면서 어렵지 않게 남편 연봉만큼 벌고 있다는 주부들 이야기를 주변에서 쉽게 들을 수 있다.

부동산 투자를 통해 실제로 돈을 벌고 있는 현상에 이의를 달 수는 없다. 그러나 한 가지 기억해야 할 점은, 부동산은 예금이나 적금처럼 매년 꾸준히 오르지 않는다는 점이다. 저금리와 정부의 부동산 활성화 정책에 힘입어 최근 2~3년간 부동산 가격이 오른 건 분명한 사실이다. 그러나 이런 현상이 앞으로도 계속될지는 누구도 확신할 수 없다. 부동산이라는 자산 자체가 장기간을 놓고 볼 때 상승하는 건 분명하지만, 그중 상승 기간은 그 장기간 속에서 일부에 지나지 않는다. 특히 부동산 가격이 급등할 때 정부의 각종 규제 또한 지속적인 가격 상승을 막는 무시할 수 없는 변수다.

〈그림 3-4〉에서 지난 30여 년의 주택 매매가 추이를 보면, 상승 후 정체 또는 소폭 하락, 다시 상승의 사이클을 공통적으로 보여주고 있다. 그리고 상승의 기간보다 정체 또는 소폭 하락의 기간이 더 길다. 우연찮게 상승의 구간에 투자를 시작했다면 너무나 쉽게 돈을 버는 기회를 가졌을 것이다. 부동산 투자를 할 계획이라면 이런 가격 사이클을 염두에 두고 의사결정을 해야 한다.

그림 3-4 | 1986~2017년 전국 주택 매매 시세 비교

전국 — 서울 — 강남 — 부산 — 대구 — 인천

400

300

200

100

0

1987 1989 1991 1993 1995 1997 1999 2001 2003 2005 2007 2009 2011 2013 2015 2017

출처: KB 주택 가격 동향

‘자고 나면 1억 껑충’ 기사의 오류

2017~2018년에 걸쳐 강남 아파트 가격이 강세라는 뉴스가 두드러졌다. 기사만 보면 강남 아파트가 엄청나게 올랐다고 생각하기 쉽다. 그러나 기사가 아니라 데이터를 보면 새로운 사실을 깨달을 수 있다.

KB부동산 통계를 보면 지난 2008년 1월~2017년 12월까지 만 10년 동안 서울의 주택가격(아파트, 단독 모두 포함)은 15.1% 올랐을 뿐이다. 15.1%가 높은 것 같지만 연으로 환산하면 연 1.5% 상승률에 불과하다. 강남 전체 아파트는 같은 기간 과거 10년 동안 11% 상승했고 연 상승률은 0.98%밖에 되지 않았다는 것은 이미 확인한

바 있다.

이는 지난 2009년 이후 서울의 주택 가격이 2014년까지 줄곧 내리다 다시 올랐기 때문이다. 따라서 지금 집값은 '내렸다가 다시 올라전 고점을 넘어섰다' 정도가 올바른 표현이라고 볼 수 있다. 지금의 상승 흐름은 부동산 대세 상승의 신호라기보다 그동안 오르지 못한 부분을 만회하는 움직임으로 해석하는 것이 합리적이다. 특히 강남은 서울 다른 지역이나 지방에 그동안 상승하지 못했던 것을 만회하는 경향이 발생하다 보니, 2016~2017년 상승세가 두드려 지는 것은 어쩌면 당연한 일이라고 할 수 있다.

반면 지난 10년 동안 물가는 23.5%가량(한국은행) 올랐으니까 서울의 주택가격은 통계적으로 물가보다 덜 오른 것이다. 다시 말해 집을 소유하면 오히려 물가보다 실질가격이 떨어져 손해를 본다는 뜻이다. 부동산은 늘 오르는 자산이라고만 생각했다면 의외의 결과다.

사실 지난 10년 동안 고양 일산 서구(-5.38%)나 성남 수정구(-10.00%), 용인 기흥구(-12.10%)처럼 집값이 떨어진 지역도 많다. 물가 인상률을 감안하면 실질가격이 사실상 30% 가량 하락한 것이다.

강남 아파트의 강세와는 다르게 지방은 현재 미분양이 늘고 역전 세난이 일어난다고 한다. '지방 부동산 가격'으로 검색하면 가격 하락을 걱정하는 기사가 대부분이다.

이 역시 뉴스만 보지 말고 데이터를 함께 보면서 해석해보자. 앞의 〈그림 3-3〉에서 지방 아파트는 강남과 달리 과거 10년 동안 오름세였음을 확인할 수 있었다. 부산은 같은 기간 56.7%, 대구는 46.3%,

광주는 44.1%가 올랐다. 지방은 10년간 강세였고 강세를 틈타 건설사들이 너도나도 신규 분양했던 물량이 몰려나오는 중이다. 부동산 수요가 강남으로 몰려가서 지방 아파트 가격이 떨어졌다기보다, 이제는 부동산 가격이 조정기를 맞이할 때가 된 것이라고 해석하는 게 맞다.

재건축을 앞두고 있는 반포주공 1단지나 잠실주공 5단지와 같은 곳은 '자고 나면 1억 껑충' 오를 수도 있다. 그러나 이런 아파트는 부동산 시장의 0.01%에 불과하다. '강남, 서초, 송파' 3구의 주택 수는 48만 가구(2016년 12월 통계청 주택통계) 정도로 전체 1천 660만 가구 중 3%가 채 안 된다. 그런데 연일 이들 지역의 급등 소식이 전해지면서, 마치 지금 집을 안 사면 손해 보는 듯한 분위기가 자리를 잡고 있다. 문제는 이런 기사들이 자신의 재무 상태를 고려하지 않고 무리한 주택 마련을 부추긴다는 점이다.

결국 참다못한 서민은 무리하게 빚을 내서 주택을 마련했는데, 경기가 위축되고 부동산 시세가 하락하면 고스란히 피해로 이어질 수 있다. 실제 10여 년 전 그런 선택을 한 고양시와 성남시, 용인시 등의 수많은 집주인들이 지금 피해를 겪고 있다.

집값 급등이라는 기사 제목만 보고 흥분하면 지엽적인 사실만으로 전체 흐름을 보지 못하는 오류를 범하기 쉽다. 자고 나면 1억 오른다는 기사의 이면에는 집값이 생각처럼 급등하지 않았고 오른 지역은 매우 제한적이며 강남마저도 일부 아파트만 급등했다는 진실을 잊지 말아야 한다.

💰 반포 은마아파트가 비싼 이유

〈응답하라 1988〉을 보면, 바둑기사인 주인공의 상금을 두고 동네 사람들이 무엇을 할지 이야기하는 장면이 나온다. 이때 언급되는 아파트가 바로 은마아파트다. 드라마에서는 5,000만 원이라고 했지만 1988년 당시 은마아파트의 시가는 6,500만~7,000만 원이었다.

1988년 6,500만 원인 은마아파트는 2017년 8월 기준 약 12억 원(전용 면적 101m²)이다. 은마아파트가 강남 평균 가격 상승률보다 가격이 높은 이유는 과연 무엇일까?

은마아파트는 1979년에 지어져 38년이 넘은 아파트다. 이 낡아빠진 아파트가 12억 원이라는 가격에 거래되는 이유는 단 하나, 바로 재건축이다. 어릴 적 "두껍아, 두껍아 헌 집 줄게, 새 집 다오"라며 놀았던 것처럼, 재건축을 하면 헌 집이 새 집이 되는 마법이 펼쳐진다. 강남에 새 아파트를 가질 수 있다는 기대감이 은마아파트를 비롯한 강남 재건축 아파트 가격을 떠받치고 있다.

주택이건 아파트건 건물은 완공된 순간이 가장 비싸다. 완공 후부터 조금씩 낡아가며 가치가 떨어진다. 건물의 활용도와 가치로 시세가 결정되는 전세를 보면 그 사실은 명확해진다. 새 건물의 전세가 비싸다는 건 예외 없는 사실이다. 주택은 시간이 갈수록 가격이 떨어져야 하나 한 가지 변수가 있으니 바로 토지다. 집은 토지와 건물로 구성되어 있다. 건물이 낡아도 토지가 비싸면 그 집은 가격이 올라간다. 은마아파트를 비롯한 재건축 아파트의 가격도 토지 가격이라고 보면 된다.

아파트의 라이프 사이클은, 새 아파트일 때 가격이 비싸고 시간이 지나면서 건물 가치가 떨어져 가격이 하락하거나 토지 가격 상승이 있을 때는 보합세를 이루다가 재건축 가능성이 커지면서 가격이 다시 오른다. 지금까지 잠실, 서초, 강남의 대단지 아파트 가격은 이렇게 변동해왔다. 누구나 살고 싶어 하는 강남이지만, 그 땅은 제한적이니 강남 땅값이 오를수록 재건축 예정 아파트 가격은 오를 수밖에 없다.

그러나 재건축 아파트라고 무조건 계속 오르지는 않는다. 매년 꾸준히 오르는 부동산은 없다. 재건축 아파트도 예외는 아니다. 2016년부터 부동산 가격 상승의 견인차 역할을 하고 있는 개포동 재건축 아파트를 보자. 13평 가격이 2017년 9월 기준 12억 원에 육박한다. 평당 1억 원이라는 어마어마한 가격이지만, 이는 35년 된 낡은 아파트 가격이 아니라 17.2평이라는 대지 지분, 즉 땅에 대한 값이다.

재건축을 앞두고 2016년부터 시세가 오르기 시작한 개포주공아파트의 과거 10년간 가격 추이를 살펴보면 10년 동안 꾸준히 오른 게 아님을 알 수 있다(《그림 3-5》). 오히려 등락을 반복하며 보합 또는 하락하는 추세를 보이다가 2016년부터 상승이 시작됐다. 과거 10년간의 상승 대부분이 최근 2년 동안 이루어진 것이다.

재건축을 언제 하는지 알 수만 있다면 돈 버는 건 그야말로 식은 죽 먹기다. 재건축 1~2년 전에 아파트를 사면 무조건 돈을 번다. 그런데 정책을 결정하는 권력자나 이런 정보를 얻을 수 있는 사람이 아니라면 불가능한 일이다. 재건축이란 게 당장 착공할 것 같아도 한다

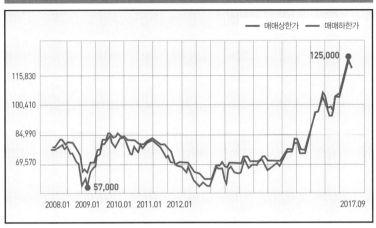

그림 3-5 | 서울 개포주공아파트 시세 (단위: 만 원)

출처: 부동산 114

한디 하면서 10년, 20년 끄는 건 예사다. 재건축 아파트의 시세 상승을 기대하고 투자하는 것이 힘든 이유다. 돈이 많아 몇 억 원을 몇 십 년간 묻어두어도 상관없는 자산가가 아닌 이상 재건축 아파트 투자로 돈을 벌기란 말처럼 쉽지 않다. 강남 아파트뿐만 아니다. 재건축을 앞두고 있는 강동구 둔촌주공아파트의 시세 추이도 개포주공아파트와 거의 일치한다.

　그렇다면 재건축이 완료된 후는 어떨까? 앞서 소개한 반포 래미안 퍼스티지를 보면 그 결과를 알 수 있다. 이 아파트가 대규모 재건축으로 새로 지어진 아파트다. 그래프를 보면, 완공 후에는 새 아파트라는 프리미엄으로 가격이 오르다가 2~3년 후 가격이 정체되는 것을 알 수 있다. 일단 재건축이 되고 나면 다시 급격하게 가격이 오르지 않는다는 사실을 확인할 수 있다. 그나마 최근 2년간 강남 재건축 아파트 가격 상승으로 인한 후광 효과로 가격이 올랐다고 보는 게 맞다.

아파트라는 상품의 가격 주기를 볼 때, 재건축 개시 시점이 가격 상승의 정점이다. 막상 재건축이 되면 새 아파트이기는 해도 평당 대지 지분은 급격히 줄어든 상태다. 시간이 지나면서 건물이 낡아 가치가 떨어지면 토지 가격이 올라서 상승분을 감당해야 하는데 대지 지분이 재건축 전보다 훨씬 줄어든 상태이기 때문에 과거와 같은 가격 상승은 기대하기 힘들다. 땅값이 급등하지 않는 한 재건축이 완료된 아파트들은 줄어든 대지 지분으로 인해 과거와 같은 막대한 이익을 낼 수 없을 것으로 예상된다.

20배가 올랐어도 수익률은 3%

다시 은마아파트로 돌아가보자. 6,500만 원 하던 아파트가 지금은 12억 원이라는 사실만 놓고 보면 놀라운 수익률이 아닐 수 없다. 수치만 보면 거의 20배가 올랐다. 은마아파트뿐만 아니라 우리는 어느 부동산을 얼마에 샀는데 지금 몇 십억 원이 되었다는 성공 신화를 흔히 듣는다. 너무 부러워 배가 아플 지경이지만 먼저 고려할 점이 있다. 바로 시간의 문제다.

돈에서 가장 중요한 변수는 시간이다. 시간이 지나면 돈의 가치가 떨어지기 때문이다. 누구나 오늘의 1억 원이 10년 전의 1억 원과 전혀 다른 가치라는 점을 알고 있다. 드라마 〈응답하라 1988〉에서 복권 당첨으로 졸지에 부자가 된 집의 당첨금이 1억 원이었다. 30년이 지난 지금 1억 원은 부자는커녕 서울에서는 원룸 전세도 얻기 힘든 금액이다.

그렇다면 1988년의 6,500만 원은 지금으로 치면 어느 정도의 가치일까? 산정하기가 쉽지 않다. 어떤 물가를 기준으로 하느냐에 따라 인플레이션 수치가 달라지기 때문이다. 한국물가정보에 따르면 1988년 라면 한 봉지 가격은 100원이었다. 2017년 기준으로 신라면 한 봉지가 830원으로 8.3배 올랐다. 짜장면 한 그릇도 759원에서 5,500원으로 7배, 커피는 다방 커피 558원에서 스타벅스 커피 4,100원으로 7.3배 올랐다. 1988년 서울 시내버스 요금은 140원, 지금은 1,300원으로 9.2배 인상됐고 지하철 기본요금은 200원에서 1,250원으로 6.5배, 택시 기본요금은 600원에서 3,000원으로 5배 올랐다.

지난 30년 동안 물가는 7~8배 상승했다고 볼 수 있다. 이를 복리로 따져보면 연 8.5% 정도다. 물가 상승률이 생각보다 크다고 느낄 수 있지만, 과거 30년의 평균이기 때문에 본격적인 저금리시대가 도래하기 이전은 연 15%가 넘는 고인플레이션 시대였다(《응답하라 1988》에서 적금 금리가 15%라고 이야기하는 장면이 나온다).

만약 물가 상승률이 7.5배라면 1988년의 6,500만 원은 현재 5억원 정도로 추정할 수 있다. 6,500만 원이 졸지에 12억 원이 된 게 아니라 현재 가치로 따졌을 때 5억 원짜리가 12억 원이 된 것이다. 그러나 이는 한 단계 더 생각해봐야 하는 문제이기 때문에 복잡하다. 그래서 단순하게 30년 전 6,500만 원을 지금의 6,500만 원과 동일시하는 오류를 범하기 쉽다. 이를 '화폐 착각'이라고 한다.

부동산은 장기간 보유하는 경우가 많기 때문에 이런 화폐 착각을 일으키기가 매우 쉽다. 30년간 장기 보유한 은마아파트의 투자 수익률은 화폐 가치를 무시하고 따지면 연 10%에 달한다. 그러나 인플레이션을 7.5배로 잡고 계산하면 연 3% 수익률이다. 화폐 착각이 가져오는 수익률의 착시는 이처럼 크다.

부모님이 1988년에 7,000만 원을 주고 산 단독주택이 지금 15억 원이 되었다며 한 지인이 놀라워했다. 수치만 보면 20배 이상 오른 것이니 놀라운 투자 성과임에는 분명하지만 좀 더 정확하게 수익을 파악하기 위해서는 인플레이션이라는 요소를 반드시 고려해야 한다. 지금 7,000만 원이야 적은 돈이지만 30년 전에는 현재 가치로 6억 2,000만 원에 달하는 큰돈이었다. 7.5배의 인플레이션을 고려하면 이 주택의 연 수익률은 약 3%다. 20배 상승과 연 수익률 3%는 머릿속에 각인되는 강도가 하늘과 땅 차이다. 하지만 어느 쪽이 더 정확한 분석일까? 20배라고 인지하고 싶은 마음이 굴뚝 같지만 정확한 분석은 후자가 아닐까?

물론 인플레이션을 감안하고도 연 수익률이 3%라면 큰 수익임에는 분명하다. 이 결과를 부정하거나 무시하는 건 결코 아니다. 다만 장기간에 걸쳐 투자 성과가 나타나는 부동산의 특성을 고려하지 않고 시간과 인플레이션이라는 변수를 무시한 채 얼마에 샀는데 얼마로 올랐다더라 식으로 접근하는 건 정확한 분석이 아니다.

투자에서 기간과 수익을 연결해 파악하는 건 기본적인 상식이다.

부동산은 특히 시간의 변수가 중요하다. 기본적으로 장기 보유를 하는 자산이므로 보유하고 있는 기간 중의 총 수익을 따져봐야 한다.

부동산 시장이 활황일 때는 사고파는 일이 상대적으로 쉽고 수익률도 높다. 그러나 부동산 시장은 항상 활황이거나 상승장이지 않다. 앞서 언급했듯이 상승 기간보다 약보합 또는 하락하는 기간이 더 길며 이에 비해 상승 기간은 짧다. 상승장에서의 이익이 앞으로도 계속 이어지리라는 생각은 과거를 무시하는 지나친 낙관론이다.

💰 대출 이자는 은행에 내는 월세

투입해야 하는 자금이 크다 보니 부동산 투자는 대부분 부채를 낄 수밖에 없는 데다 담보대출을 받기 쉬워 자산을 불릴 수 있는 가장 좋은 대상임에는 틀림없다. 만약 담보대출 2억 원을 끼고 산 4억 원짜리 부동산 가격이 1억 원 올랐다면 자기자본이 2억 원이므로 수익률은 50%에 달한다.

특히 저금리시대에는 이자 부담도 적기 때문에 시중 자금이 부동산에 몰리는 건 어쩌면 당연하다. 그런데 대출을 받아 부동산에 투자할 때 대출 이자 비용을 수익에서 제외하는 게 맞을까? 답은, 맞기도 하고 틀리기도 하다. 투자한 부동산에 실제 거주하고 있느냐 혹은 순수하게 투자용이냐에 따라 달라지기 때문이다.

거주하고 있는 부동산이라면 대출 이자는 집의 사용료라고 보는 게 맞다. 4억 원짜리 집에 2억 원을 대출받아 거주하고 있다고 하자.

명의는 내 이름일지 모르지만 실제로는 집주인인 은행에 반전세로 계약하고 월세를 내며 살고 있는 셈이다. 저금리가 계속 유지된다면 은행으로부터 매우 저렴하게 집을 임대해 사용하는 것이다.

대출 이자는 필수재인 집을 사용하는 대가로 치르는 비용이라고 생각하는 게 옳다. 따라서 거주하는 부동산 가격이 올랐을 때 이자 빼면 남는 게 없다거나, 가격이 떨어졌을 때 이자를 감안하면 더 떨어졌다고 생각하는 건 잘못이다. 집 사용료는 집을 사지 않았다 해도 반드시 치러야 하는 비용이기 때문이다.

4억 원짜리 집을 사는 데 2억 원을 빌리고 담보대출 금리가 3%라면 월 이자는 약 50만 원이다. 집주인은 은행 이자보다 더 높은 금리로 세를 줄 테니, 보증금 2억 원에 월세 50만 원짜리 집과 4억 원짜리 집의 수준을 비교하면 아마도 4억 원짜리가 더 좋을 것이다. 부채 상환 가능성을 논외로 한다면, 이 경우 2억 원을 은행으로부터 빌려서 집을 사는 게 더 합리적인 선택이다. 저렴한 비용으로 집을 빌려 쓸 뿐만 아니라 집값이 올라 자산 가치까지 상승한다면 이익은 더 커지기 때문이다. 반면 집값이 하락한다면 하락한 가격만큼만 손해인 게 아니다. 예를 들어 4억 원짜리가 3억 원으로 하락하면 하락률은 25%지만 대출 이자나 원금은 집값이 하락한다고 줄어들지 않는다. 따라서 빚은 그대로 2억, 자기자본은 1억 원으로 줄었으니 실제 손실률은 50%다.

반면 살고 있는 집이 아니라면 대출 이자는 비용으로 보고 수익률 계산 시 이 부분을 고려해야 한다. 특히 장기간 보유한 부동산이라면 그동안 부담해왔던 이자 비용도 클 테니 단순히 얼마에 사서 얼마에 팔았다가 아니라 부담해온 이자도 포함하여 수익을 계산해야 한다.

부동산 가치, 어떻게 평가할까

부동산의 적정 가격이 얼마인지 측정하기는 굉장히 어렵다. 길 하나 사이에 두고도 가격이 다르고 같은 건물인데 층에 따라서도 가격이 다른 게 부동산이다. 내 집 가진 사람은 지금 가격이 결코 비싼 게 아니라고 생각하지만 집 없는 사람은 한국은 집값이 너무 비싸다고 하소연한다.

부동산 가격을 결정하는 요소는 많지만 그중 시중 금리와 임대 수익률로 부동산의 가치를 측정하는 방법이 있다. 임대 수익률은 부동산이 얼마만큼의 수익을 발생시키는지 알 수 있는 가장 설득력 있는 지표이기 때문에 부동산의 가치를 판단하는 데 중요한 근거다.

임대 수익률은 시중 금리와 밀접한 관계가 있다. 집주인의 입장에서는 임대 수익률이 최소한 시중 금리보다는 높아야 한다. 더군다나 각종 세금과 집 수리비, 공실 비용, 중개 비용 등이 발생하기 때문에 이것까지 고려해 금리보다 높은 수준에서 임대료를 결정한다.

각종 비용을 고려하면 부동산 임대 수익률은 금리보다 2~3% 높게 결정되는 게 일반적이다. 너무 높은 수준에서 임대 수익률이 결정되면 다들 은행에서 저금리로 돈을 빌려 집을 사 부동산 임대업을 하려

들 것이다. 금리보다 2~3% 높은 수익률이 수요와 공급의 원리에 따른 적정 수준이라고 보면 된다.

미국은 임대 수익률이 연 5%선이며 집값은 연간 임대료의 20배라고 한다. 즉 미국에서 월 200만 원짜리 집에 살고 있다면 연간 임대료는 2,400만 원이며, 이 집의 가격은 2,400만 원의 20배인 4억 8,000만 원이다. 이보다 집값이 높으면 고평가, 낮으면 저평가됐다고 말할 수 있을 것이다. 만약 임대료는 같은데 임대 수익률이 6%라면 어떻게 될까? 월세로 연 2,400만 원을 받는데 이것이 자산의 6%라면 이 집의 가격은 4억 원, 임대 수익률이 4%라면 6억 원으로 환산된다.

이 방법을 한국에도 적용해볼 수 있다. 월세를 기준으로 주변 시세를 대입해서 해당 부동산이 고평가됐는지 혹은 저평가됐는지 파악하는 것이다. 금리를 어떻게 산정하느냐에 따라 임대 수익률이 달라지는데 일단 4~6%까지 놓고 계산해보자.

보증금 5,000만 원에 월세 100만 원인 아파트가 있다고 하자. 월세 100만 원은 연간 1,200만 원이므로 1년에 1,200만 원의 수익이 발생한다. 보증금은 은행에 넣어두고 이자를 받는 식으로 계산할 수 있지만 그러면 보증금에 대한 평가가 너무 낮아지므로 〈표 3-8〉에서는 임대료로 산출된 자산 가격에 합산했다.

〈표 3-8〉을 보면 임대 수익률이 낮을수록, 즉 금리가 낮을수록 해당 부동산 가격은 높아짐을 알 수 있다. 강북에 위치한 해당 아파트의 현재 시세는 약 4억 5,000만 원이며 이때 임대 수익률은 3% 정도로

표 3-8 | 보증금 5,000만 원에 월세 100만 원 아파트 가치

임대 수익률	추정 자산 가격(보증금 합산)
4%	3억 5,000만 원
5%	2억 9,000만 원
6%	2억 5,000만 원
3%	4억 5,000만 원(현재 시세)

표 3-9 | 보증금 2,500만 원에 월세 85만 원 아파트 가치

임대 수익률	추정 자산 가격(보증금 합산)
4%	2억 8,000만 원
5%	2억 2,900만 원
6%	1억 9,500만 원
3%	3억 6,500만 원(현재 시세)

나타난다.

또 다른 강북의 3,000세대 이상 대단지 아파트를 살펴보자. 보증금 2,500만 원에 월세 85만 원으로 거래되고 있다. 시세가 3억 6,000만~3억 5,000만 원이므로 이 아파트의 임대 수익률은 3% 정도다(〈표 3-9〉).

임대 수익률 1%의 변화에도 자산 가격의 변동폭이 적지 않다. 특히 자산 가격이 클수록 변동폭은 더 커진다. 가격이 비싼 강남 아파트의 임대 수익률은 강북보다 낮은 2.5%로 각종 비용을 제외하면 은행 이자와 거의 차이가 없다.

이처럼 임대 수익률이 금리와 비슷하거나 낮다면 이유는 무엇일까? 차라리 그 돈을 은행에 넣고 이자를 받는 게 나을 수도 있는데 왜 세를 주는 것일까? 답은 간단하다. 임대 수익률보다 시세차익에 대한 기대가 크기 때문이다. 부동산 가격이 올랐을 때 볼 수 있는 이익을 기대하고 부동산을 매입한 것 말고 다른 이유는 없을 것이다. 결국 투자 수요가 많은 강남은 임대 수익률이 다른 지역에 비해 낮다.

내가 살고 있는 집, 혹은 내가 사고 싶은 집의 가격이 저평가됐는지 고평가됐는지를 이런 방식으로 계산해보면 유의미한 답을 얻을 수 있다. 내 집뿐만 아니라 주변 시세와도 비교해보면 부동산이 현재 어떤 식으로 평가되고 시세가 형성되고 있는지도 파악할 수 있다.

돈이 돈을 버는 부동산 시장

부동산 가격은 앞으로 오를까, 내릴까? 집이 있는 사람이나 무주택자나 대한민국에 살고 있다면 누구나 품고 있는 의문이다. 자, 이제 질문을 바꿔보자. 은행에 예치한 현금은 앞으로 늘어날까, 줄어들까? 현금은 자산재이며, 은행에 맡겨놓으면 이자가 생기기 때문에 시간이 지나면 저절로 불어난다. 부동산도 현금처럼 자산재의 성격을 가지고 있다. 특히 건물은 낡아 감가상각이 일어나도 토지를 포함하고 있기 때문에 시간이 지나면 가격이 오르게 되어 있다. 즉 국가경제는 큰 위기가 없는 한 일정 수준의 경제 성장률을 유지하고 GDP가 늘어난다. 그리고 이에 따라 자산재인 부동산은 가격이 오를 수밖에 없다.

그러나 예금은 매년 정해진 금리로 오르는 반면 부동산은 상승률이 정해져 있지 않다. 지역에 따라, 시간에 따라 오르는 정도가 다르다. 앞에서 확인했듯이 부동산 가격은 하락 → 보합 → 상승의 주기를 갖는다. 만약 하락 시점에서 부동산 시세를 보면 떨어지는 듯 보일 테고 상승기라면 계속 오를 것처럼 느껴진다. 그러다 보니 늘 앞으로 오를지 떨어질지를 고민하게 된다.

또한 예금은 금융기관별로 금리 차이가 크지 않지만 부동산은 입지와 조건에 따라 상승률과 하락률 차이가 크다. 주식도 자산재의 성격을 갖고 있어 국가경제가 발전하는 만큼 전체 시장도 상승하게 돼 있다. 그러나 2,500여 개 종목 중 시장 수익률을 뛰어넘는 종목이 있고, 시장 수익률 정도만 따라가는 종목이 있으며, 아예 마이너스인 종목도 있고, 떠오르는 유망한 산업이라며 급등하는 종목도 있다. 2017년은 바이오 주식이 그 주인공이었다.

부동산 시장도 주식 시장의 메커니즘과 다르지 않다. 삼성전자나 현대차 같은 초우량 주식은 서울 강남이나 역세권처럼 입지가 좋은 부동산인 셈이다. 때로는 미래성장주가 가격 상승률이 높은 것처럼 부동산도 개발 계획이 정해지거나 환경이 좋아질 것으로 예상되는 곳은 급등하며 그렇지 않은 지역의 부동산 가격을 압도한다. 그리고 이런 가격 상승률의 차이는 과거와 달리 시간이 지날수록 커지고 있다. 부동산 가격이 오른다고 해서 전국의 모든 부동산이 오르는 건 아니다. 가격이 하락하거나 제자리걸음을 하고 있는 지역이나 주택도 상당수 존재한다.

1987~2000년 전국 주택 가격 상승률은 지역별로 큰 차이가 없었다. 그러나 2000년 넘어서부터는 지역별 차이가 뚜렷하게 나타난다.

이런 이유에서 '똘똘한 부동산 하나'를 갖고 있는 게 자산 수익률을 높이는 방법이라는 것이 요즘 부동산 투자의 불문율이다. 앞으로 더 많이 오를 수 있는 부동산은 지금까지 더 많이 올라왔던 부동산이라는 뜻이다.

이는 부의 불평등을 심화시키는 불행한 결과를 낳는다. 1년 동안 10억 원짜리 부동산이 5% 오를 때 3억 원짜리 부동산은 3%밖에 못 오른다고 하자. 10억 원짜리 부동산 주인은 자산이 5,000만 원 늘어나지만 3억 원짜리 부동산 주인은 900만 원만 늘어난다. 똑같이 5%가 오른다 해도 늘어나는 자산은 5,000만 원과 1,500만 원이다. 부자는 더 부자가 되고 돈이 돈을 번다는 걸 가장 확실하게 증명하는 곳이 바로 부동산 시장이다.

💰 전세제도가 없어진다면

집주인에게 목돈을 주고 살다가 이사 갈 때 다시 받아서 나오는 전세제도는 한국에만 있는 특이한 제도다. 과거 집을 한 채 더 사고 싶은 사람들이 돈은 부족한데 은행에서 돈을 빌릴 수 없으니 찾은 방법이 바로 세입자에게 보증금을 많이 받는 것이었다. 전세보증금은 세입자에게 무이자로 돈을 빌리는 것과 같은 효과가 있으므로 집값의 50%만 가지고 있어도 전세를 주면 집을 살 수 있다.

거주비라는 측면만 봤을 때 전세제도는 세입자에게 매우 유리하다. 전월세 전환 비율이라는 개념이 있다. 전세를 월세로 전환했을 때 얼마만큼의 금리가 적용되는가 하는 것인데, 수도권은 전월세 전환 비율이 2017년 11월 기준 5.8%다(출처: 한국감정원, 2018년 1월 5일 《연합뉴스》 기사 참조). 같은 기간 전세자금대출 금리는 2.96%였다. 만약 전세자금대출 1억 원을 받으면 한 달에 24만 6,000원을 이자로 내지만, 같은 집에 월세로 산다면 전월세 전환 비율 5.8%가 적용되어 48만 3,000원을 부담해야 한다. 거의 2배의 주거비가 드는 셈이니 세입자에게는 전세가 훨씬 유리하다.

집주인 입장에서 전세는 표면적으로는 손해 보는 장사다. 집을 살 때 든 자기자본이 집에 묶여 있음에도 집으로부터 나오는 돈은 한 푼도 없을뿐더러 각종 세금에 집 수리비까지 부담해야 한다. 그럼에도 불구하고 전세제도가 계속 존재해온 이유는 집주인이 손해 보는 금액 이상으로 부동산 가격이 상승했기 때문이다. 전세는 2억 원을 무이자로 빌려 4억 원짜리 집을 사는 것과 같은 역할을 한다. 만약 집값이 4%씩 매년 오른다고 했을 때 5년이 지나면 4억 8,000만 원이 되고 주인에게는 5년 만에 8,000만 원의 이익이 생긴다. 실제 투자 금액은 2억 원이기에 수익률은 연 8%에 가깝다. 2억 원을 은행에 넣어놓는 것과는 비교할 수 없는 수익이다. 이렇게 2억 원만 가져도 4억 원짜리 집을 살 수 있기 위해 집주인은 전세제도가 필요했다.

그러나 부동산 가격이 제자리걸음이거나 하락하면 어떻게 될까? 집주인은 손해를 볼 수밖에 없다. 이렇듯 전세제도는 부동산 가격 상승을 전제로 해야만 존재 가능한 제도이기 때문에 부동산이 장기적으로 오를 것이라면 유지될 테고, 떨어질 것이라면 점점 사라져서 월세로 대체될 것이다. 전세가 유지된다 해도 매매가와 전세가의 차이는 더욱 줄어들 것이다. 만약 부동산 하락을 예상해서 집을 사지 않고 있다면 월세로의 전환 또는 더 싼 집을 찾아 시 외곽으로 이사하는 걸 감수해야 할지도 모른다.

깡통 전세가 되지 않으려면

금전적으로는 전세가 가장 이득이라는 점은 이미 확인했다. 그러나 당장 전세보증금을 내려면 모자라는 돈은 대출을 받아 충당해야 하는 경우가 생긴다. 물론 금융기관에서 전세 자금을 대출받아 내는 이자가 월세보다 싸다. 그러니 대출을 받아 전세를 얻는 편이 당장은 이익이지만, 매매가 대비 전세가가 계속 높아지고 있는 현실에서 '깡통 전세'의 위험을 고려하지 않으면 안 된다.

　깡통 전세란 집을 팔아도 집주인이 받은 대출금과 세입자의 전세보증금을 갚을 수 없는 상태를 말한다. 만약 거주하려는 집의 등기부등본에 이미 담보대출이 잡혀 있다면 깡통 전세가 될 가능성이 매우 높아진다. 집주인이 대출 이자를 내지 못해 집이 경매로 넘어가는 경우 낙찰가는 집값의 70~80%선에 불과하며, 다세대나 다가구 주택은 이 비율이 60~70% 정도밖에 되지 않는다. 즉 선순위대출이 있다면 경매에 넘어간 이상 전세보증금을 돌려받지 못할 가능성이 매우 커진다. 경매 부동산 세입자 중 78.6%가 보증금을 온전히 돌려받지 못한다는 조사 결과도 있다.

무엇보다 살고 있는 집이 경매로 넘어가면 그 불안감과 스트레스는 엄청나다. 전세보증금이 유일한 자산인 경우가 대부분이기에 피 같은 내 돈을 날릴지 모른다는 건 생각만 해도 끔찍하다. 나는 아무 잘못도 하지 않았는데 멀쩡하게 눈 뜨고 손해를 감당해야 하니 억울하기 그지없다.

만약 거주하려는 집에 선순위대출이 있고 부채 비율이 크다면, 불안해서 밤잠을 설치느니 보증금 비중을 줄이고 지출이 크더라도 월세를 부담하는 편이 나을 수 있다. 돈보다는 마음 편한 게 우선이어야 하지 않겠는가. 그 집의 부채와 내 전세보증금을 모두 합한 금액이 실제 매매가의 60% 정도 되는 선에서 보증금을 내고 그 이상은 월세로 돌리면 돈은 부담이 되더라도 미래의 위험을 줄일 수 있는 선택이다 (임대하려는 집에 선순위대출이 없다면, 확정 일자를 가장 먼저 받은 세입자는 집이 경매로 넘어가도 낙찰받은 사람이 보증금을 100% 인수하기 때문에 보증금을 지킬 수 있다. 단, 경매로 낙찰받는 사람이 없는 경우는 다르다).

보증금 날릴 걱정을 더는 또 다른 방법은 전세보증금 반환을 보증해주는 상품에 가입하는 것이다. 전세 계약이 끝났을 때 집주인이 세입자에게 돌려줘야 하는 보증금 반환을 제3의 기관이 책임지는 상품이 있다. 집주인이 다른 세입자를 구하지 못해 전세 계약이 끝났는데도 돌려주지 못하거나, 집값이 전세보증금 밑으로 떨어져서 집을 팔아도 돌려줄 수 없거나, 집이 경매에 넘어갔을 때 전세보증금을 받을 수 있는 일종의 보험이다. 보험료를 내야 하지만 보증금 날릴 걱정 없이 발 뻗고 잘 수 있는 대가로는 충분히 치를 가치가 있다. 특히 주택

도시보증공사(HUG) 상품은 집주인 동의 절차도 폐지되어 가입이 매우 편리해졌다. 아파트뿐 아니라 단독·다가구·다세대 주택과 오피스텔도 가입 가능하다.

보증금 한도는 수도권은 7억 원, 지방은 5억 원이다. 그러나 선순위 채권이 있다면 그 금액을 뺀 나머지가 보장된다. 보증료(개인 아파트 기준)는 '보증 금액 × 보증료율(0.128%) × 기간'으로 계산한다. 전세보증금이 1억 원이라면 연간 보증료는 12만 8,000원, 3억 원이라면 38만 4,000원이다. 만약 임차인이 개인이며 사회배려계층이거나 저소득·신혼부부·다자녀 가구라면 보증료를 할인받을 수 있다. 이외에 SGI서울보증의 전세금보장신용보험도 있다. 보증료율은 아파트가 0.192%, 주택이 0.218%로 HUG보다는 비싸다(2018년 1월 기준).

단, 항상 가입할 수 있는 것은 아니다. 임대차 계약을 맺고 계약 기간의 2분의 1이 경과하기 전에 가입해야 한다. 두 상품은 세부사항이 다르므로 자세한 내용은 주택도시보증공사나 SGI서울보증에서 확인하면 된다.

집, 사야 할까 말아야 할까

아직 집이 없다면 집을 살지 말지의 문제는 항상 떠나지 않는 숙제다. 인생 최대의 소비라고 할 수 있는 내 집 마련, 과연 집을 사야 할까?

이는 미래 예측의 문제이기 때문에 가격이 상승할 것인가 하락할 것인가에 집착해서는 결론을 내리기 어렵다. 장기적으로는 오르겠지만 지역별로 편차가 커지리라는 정도만 예상이 가능하다.

고민의 범위를 좁혀 주거 비용만 놓고 살펴보면, 가격의 일부만 내고도 온전히 집을 사용할 수 있는 전세가 가장 경제적이다. 그러나 내 집을 소유하고 있으면 주기적으로 이사를 다녀야 하는 부담에서 벗어날 수 있고 심리적으로도 안정감을 가질 수 있다. 무시할 수 없는 장점이다. 또한 수도권 아파트는 전세가가 매매가의 70~80%에 육박한다. 전세가 과거만큼 저비용 주거 방법은 아니라는 의미다.

주거 비용이 가장 큰 것은 역시 월세다. 전월세 전환 비율이 수도권은 5.8%에 달한다. 자기자본이 2억 원이고 4억 원짜리 아파트에 거주하려 할 때, 보증금 2억 원을 걸고 나머지를 월세로 한다면 매달 약 97만 원을 부담해야 한다. 반면 은행에서 2억 원의 담보대출을 받아 집을 사면 3.42%(2017년 12월 한국은행 발표 금리) 금리를 적용했을 때 월 70만 원의 이자를 내야 한다. 주거비 부담 면에서 집을 사는 편이 훨씬 비용이 적다. 게다가 주택 임대 시장에서 월세의 비중이 점점 더 커지고 있다. 내 집이 없으면 결국 월세 시장으로 내몰릴 가능성이 높아진다.

투자 수단이 아니라 거주할 용도의 집 한 채는 누구에게나 필수재다. 만약 집값이 내린다고 가정한다 한들 살고 있는 집을 쉽게 파는 사람은 드물다. 언젠가는 오르겠지 하면서 계속 보유할 가능성이 크다. 인간은 손실회피 성향을 가지고 있기 때문에 손해를 감수하면서까지 집을 팔려고 하지는 않기 때문이다. 집을 팔더라도 어차피 살아야 할 집은 필요하기 때문에 팔기 어렵다는 점도 있다. 월세로 주거비 부담이 커지는 상황이라면 적정한 수준, 즉 원금을 갚을 수 있는 범위에서 대출을 받아 집을 마련하겠다는 선택은 충분히 합리적이다.

내 집 마련을 위해 많은 이들이 집값이 오를지 내릴지를 궁금해한다. 그러나 더 이상 그 질문은 유용하지 않다. 열심히 일해 번 돈으로 빚을 지지 않고 내 집 마련이 가능했던 시대는 이미 끝났음을 아쉽지만 인정하지 않을 수 없다. 그렇다면 내 집 마련의 가장 중요한 요소는 자신의 재무 상황에 적정한 수준으로 부채를 관리하는 것이다. 따라서 이제 집을 사기 전의 올바른 질문은 "집값이 오를까, 내릴까?"가 아니라 "빚을 갚을 수 있을까?"가 돼야 한다. 그것이 하우스푸어로 전락할 위험에 빠지지 않고 가정경제를 안정적이고 건강하게 유지하는 내 집 마련 전략이다.

우리 집 빚은 얼마일까

하우스푸어로 전락하지 않는 내 집 마련의 길은 올바른 부채 관리라고 했다. 집이 있어도 마찬가지다. 건강한 가정경제를 꾸려가려면 부채 관리는 필수다. 그러려면 우리 집 부채가 얼마인지부터 파악해야 한다. 우선 부채의 종류부터 알아보자.

유동 부채 vs 비유동 부채

1년 이내에 갚아야 할 부채를 유동 부채라고 한다. 가정경제에서 발생하는 유동 부채 중 대표적인 것이 신용카드 대금이다. 할부금, 기타 1년 이내에 갚아야 할 채무는 모두 유동 부채다. 유동 자산보다 유동 부채가 많다면 재무상 위험에 직면하게 되고 추가 부채가 발생할 수밖에 없는 상황이 된다. 유동 부채가 많다는 것은 그 가정에 재깍재깍 소리를 내는 시한폭탄이 숨어 있는 셈이다.

비유동 부채는 1년 이후에 상환할 의무가 있는 부채로 장기 부채에 해당한다. 세입자로부터 받은 전세보증금은 비유동 부채였다가 계약 만기가 1년 앞으로 다가오면 유동 부채가 된다.

만약 20년 만기로 빌린 담보대출이 있는데 거치 기간 중이어서 이 자만 갚고 있다면 비유동 부채다. 원금을 상환하고 있어도 만기까지 장기간 남아 있다면 역시 비유동 부채다.

신용카드 부채

신용카드 하나만 있어도 다양한 부채를 일으킬 수 있다. 신용카드로 물건을 사는 자체가 외상 거래이고, 빚이다. 전달에 쓴 신용카드 대금 이 아직 은행에서 빠져나가지 않았다면 만기 한 달이 채 남지 않은 유

표 3-10	신용등급별 카드론 평균 수수료율				(단위: %)	
카드사	1~3등급	4등급	5등급	6등급	7~10등급	평균 금리
KB국민카드	11.75	14.27	15.41	17.01	20.85	15.23
삼성카드	11.75	13.40	15.02	16.99	18.41	14.69
하나카드	12.98	13.60	14.93	16.70	18.74	14.69
현대카드	12.96	13.89	15.06	16.06	15.80	14.68
신한카드	12.01	13.81	14.74	16.89	19.82	14.51
우리카드	9.58	12.80	14.43	17.37	19.03	13.78
롯데카드	10.77	11.84	13.31	15.50	16.60	13.45

출처 : 여신금융협회, 2017년 6월 30일 기준

동 부채다.

카드론

카드만으로 돈을 빌릴 수 있는 대출상품으로 담보가 필요 없다. 쉽고 편한 만큼 이자율이 매우 높다. 평균 금리가 2017년 6월 기준으로 15%대이나 신용 등급이 낮으면 더 높은 이자를 물어야 한다.

현금서비스

카드론은 카드회사에 연락해야 하는 절차가 있지만 현금서비스는 이조차 필요 없이 현금인출기에 카드를 집어넣는 것만으로 돈을 인출할 수 있다. 쉽고 빠르고 편리한 대신 역시 이자율이 매우 높아 대부분의 카드사에서 최고 26%까지 부과한다.

카드 대금을 결제해야 하는데 월급은 이미 바닥났고 마이너스 통장은 한도까지 써버렸고 신용대출은 은행에서 퇴짜 맞아 진퇴양난에 처했다고 가정하자. 돈 빌릴 데라곤 이제 카드 현금서비스만 남았다. 누구에게 아쉬운 소리 할 필요 없이 ATM에서 현금서비스 버튼만 누르면 된다. 너무나 간편하고 친절한 현금서비스! 그러나 그 친절은 딱 여기까지다. 이제 다음 달부터 어떤 일이 벌어질지 예상하기는 어렵지 않다. 당연히 원금은 못 갚고 이자를 내려니 돈은 더 모자라 다른 카드의 현금서비스를 쓴다. 이른바 카드 돌려 막기가 시작된다. 현금서비스의 무서움이 바로 여기에 있다.

할부 구매

무이자 할부가 경제적으로 이득이라고 생각할 수 있다. 이론적으로야 돈을 오래 가지고 있으니 적은 금액이라도 이자 수익이 나기 때문에 일시불로 돈을 한 번에 쓰기보다는 무이자 할부를 이용하는 것이 현명한 소비처럼 느껴진다. 그래서 무이자 할부는 특별한 혜택이라는 뉘앙스를 풍긴다.

잡지에서 보고 한눈에 반한 명품 가방! 100만 원이 넘는다. 엄두도 못 내고 있는데, 어느 날 홈쇼핑에 등장한다면? "12개월 무이자 혜택을 드립니다. 한 달에 8만 9,000원만 내시면 됩니다" 하는 순간 머릿속에서 100만 원은 사라지고 '8만 원'만 남아, 어느새 전화기를 들고 주문을 하고 있는 자신을 발견한다. 이렇듯 무이자 할부는 사람의 마음을 무장해제시킨다. 기업 입장에서는 소비자가 돈을 더 많이 쓰게 만들기 위해 그깟 이자 비용쯤은 기꺼이 부담하고도 남는다. 사실 이자 비용을 기업이 별도로 부담한다기보다는 이미 상품 가격에 반영되어 있다고 보는 게 맞다.

무이자 할부는 '지름신'만 내리는 게 아니다. 매달 나가는 고정 지출을 늘려 재무 상태를 악화시킨다. 스마트폰 3만 원, 명품 가방 8만 9,000원, 냄비 세트 3만 원, 벽걸이 TV 15만 원……. "부담 없네" 하며 하나씩 지른 할부가 모아놓고 보면 눈덩이처럼 불곤 하지 않던가. 고정 지출은 통장에서 따박따박 빠져나가는 돈이다. 제아무리 많이 번다 한들 고정 지출이 늘면 경제적 자유는 그만큼 줄어든다.

거창한 금융 지식으로 무장하고 재테크를 하는 것보다 중요한 게 외상(할부)이나 빚에 의지하지 않고 내 돈 가지고 쓰겠다는 삶의 자세다. 빚, 즉 남의 돈으로 소비하는 건 당장은 공짜 같고 좋다. 하지만 결국에는 원래 가치 이상을 지불해야 할 때가 온다. 무이자라도 할부의 본질은 빚이라는 걸 잊어선 안 된다.

뭐든지 일시불로 사는 것을 원칙으로 삼자. 당장 돈이 없다면 돈을 모은 다음 사면 된다. 돈을 모으는 동안 정말 필요한 물건인지 아닌지 판단이 달라질 수도 있고, 덤으로 이자도 챙길 수 있다. 현금으로 결제할 때 깎아주는 일이야 흔하고, 요새는 카드 일시불 결제에 할인 혜택을 제공하는 쇼핑몰도 많다. 돈만 놓고 따져도 결국 일시불이 훨씬 경제적이다.

선 포인트 할인

100만 원짜리 핸드폰을 40만 원에 살 수 있다면 눈이 번쩍 뜨이지 않을 수 없다. 물론 조건이 있다. 특정 카드를 한 달에 얼마 이상 반드시 써야 한다는 조건이다. 이처럼 선 포인트 할인은 미래에 소비해서 생길 카드 포인트를 미리 가져와 물건을 할인받는 방식을 말한다.

특정 카드로 반드시 결제해야 할 의무가 생긴다는 건 소비가 그만큼 늘어난다는 것을 의미한다. 그리고 이 의무를 해지하는 순간 앞서 할인받았던 물건 값은 다시 돌려줘야 한다. 장기간 소비 의무를 다해야만 받을 수 있는 할인이 바로 선 포인트 할인이다. 만약 선 포인트 할인으로 물건을 샀다면 그 물건 값 또한 외상 거래와 마찬가지이므로 빚으로 생각하는 것이 맞다.

리볼빙

카드 연체가 코앞에 닥쳤고 돈이 없다면 카드 대금의 일부만 갚아도 연체를 피할 수 있는 리볼빙 서비스를 이용하기도 한다. 갚지 않은 나머지는 다음 달 카드 대금으로 이월된다. 그런데 카드회사가 공짜로 그런 선심을 써줄 리 없다. 만약 결제 대금의 10%만 갚는 리볼빙 서비스를 이용한다면 카드 대금 100만 원 중 갚지 않은 90만 원에는 약 24~28%에 달하는 연체 이자율에 버금가는 수수료 폭탄이 떨어진다.

리볼빙 서비스는 갚지 않은 결제 대금을 연체로 파악하고 연체 이자율을 매기는 제도이기 때문에 카드사로서는 전혀 손해 볼 게 없다. 소비자 입장에서는 연체를 막아 신용불량이 되지는 않겠지만, 사채에 버금가는 고금리 이자를 그것도 매달 감당해야 한다.

신용대출

신용대출은 별다른 담보 없이 자신의 신용만으로 받을 수 있는 대출 상품으로 학자금대출, 마이너스 통장, 신용대출 등으로 나눌 수 있다. 담보가 없기 때문에 담보대출보다는 이자율이 조금 더 높다.

마이너스 통장은 쓴 금액에 대해서만 이자를 물고 신용대출은 목돈을 빌린 후 원금과 함께 상환하는 형식이다. 쓴 만큼만 이자를 지불하니 마이너스 통장이 더 유리하다고 생각하기 쉽다. 특히 비상금이 없는 상황이라면 마이너스 통장을 비상금 대용으로 생각하며 필수품처럼 사용하는 가정도 적지 않다. 그런데 마이너스 통장은 일단 쓰기 시작하면 잘 줄지 않는다는 것이 사람들의 공통된 경험이다. 비상금이 없다는 현실이 가장 큰 원인이겠지만 역복리로 산정되는 이자를 무시해선 안된다.

예를 들어 연 5% 이자율에 500만 원을 마이너스 통장으로 썼다면 이자는 약 2만 900원으로, 한 달 만에 갚는다면 502만 900원을 내면 끝난다. 하지만 첫 달에 갚지 못하고 넘어가면 두 번째 달은 500만 원이 아니라 502만 900원에 대한 이자가 붙는다. 이자에 이자가 붙는 역복리다. 이런 식으로 3년 동안 마이너스 통장을 쓴다면 갚아야 할 원금은 678만 원이 된다. 시간이 지날수록 더 갚기 어려워지는 건 당연한 결과다. 하지만 마이너스 통장에서 500만 원을 꺼내 쓴 사람에게 빚이 얼마냐고 물어보면 500만 원이라고 이야기한다. 이자를 빚으로 인식하지 못한 결과다.

게다가 마이너스 통장은 상환에 강제성이 없다. 이자도 통장에서 자동으로 빠져나간다. 계약 기간이 지나도 연장하면 그만이다. 이러니 마이너스 통장으로 쓴 돈을 갚는 건 담배 끊기만큼 어려운 일이다. 더 큰 문제는 마이너스 통장을 마치 비상금처럼 여기는 태도다. 당장 원금을 갚지 않아도 되고 한 달 이자 몇 만 원만 부담하면 급할 때 요긴하게 쓸 수 있다고 생각하면, 정작 필요한 비상금을 준비하지 않고 계속 마이너스 통장 신세를 지니 빚은 야금야금 늘어만 간다.

반면 신용대출은 어쨌든 강제로 갚아야 하기 때문에 마이너스 통장처럼 이자에 이자를 물지 않는다. 대출 이자도 마이너스 통장보다 0.5~1% 정도 저렴하다.

빚은 어떻게 하면 빨리 청산할 수 있느냐가 핵심이다. 따라서 빚을 져야 한다면 강제로 원금을 갚는 시스템을 만들어야 한다. 어쩔 수 없는 상황이라면 딱 필요한 만큼만 신용대출로 빌린 후 매달 반드시 원금을 갚아나가는 것이 부채에 대한 올바른 태도다.

담보대출

담보로 사용할 수 있는 자산이 있다면 담보대출이 가능하다. 부동산 담보부터 보험금을 담보로 하는 보험약관대출, 퇴직금을 담보로 돈을 빌리는 퇴직금 담보대출, 전세보증금을 담보로 한 전세자금대출 등 다양한 종류의 담보대출이 있다. 집주인이라면 세입자가 지불한 보증금 역시 돌려줘야 할 돈이기 때문에 일종의 무이자 담보대출로 보는 것이 맞다.

담보대출은 신용대출보다 이자율이 낮고 담보가 클수록 큰돈을 빌릴 수 있다. 만약 다양한 종류의 부채가 있다면, 담보대출을 받아 다른 부채를 갚고 담보대출 하나만 유지하고 갚아나가는 것이 이자를 절약하고 효과적으로 부채를 관리하는 방법이다.

원리금 균등 상환 vs 원금 균등 상환

담보대출을 갚는 방식은 크게 원리금 균등 상환과 원금 균등 상환으로 나눌 수 있다. 원리금 균등 상환은 매월 같은 금액으로 원금과 이

213

표 3-11 | 1억 원을 연 5% 이자율, 20년 만기로 빌렸을 때 상환 조건

구분	만기 일시 상환	원리금 균등 분할 상환	원금 균등 분할 상황	3년 거치 후 분할 상환
총 이자 금액	100,000,080원	58,389,338원	50,208,294원	63,645,715원
첫달 상환액	416,667원	659,956원	833,334원	421,667원
마지막달 상환액	100,416,667원	659,956원	418,323원	728,738원

자를 갚는 방식이며, 원금 균등 상환은 원금을 균등하게 나눠 갚는 방식이다. 원금 균등 상환은 초기에 상환하는 금액이 많지만 원금을 더 많이 갚아나갈 수 있기 때문에 시간이 지나며 이자가 줄어들면서 상환하는 금액도 줄어든다. 궁극적으로 이자 부담도 더 적다. 더 적은 이자를 내고 원금을 빨리 갚기 위해서는 초기에 부담이 되더라도 원금 균등 상환을 선택하는 것이 유리하다.

💰 보험 해지의 신호, 약관대출

보험에 가입할 때 해약을 생각하는 사람은 아무도 없다. 그러나 인생은 예측 불허, 급전이 필요해서 돈을 융통해야 하는 상황은 불행히도 늘 발생한다. 이때 보험에 가입해 있다면 마이너스 통장이나 신용대출보다 이자율이 낮기 때문에 보험약관대출이 낫다고 생각할 수 있다.

그러나 당장의 문제를 보험약관대출로 해결했다고 해서 지금 상황을 안심하고 넘겨버리는 건 매우 위험하다. 보험약관대출까지 받아야 하는 지경이라면 수중에 여윳돈이 전혀 없는 상황이자 비상금을

모아놓을 수 없을 정도로 살림살이가 어렵다는 뜻이다. 그렇다면 가까운 미래에 보험료를 못 낼 상황이 닥칠 가능성이 매우 높다고 봐야 한다. 보험약관대출을 받아야 할 상황이 닥쳤다는 건 '가까운 미래에 보험을 해지할 것이다'와 같은 뜻이라 봐도 무방하다.

보험을 해약하면 당연히 금전적으로 손해를 보고, 심리적으로도 괜히 보험에 들었다고 후회하게 된다. 손해 보기도 싫고 후회하기도 싫으니 어떻게 하든 보험을 유지하려 한다. 그러나 불행히도 보험약관대출을 받은 사람 치고 보험을 계속 유지하는 사람은 거의 보지 못했다. 당연하다. 빚을 지고 살아야 하는 상황이라면 어떻게든 지출을 줄일 수밖에 없고 제일 쉽게 줄일 수 있는 지출이 바로 보험료이기 때문이다.

보험약관대출을 받기 전에 먼저 이 돈을 갚을 수 있을지, 보험을 만기까지 유지할 수 있을지 냉정하게 따져보는 시간을 갖자. 여력이 없어 어차피 해약해야 할 보험이라면 대출을 받아 계속 이자를 내느니 지금 해지하는 게 가장 손해를 줄일 수 있는 길이다. 해지가 너무 아깝다면 기존의 보장을 줄여 보험료 부담을 줄이는 부분 해지도 가능하니 보험사에 가능 여부를 문의해보자.

물론 까마귀 날자 배 떨어진다고 해약하고 나서 덜컥 병에 걸리거나 사고를 당하지 않을까 두려운 마음이 드는 건 당연하다. 그러나 어쩔 수 없다. 이 상황에서는 불확실한 미래를 위해 보험을 유지할지 아니면 당장의 돈 문제를 해결하기 위해 해지할지 사이에서 무언가를 선택해야만 한다.

만약 해지를 선택했다면 후회하고 자책하지 않겠다고 마음먹자. 해지했다가 암에 걸려 후회할 수도 있지만 없는 살림에 무리하게 보험을 유지하다 결국은 해약해서 손해를 더 키울 수도 있다. 순간의 선택이 잘못됐던 건 절대 당신 탓이 아니다. 당신은 현실에 맞는 최선의 선택을 한 것이다. 불확실한 미래를 정확히 예측해서 판단할 사람은 아무도 없다.

참고로 중도인출이라는 수단도 있다. 중도인출과 약관대출은 보험을 해약하지 않고 돈을 꺼내 쓸 수 있다는 점에서 같아 보이지만 다른 종류다. 해약환급금이 500만 원인 보험일 때 중도인출을 100만 원 한다면 해약환급금은 400만 원으로 줄어들게 된다. 예치된 돈을 꺼내 쓰는 것이기 때문에 이자를 낼 필요가 없고 만기가 되면 중도인출 금액을 뺀 나머지만 받을 수 있다. 중도인출은 모든 보험이 가능한 게 아니라 중도인출 기능이 있는 보험만 가능하다.

약관대출은 해약환급금을 담보로 돈을 빌리는 것이라고 생각하면 된다. 해약환급금에서 대출이 가능한 비율만큼 받는 것이며 매달 정해진 이자를 납부해야 한다. 약관대출을 해도 보험 계약사항에는 변동이 없다. 만약 대출금을 갚지 못한 채 보험이 만기가 된다면 대출금을 제하고 나머지 금액만 받을 수 있다.

부채의 악순환

가계부채가 연일 사상 최고치를 갱신하는 시대이다 보니 빚 없는 집을 찾기가 더 어렵다. 과거 고금리시대에 빚은 두려움의 대상이었고, 무능력하고 불성실한 사람이나 빚지고 산다는 게 통념이었다. 그러나 지금은 부채가 일상을 지배하고 있다고 해도 과언이 아니다.

많은 이들이 대학생 때 대출을 받아 학비를 충당하는 캠퍼스푸어로 성년을 시작한다. 학자금대출을 갚다 보면 돈 모으기 쉽지 않아 결혼도 어렵다. 결혼해도 집값이 비싸 전세자금대출을 받아야 하니 이건 허니문푸어다. 아이들 커가면서 사교육비에 대학 등록금 때문에 빚을 지면 베이비푸어, 내 집 한 칸 마련하려면 담보대출을 받아야 하니 결국 하우스푸어가 된다. 이렇게 평생 빚을 갚다가 마침내 노년에는 실버푸어로 전락하여 근근이 생계를 유지해야 한다. 삶의 의미와 행복이 무엇인지 생각할 여유도 없이, 그저 빚 갚다가 평생을 보내는 채무 노예의 삶이 지금 대한민국 중산층의 현실이라 해도 과언이 아닐 정도다.

그러나 이런 현상을 개인의 무능이나 불성실로 설명하는 것은 옳지 않다. 이것은 국가경제의 기본적인 패러다임이 바뀌었다는 것을 의미한다. 국민이 열심히 일해서 노동 소득이 늘어나고 늘어난 소득이 소비를 늘리고 기업 이익을 늘리는 구조는 과거의 유물이 되었다. 대한민국은 이미 노동 소득으로는 기본적인 주거 · 교육 · 의료 문제를 해결할 수 없는 고비용 구조로 전환되었고, 모자라는 돈은 부채를 끌어다 쓰는 방식으로 해결하고 있다. 이러한 변화가 대다수 사람들에게 절대적으로 불리한 것임에도 지금 전 세계적으로 자본주의 사회는 부채중심의 경제성장이라는 방향으로 흘러가고 있다.

부채중심 경제성장 사회에서는 그저 평범한 일상을 지켜가는 것조차 부채가 없으면 불가능하다. 이런 사회 구조 때문에 TV만 틀면 하루 종일 대출회사 광고가 돈을 빌려준다고 아우성이다. 전화기에는 수시로 고객님을 외치는 대출 영업사원의 문자 메시지가 날아온다. 빚은 소도 잡아먹는다며 두려워했던 과거는 가고 이제 빚은 삶의 동반자가 됐다. 현명한 소비자는 적극적으로 부채를 활용한다는 생각이 더 이상 낯설지 않게 됐다.

빚이 회피해야 할 대상에서 어쨌든 함께해야만 하는 동반자가 될 수밖에 없는 시대를 살고 있다면, 빚을 관리하는 일은 가정경제에서 가장 중요한 문제다. 빚을 잘못 관리하면 소득이 많아도 재무 상태는 악화되고 돈 문제를 폭발시키는 뇌관이 된다. 빚이 있다면 재무 상태를 항상 점검하고 만약의 위험에 대비해야 한다.

이처럼 빚 없이 살기가 불가능하다면, 어떤 빚은 져도 괜찮고 어떤 빚은 지면 안 되는 걸까? 부채를 일으켜야만 하는 이유를 살펴보면 어느 정도 판단할 수 있다. 부채는 이자라는 비용을 치르지만 이자 비용 이상을 벌어줄 수 있는 부채라면 고려 대상이 될 수 있다. 학자금 대출이 대학을 졸업하고 취업해 그 이상을 버는 데 쓰인다면, 돈을 버는 부채가 될 수 있다. 담보대출을 받아 집을 샀을 때 담보대출을 갚는 것이 월세를 내는 것보다 이익이라면 이 또한 돈을 버는 대출이 될 수 있다(적절한 담보대출 기준은 나중에서 자세히 설명하겠다).

반면 부채를 일으켜서 얻은 돈이 일회성으로 쓰고 없어지는 것이라면 돈을 쓰는 대출이다. 신용카드 할부로 물건을 사는 것이 대표적인 예다. 돈을 쓰는 대출은 그 효과가 일회성으로 끝나지만 원금과 이자는 계속 갚아나가야 하기 때문에 비용 대비 효과가 크지 않다.

이렇게 돈을 버는 부채와 돈을 쓰는 부채로 나눠보면 불필요한 부채를 조금이나마 줄일 수 있을 것이다. 그렇다면, 빚을 잘 갚고 있다면 문제가 없는 걸까?

지금 빚을 잘 갚고 있다면 별 문제가 없으리라 안이하게 생각하는 사람들이 대부분이다. 빚에 대한 거부감도 없고 소비에 대한 경계심도 없다. 그러나 빚이 있다면 평화는 영원하지 않다. 빚이 있다는 건 그 가정에 여유 자금이 없다는 뜻이다. 당연히 저축이나 비상금도 없다(빚이 있으나 저축을 하고 있다면 어리석은 행동이다. 저축으로 받는 이자와 대출금을 갚는 이자 중 어느 쪽이 더 높은가? 당연히 저축하기보다는 그 돈으로 빚을 갚는 편이 유리하다). 저축이나 여유 자금, 비상금이 없는 가정은 항시 재무적인 위험에 노출돼 있다고 생각해야 한다.

갑자기 직장을 잃어 몇 개월간 수입이 끊기게 생겼다. 차가 고장 나서 새 차로 바꿔야 한다. 아이에게 예술적 재능이 있어 비싼 레슨을 받아야 한다. 이가 아파 치과에 갔더니 치료비가 엄청나게 나왔다. 부모님이 쓰러져 갑자기 병원에 입원했다. 아이가 대학에 입학했다. 형제의 사업에 위기가 닥쳐 돈을 빌려달라고 한다. 배우자와 결국 이혼하기로 했다. 대출 금리가 올라 이자 부담이 늘었다. 집주인이 전세보증금을 올려달라고 한다. 결혼할 때 장만한 가전제품들이 차례로 고장 나기 시작한다.

예상 못한 돈 쓸 일이 발생하는 건 가정경제에서 반드시 고려해야 하는 변수다. 이 부분을 대비하지 않고 있다면 재무적으로 위험에 빠질 수밖에 없다.

아무리 잘 갚고 있다고는 하나 빚이 있다는 건 여유 자금이 없다는 뜻이니 돈 쓸 일이 생기면 추가로 빚을 내야 한다. 또다시 빚을 지는 것 자체가 스트레스이고, 가정경제의 재무 구조가 악화되는 악순환의 시작이다.

결국 지금 빚이 있다는 건 또 다른 빚을 질 가능성이 있다는 의미로 해석해야 하며, 미래에 지속으로 빚이 늘어날 확률이 높다고도 봐야 한다. 지속적으로 빚이 증가하면 같은 돈을 빌려도 더 높은 이자를 물어야 한다는 점 또한 예측해야 한다. 제1금융권에서 대출을 더 받을 수 없다면 제2금융권이나 개피탈 같은 고금리 부채에 손을 내밀 수밖에 없기 때문이다.

빚이 있는 사람은 알몸으로 수영하는 사람에 비유할 수 있다. 지금은 밀물이라 알몸인지 아무도 모르지만 썰물이 되면 알몸이 다 드러나듯 또 다른 돈 문제가 닥친다면 숨겨왔던 문제가 드러날 것이다. 빚을 잘 갚고 있는지 여부를 떠나 빚이 있다는 사실만으로도 재무 상태는 항상 경고등이 켜 있다고 생각해야 한다.

💰 부채가 우리에게서 빼앗아가는 것들

부채 없이 살기 어려운 현실에 익숙해지면서 부채에 대한 경계심이 심각하게 둔해지고 있다. 1억 원을 손에 쥐기 위해서는 한 달에 100만 원씩 꼬박 저축해도 거의 10년이 걸린다. 그런데 부채는 순식간에 내 계좌에 1억 원이 입금된다. 10년을 힘들게 노동하는 것과는 비교할 수 없이 간단하고 쉽다. 그 대가로 한 달에 40만 원 정도의 이자만 내면 된다. 1억 원에 비해 40만 원은 상대적으로 적은 금액으로 보인다. 그러나 받을 때는 쉬워도 이자를 내고 원금을 갚아나가는 것 외에 많은 부담이 있는 게 부채다. 부채가 우리에게서 빼앗아가는 것들이 무엇인지 알아보자.

경제적 손실

빚은 이자 비용을 발생시키기 때문에 경제적 손실을 입을 수밖에 없다. 이자는 돈을 미리 당겨 쓰는 대가로 반드시 치러야 하는 비용이다. 공짜로 돈을 쓸 수는 없다.

우리는 0.1%라도 이자율이 낮은 대출상품을 찾으려고 발품을 팔고 인터넷을 검색하는 등 노력을 기울인다. 낮은 이자율은 중요하다. 그러나 우리가 이자율 이상의 비용을 치르고 있다는 사실을 먼저 깨달아야 한다. 5% 이자율이 5%가 아니라 실은 7%일 수 있다는 말이다.

만약 1억 원을 대출받았다면 빚은 1억 원이 아니라 1억 원에 이자를 더한 것이다. 가령 원금이 1억 원이고 3%의 금리로 20년 동안 원리금 균등 상환을 하기로 했다면 빚은 1억 원과 이자 약 3,300만 원을 합한 1억 3,300만 원, 한 달에 55만 4,698원이 20년간 갚아야 할 빚이다. 만약 이자만 내고 원금은 20년 후 일시 상환한다면 이자 6,000만 원을 더해 빚은 1억 6,000만 원이다.

여기서 끝나는 게 아니다. 이자를 비용으로 쓰는 게 아니라 저축한다면 어땠을까 하는 가정도 가능하다. 즉 빚을 지지 않았다면 이자를 저축으로 돌릴 수 있고 저축 이자를 챙길 수 있다. 한 달에 55만 4,598원

표 3-12 | 1억 원을 3%로 20년 동안 빌리는 경우 (단위 : 원)

원금	100,000,000
대출 금리	3%
매월 원리금	554,598
총 이자	33,103,423
원리금 합계(실제 빚)	133,103,423
저축한다면(2.5% 적금)	166,518,049
기회 비용 반영 대출 금리	약 5.5%

각종 비용과 세금은 고려하지 않음

을 빚 갚는 데 쓰지 않고 2.5% 금리의 적금에 가입할 수도 있다. 이렇게 기회 비용을 감안하면 연 3% 대출 금리는 약 5.5%가 된다. 이자로 쓰는 비용이 생각보다 크다는 사실을 확인할 수 있다.

심리적 위축

빚이 있다는 사실은 알게 모르게 돈에 대한 모든 의사결정에 영향을 끼친다. 사소한 소비 하나에도 '빚이 있는데 이런 걸 사도 되나' 하는 생각 때문에 마음 한 구석에 찜찜함을 남긴다. 내 돈을 쓰면서도 마치 남의 돈을 쓰는 것 같은 죄의식을 느끼기도 한다. 맘 편히 돈 쓰기가 어렵다.

돈을 쓰는 순간만이 아니다. 이미 돈을 지불하고 물건을 가지고 집에 오거나 서비스를 제공받을 때도 잘 구매한 것인지 혹시나 돈을 낭비한 건 아닌지 계속 의심하게 된다. 이런 의심은 물건이나 서비스를 제대로 즐기는 걸 방해한다. 빚으로 여행을 갔다면 온전히 여행을 즐기지 못하는 것과 같은 이치다.

잘못된 소비였을 때의 후회와 자책도 크다. 맘에 드는 가죽 재킷이 있다고 치자. 조금 비싸지만 입으면 멋질 것 같고 두루두루 필요한 아이템이라 생각된다. 결국 조금 무리해서 구매를 했다. 그러나 사고 보니 요즘은 봄, 가을이 짧아 막상 가죽 재킷을 입을 시간이 많지 않아 옷장만 차지하고 있다. 이때 빚이 없는 사람이라면 한 번의 충동구매였을 뿐이라고 쉽게 넘어갈 가능성이 높다. 그러나 빚이 있다면 구매 실수에 대한 후회와 자책의 감정이 빚 없는 사람보다 훨씬 강할 수밖에 없다. 사소한 실수에도 '가뜩이나 돈도 없는데 괜히 샀다' 라는 마음이 들고 이는 돈 쓰는 즐거움을 앗아가버린다.

돈을 쓸 때마다 겪는 갈등은 일상의 행복을 감소시킨다. 빚은 돈을 쓸 때마다 돈 생각, 그것도 부정적인 돈 생각을 불러일으키는 가장 큰 요인이라고 할 수 있다. 빚의 대가로 치러야 하는 건 이자뿐만 아니라 내 돈을 쓰면서도 느껴야 하는 죄책감과 사라져버린 소비의 즐거움이다.

빚의 반대말은 무엇일까? 바로 자유다. 빚은 휴가를 갈 자유, 직장을 쉴 자유, 원하는 방식으로 살 자유, 욕구를 충족할 자유를 빼앗는다. 빚과 행복의 상관관계는 소득과 행복의 상관관계보다 크다. 빚이 많으면 불행하다는 명제는 항상 참이다.

노동의욕 상실

한 달 동안 열심히 일한 대가로 받는 월급은 노동의 고단함을 보상해준다. 그러나 빚이 있으면 이 작은 보람마저 누리기 힘들어진다. 월급 통장의 주인은 내가 아니라 날짜만 되면 어김없이 돈을 빼가는 청구서들이다. 내 월급인데 내가 손대기도 전에 이미 사라진 돈들은 대부분 빚과 이자다. 물론 미리 돈을 당겨 쓴 대가로 지불하는 것이지만 그렇다고 허무함이 사라지지는 않는다.

노동의 대가를 채 누려보기도 전에 빠져나간 월급을 보고 느끼는 허탈함이 반복되면 노동의욕은 상실될 수밖에 없다. 빚을 갚기 위해 일한다는 생각이 들기 시작하면 삶의 의미조차 희미해진다. 빚의 노예가 되어 살고 있다면 삶은 내 것이 아니다. 빚을 갚기 위해 일하는 것 외에 어떤 선택의 자유도 주어지지 않는 삶이기 때문이다.

대부분의 성인이 가장 큰 시간을 소비하는 행위가 바로 노동이다. 가장 많은 시간과 에너지를 쏟아붓는 노동에서 의욕이나 즐거움을 찾을 수 없는 상황은 비극이 아닐 수 없다. 힘들지만 작은 보람이나마 느낄 수 있는 노동을 되찾기 위해서는 가능한 한 빚이 없는 생활이 필요조건이다.

지적 능력 저하

1장에서 돈 걱정이 IQ를 떨어뜨린다는 사실을 증명한 실험을 소개했다. 돈 걱정의 가장 큰 부분은 사실 빚으로부터 나온다. 빚을 갚아야 하는 상황에서 돈 생각을 가장 많이 하게 되고 앞서 소개한 돈 생각의 터널링에 빠져든다.

흔히 자산이 많으면 부채 문제는 겪지 않을 것으로 생각하지만 현실은 꼭 그렇지만은 않다. 대부분의 자산이 당장 현금화할 수 없는 부동산, 투자 자산 등에 묶여 있다면 자산이 많아도 빚을 내야 하는 상황에 직면하고 돈 걱정을 해야 한다. 단지 담보를 잡힐 수 있는 자산이 있어 좀 더 쉽게 빚을 질 수 있다는 차이가 있을 뿐이다. 물론 담보할 자산이 없는 사람보다야 돈 걱정의 강도는 훨씬 약할 것이기는 하다.

자산의 많고 적음을 떠나 빚을 져야 하는 상황에 직면했다면 누구나 돈 생각으로 터널링에 빠져들 수밖에 없다. 결과적으로 다른 문제에 신경을 쓸 에너지나 여력이 부족해지면서 인지 능력의 저하로까지 이어진다는 사실을 앞서 확인한 바 있다. 돈 걱정이 업무 능력을 저하시키고 학습 능력을 떨어뜨려 결과적으로 성과를 내지 못하게 하는 주범이라고 할 때, 그 주원인은 다름 아닌 빚이라는 걸 누구도 부정할 수 없을 것이다.

일상의 행복 저해

〈시간아 천천히〉라는 노래가 있다. "너와 있을 때면 시간이 도망가버리네. 어떻게 이럴 수 있니. 하루가 금방 지나가. 너와 항상 있다간 할머니 되겠네"라는 가사는 시간에 대한 인간의 태도가 상대적이라는 훌륭한 설명이다. 좋은 사람과 함께 있을 때, 즐거운 일을 하고 있을 때, 기쁜 마음을 지니고 있을 때는 시간이 금방 지나간다. 반대로 재미없는 일을 하고 있을 때, 지루한 상황일 때, 싫은 사람과 같이 있을 때는 시간이 그렇게 느리게 갈 수가 없다. 이처럼 시간을 상대적으로 느끼는 것에 대해 심리학자들은 "나쁜 것이 좋은 것보다 강하다"고 "고통은 기쁨보다 강력하다"라고 표현한다.

이런 심리가 돈 관리와 무슨 연관이 있을까? 빚을 지는 행위와 깊은 관계가 있다. 만약 신용카드 12개월 할부로 해외여행을 다녀왔다고 하자. 여행하는 시간은 즐거움에 비례해서 너무나 빨리 지나가버린다. 그러나 12개월 할부로 빚을 갚아야 하는 시간은 12개월이 아니라 그 이상 길게 느껴진다. 나쁜 것이 좋은 것보다 오래가기 때문이다. 할부 거래를 이용하거나 신용카드로 물건을 사는 행위가 소비습관이 되었다면, 의도하지 않게 나쁜 기억을 계속 쌓아가며 살아가는 것과 다르지 않다. 부정적인 기분은 긍정적인 기분보다 3~5배나 큰 영향을 준다고 한다.

일상의 행복을 늘리기 위해서는 가능한 한 부정적인 기분을 제거해야 한다. 따라서 빚을 줄이거나 없애야 한다. 소비를 할 때 할부는 절대 이용하지 말고, 가진 돈의 한도 내에서만 소비하라는 말은 진부하게 들려도 반드시 기억해야 한다. 돈을 절약하기 위해서이기도 하지만, 삶에서 부정적 기분을 최소화하여 일상의 만족감과 행복감을 높이기 위해 반드시 필요한 원칙이기 때문이다.

조금이라도 빨리 행복하고 싶고 더 즐겁고 싶어서 이자까지 부담하며 돈을 쓰고 욕망을 충족시킬 수도 있다. 그러나 욕망을 빚이 아닌 내 돈으로 해결하겠다는 원칙을 견지한다면 시간상으로 조금 늦어질 수는 있어도이 금전적으로 유리하게 그리고 심리적으로 더 충분하게 욕망을 즐길 수 있다.

빚으로 빚을 갚는 상황이라면?

혹시 이미 빚이 많은데, 이자조차 갚기 힘들어 추가로 빚을 지고 이자를 갚아야 할 상황이지는 않은가? 빚으로 인한 압박이 일상을 영위하는 데 방해가 될 정도로 심각한 수준에 직면한 사람에게 정상적인 상황 판단력을 기대할 수 없다. 돈 문제로 인지 능력이나 의지력이 모두 고갈되기 때문이다.

이런 상황에서도 사람들은 자신의 부족한 판단력을 인정하기보다는 그저 급한 불을 끄는 것에만 몰두한다. 부채 상환이 연체되면 신용불량자가 된다. 이를 막기 위해 고금리인 부채를 끌어다 쓰거나, 가족이나 친지들에게 의존하며 관계를 악화시키기도 한다. 이는 언 발에 오줌 누기 식의 일시적 땜질일 뿐만 아니라 고금리 부채로 인해 갚아야 할 부채를 기하급수적으로 늘리는 방향으로 상황을 악화시키는 결과를 낳는다.

만약 신용불량자가 되어 채권추심을 받게 되면 심리적으로 엄청난 고통을 겪게 된다. 스스로가 낙오자가 된 것처럼 느껴지고 자괴감이나 모멸감을 느끼기도 한다. 특히 우리나라는 불법 채권추심까지 공공연하게 벌어지며 채권자를 죄인 다루듯 괴롭히는 사례가 빈번하다. 그래서 계속 빚으로 빚을 갚게 되고, 그러다가 빚이 눈덩이처럼 불어나 도저히 손을 쓸 수 없을 지경에 이르게 된다. 이런 상황이라면 정상적인 가족관계를 유지하는 것도 불가능해진다. 돈 문제로 인한 가정 파탄은 빚을 빚으로 갚는 것으로부터 시작한다고 해도 과언이 아니다.

이런 상황이라면 우선 모든 부채 상환을 멈추고 연체를 감행하는 것이 더 낫다. 대신 반드시 전문가와 상담을 받은 뒤 추심에 대응하도록 한다. 불법 추심을 당했다면 오히려 채무조정에서 유리한 입장이 될 수도 있다. 지자체에는 금융복지 상담센터를 운영하는 곳이 있으며 대표적으로 서울시와 성남시가 있다. 이들 기관을 찾아 전문가로부터 상담을 받으면 더 이상 상황이 악화되는 것을 막을 수 있고, 채권추심에 좀 더 효과적으로 대응할 수 있는 방법에 대해서도 도움을 받을 수 있다. 민생연대라는 시민단체에서도 부채 문제에 대한 상담이 가능하다.

연체가 시작되면 채무를 조정하는 제도를 이용할 수 있다. 채무조정 절차는 크게 사적 채무조정과 공적 채무조정, 법적 채무조정, 이렇게 세 가지가 있다. 사적 채무조정은 신용회복위원회를 통해 개인 워크아웃 등의 제도를 이용하는 것이고, 공적 채무조정은 한국자산관리공사를 통한 국민행복기금 등의 신용회복 프로그램과 지자체를 통한 금융복지 상담센터를 이용하는 방법이 있다. 마지막으로 법적 채무조정은 법원의 파산 면책 및 회생 제도를 이용하는 것이다. 이들 제도는 연체가 3개월 이상 진행된 채무자에게 적용된다. 어떤 제도가 나에게 맞는지도 역시 전문가와의 상담을 통해 답을 찾을 수 있다.

빚 때문에 가정이 파탄나고 가족이 모두 불행해지는 위기 상황에 내몰리기 전에, 하루라도 빨리 고통의 악순환을 끝내는 결단을 해야 한다. '어떻게 되겠지'라는 안이한 생각이나 가족과 친지에게 기대어 순간의 고통을 모면하려 하지 말고, 부채 문제를 근본적으로 해결하려는 행동을 취해야 한다. 다행히 도움을 기대할 수 있는 곳들이 있으니 앞서 언급한 기관들을 꼭 찾기 바란다.

가정경제의 건강진단서, 재무상태표

기업에서 자산과 부채를 나타내는 재무상태표는 기업의 가치를 나타내주는 자료다. 가정에서도 우리 집이 얼마나 부자인지 알고 싶다면 재무상태표를 작성해보면 된다. 앞서 설명한 손익계산서는 우리 집이 얼마나 이익을 내고 있는지 보여주는 자료다. 손익계산서가 특정 기간의 재무 성과나 손실을 파악할 수 있는 성적표라면, 재무상태표는 우리 가정의 재무 상황을 들여다볼 수 있는 엑스레이 사진이자 재무 상태의 건전성과 위험성을 나타내주는 건강진단서와 같다.

표 3-13 | 기업의 재무상태표

재무상태표	
자산	**부채**
유동 자산	유동 부채
당좌 자산	비유동 부채
재고 자산	**자본**
비유동 자산	자본금
투자 자산	자본잉여금
유형 자산	이익잉여금
무형 자산	자본조정
기타 비유동 자산	기타 포괄손익누계액

기업의 재무상태표에 사용되는 여러 항목을 참고해서 가정용 재무상태표를 작성할 수 있다

우리 집 재무상태표 쓰기

앞에서 설명한 자산의 종류에 따라 정리해나가면 된다. 먼저 자산 항목부터 정리해보자. 유동성이 큰 것부터 써야 하므로 금융 자산 → 부동산 자산 순으로 쓰면 된다. 부동산은 살고 있는 주택뿐만 아니라 임대용 주택이나 토지도 빠뜨리지 않는다. 금융 자산도 유동성이 큰 것부터 나열한다면 현금 → 원금보장성 저축(단기) → 원금보장성 저축(1년 이상) → 원금 손실 가능 투자상품 → 장기 목적성 상품 순으로 정리하면 된다.

부채 항목 역시 유동성이 큰 부채, 즉 빨리 갚아야 하는 부채부터 쓰면 된다. 신용카드 대금 또한 부채이므로 잊지 말고 기재해야 하며 임대해준 주택의 보증금도 반드시 포함시켜야 한다. 부채를 갚고 있

231

표 3-14	가정 재무상태표의 예			(단위: 원)
자산		**부채**	
유동 자산		신용카드 결제	2,000,000
현금	500,000	신용카드 할부	1,500,000
CMA	5,000,000	자동차 할부	4,500,000
정기예금	10,000,000	마이너스 통장	3,000,000
정기적금	5,000,000	은행 담보대출	135,000,000
펀드	10,000,000	부채 합계	146,000,000
부부 노후연금	20,000,000		
유동 자산 합계	50,500,000		
부동산 자산			
거주 주택	300,000,000		
시골 땅	50,000,000		
부동산 자산 합계	350,000,000		
자산 합계	400,500,000		
순자산		254,500,000	

는 중이라면, 이자만 갚고 있을 때는 부채 원금에 남은 거치 기간의 이자를 합한 것이 전체 부채다. 원금을 갚고 있다면 앞으로 갚아야 할 원금과 이자 금액 합계를 부채로 보면 된다. 남은 대출 원리금 계산은 인터넷에서 '대출금 계산기'를 검색해 사용하면 쉽게 산출할 수 있다.

기업의 재무상태표에는 자본이라는 항목이 있지만 가정경제에서는 자산에서 부채를 뺀 순자산이라는 개념으로 접근하는 게 더 직관적이다. 이 순자산이 바로 우리 집 재산을 보여주는 숫자다.

재무상태표는 우리 집 과거와 현재, 미래를 알려준다

재무상태표는 현재의 재무 상태를 보여주지만, 실은 그 숫자 안에 현

표 3-15 │ 어느 교수 가정의 재무상태표 예			(단위: 만 원)
자산		**부채**	
현금	6,000	소유 주택 전세보증금	50,000
청약예금	500		
퇴직금	25,000		
교원공제	5,000		
유동 자산 합계	**36,500**		
소유 주택	100,000		
거주 주택 전세	40,000		
시골 땅	4,000		
고정 자산 합계	**144,000**	**부채 합계**	**50,000**
자산 합계	**180,500**	**순자산**	**130,500**

재뿐만 아니라 과거와 미래를 모두 담고 있다. 그동안 어떻게 자산을 만들고 형성해왔는지에 대한 기록으로서 과거를 보여주고, 앞으로 어떤 돈 문제를 겪을지 혹은 돈 걱정에서 자유로울지도 예견해준다. 재무상태표는 단순히 숫자의 나열이 아니라 그 가정의 역사와 미래 모두를 보여주는 마법구슬이라고 해도 과언이 아니다.

남편이 교수인 한 가정의 재무상태표를 살펴보자. 이 가정은 금융 자산을 약 3억 6,000만 원 보유하고 있으며 부동산도 서울에 10억 원 상당의 아파트를 소유하고 있어 부채를 뺀 순자산만 13억 원에 이른다. 더군다나 남편이 현재 60세이나 65세까지 정년이 보장되니 앞으로 5년 동안 안정적인 고소득이 가능하다. 이 정도라면 중산층을 넘어 부자라고 봐도 무방하다. 그러나 13억 원을 액면가로만 보지 않고 그 돈의 과거와 미래를 보면 전혀 다른 판단을 내릴 수 있다.

현 시점에서만 봤을 때 순자산은 13억 원이나 된다. 그러나 순자산

액수보다 중요한 것이 있다. 시세차익이나 투자차익이 아니라 스스로의 노력을 통해 저축으로 만든 자산, 즉 순노력 자산이다. 순노력 자산을 파악하기 위해서는 과거를 살펴볼 필요가 있다.

금융 자산부터 살펴보자. 일단 6,000만 원이라는 상당한 액수의 현금을 보유하고 있다. 그러나 이 돈의 과거를 따져보면, 원래 살던 집을 5억 원에 전세를 주고 남편의 학교 근처로 4억 원에 전세를 얻어 이사를 오면서 발생한 차액이다. 이 돈은 처음에 1억 원이었으나 필요할 때마다 조금씩 꺼내 쓰다 보니 어느새 4,000만 원이 사라진 상황이다. 결국 이 6,000만 원은 내 통장에 있기는 하나 내가 모은 돈이 아니라 언젠가는 돌려줘야 할 빚으로 심지어 4,000만 원이 모자라는 형편이다.

여기에 금융 자산의 대부분을 차지하고 있는 퇴직금은 근무 연수에 따라 자동으로 축적되는 돈이며 교원공제는 국민연금처럼 월급에서 꼬박꼬박 빠져나가서 모아진 것이다. 결국 퇴직금과 교원공제를 합한 2억 6,500만 원이라는 자산도 부부의 노력으로 만들어졌다기보다 일종의 강제 징수를 통해 만들어진 부분이다. 따라서 순노력 자산에 포함시킬 수 없다.

부동산도 마찬가지다. 오래전에 분양받은 이 아파트는 당시 분양가가 2억 6,000만 원이었다. 이 돈도 부부가 다 모은 게 아니라 절반은 부모의 도움을 받았다. 결국 아파트 가치 10억 원 중 1억 3,000만 원만 스스로의 노력으로 만든 자산이다. 나머지 8억 7,000만 원은 부모의 도움과 강남 아파트를 샀다는 운이 결합해 만들어진 시세차익이다.

이 부부가 스스로의 노력으로 만든 자산은 처음 아파트를 분양받을 때 사용한 1억 3,000만 원이 전부다. 1억 3,000만 원을 현재 가치로 따져보면 분명 큰돈이다. 그러나 자산의 대부분이 아파트 가격이 올라 만들어진 것이며 이 가정의 순노력 자산은 여기서 멈춰버렸다. 물론 두 아이 공부시키고, 남편이 장남이라 집안 대소사에 돈 쓸 일이 많았다는 아내의 이야기도 충분히 납득할 수 있다. 그러나 결혼생활 35년, 그것도 안정적인 고소득이 보장되는 교수라는 직업을 고려한다면 아쉬운 성적표다.

재무상태표를 볼 때 초기 자본을 고려해보면 그동안의 자산 축적 활동이 어떠했는지 판단할 수 있다. 여기서 순노력 자산이라는 개념을 도출할 수 있는데, 순노력 자산은 자산에서 부동산 시세차익을 제외한 개념이다. 순노력 자산은 손익계산서상의 이익 총합과 같은 개념이라고 보면 된다.

만약 결혼 당시 자산이 1억 원이었고 10년이 지난 지금 순자산이 4억 원이라면, 10년 동안 3억 원의 자산이 증가했다고 볼 수 있다. 그러나 10년 동안 3억 원이 늘어났다고 좋아하기에는 아직 이르다. 단순히 부동산 가치가 올라서 증가한 것인지 아니면 손익계산서 상의 이익도 매년 함께 증가시켜온 것인지 따져볼 필요가 있다. 즉 부동산 가치 상승분과 자신의 노력으로 인한 자산 상승분을 나누어 분석해봐야 한다. 그래야 그동안 재정 상태를 얼마나 건전하게 유지해왔는지 평가할 수 있다.

만약 대부분의 자산이 부동산 가치 상승으로 이뤄져왔다면 그동안

표 3-16	순노력 자산 계산법		(단위: 천 원)
자산 구성 항목	금액	설명
순자산	400,000	현재 순자산
초기 자본	100,000	자산 형성을 시작했던 시기 자산 금액 (부부라면 결혼 당시 자산/부모 지원 제외)
외부 도움	50,000	부모나 친지의 지원 등
부동산 시세차익	200,000	부동산 시세차익으로 얻은 자산 증가분
순노력 자산	50,000	부동산 시세차익을 제외한 자산 증가분으로 손익계산서의 누적 손익과 같은 개념 (순자산−초기 자본−부동산 시세차익)

번 돈은 다 쓰고 살았다는 뜻이다. 이 경우 자산이 많다고 자랑하거나 자부심을 느낄 게 아니라 오히려 방만한 재무 관리를 반성해야 한다.

과연 13억 원을 지킬 수 있을까

과거의 노력은 부족했지만 현재 순자산 13억 원이 있고 남편이 5년은 더 일할 수 있으니 이 부부의 미래는 걱정 없다고 생각한다면 섣부른 판단이다. 단기적으로도 장기적으로 이 가정의 미래를 순탄하게만 볼 수 없는 요소들이 있다.

먼저 단기적으로는 유동성 부족, 즉 현금 부족이 올 수 있다. 만약 소유하고 있는 집으로 돌아가야 한다면 돌려줘야 할 전세보증금이 5억 원이다. 그러나 당장 마련할 수 있는 돈은 살고 있는 집 전세보증금 4억 원과 현금 6,000만 원뿐이다. 결국 4,000만 원이 모자라는 유동성 부족 현상을 겪을 수밖에 없다.

조금 더 길게 보면, 자녀 둘의 결혼이 위험 요소다. 요즘은 해외연수, 취업난 등으로 취업이 늦다 보니 내년 결혼 예정인 33세 큰아들은 이제 직장생활 4년차다. 모아놓은 돈이 5,000만 원 남짓이라 서울에서 신혼집을 마련하기에는 턱없이 부족하다. 30세 작은아들도 5년 이내에 결혼한다면, 서울에서 전세를 얻는 데 한 명당 적어도 2억 원은 필요하다. 그러나 이 집에서 꺼내 쓸 수 있는 돈은 퇴직금뿐이다. 노후 자금이 줄어드는 위험을 무릅쓰고 이 부부는 퇴직금을 꺼내 자녀 결혼 자금으로 쓸 예정이다. 이대로라면 둘째가 결혼할 때 나머지 퇴직금을 다 쓰고 모자라는 돈은 아파트 담보대출을 얻어 결혼 자금을 해결할 수밖에 없다. 결국 은퇴 시점에 퇴직금이 소진될 위험이 존재한다.

아파트 담보대출을 받으면 남편이 은퇴한 후에는 연금 이외에 소득이 없으므로 연금으로 담보대출을 갚아나가야 할 테고, 생활이 쪼들릴 각오를 해야 한다. 연금을 받으며 여유로운 노후를 보내겠다는 기대는 애초에 하지 않는 게 현명할지 모른다.

물론 연금조차 없는 대다수에 비해 이 가정은 아파트라는 자산과 연금이라는 미래의 소득이 있다. 매우 다행스러운 일임에는 틀림없지만, 13억 원의 자산과 노후연금이라는 화려한 겉모습만 보고 살아온 이 부부에게 앞으로 닥칠 미래의 모습은 큰 충격이었다. 그래도 무책임한 낙관주의는 잊고 늦은 나이지만 지금부터라도 돈 관리를 제대로 해야 한다는 각성의 기회를 얻어 행운이라 생각하고 고마워했다. 재무상태표가 우리에게 말해주는 것들이 얼마나 중요한지 이 부부는 절실히 깨달았던 것이다.

🪙 우리 집은 얼마나 부자인가

재무상태표를 보면 우리 집이 얼마나 부자인지 알 수 있다고 했다. 그런데 도대체 자산이 얼마여야 부자일까? 사실 부자라는 개념은 상대적일 수밖에 없다. 10억 원이 있으면 부자라고 생각하는 사람도 있고 그렇지 않은 사람도 있다. 또한 지역에 따라 나이에 따라 부자의 기준은 달라질 수밖에 없다. 따라서 상대적인 기준, 즉 다른 이들은 얼마만큼의 자산이 있는가를 두고 우리 집을 평가하는 것이 그나마 합리적이다.

우리 집 상태를 평가할 수 있는 상대적 기준이 될 좋은 자료가 있다. 통계청에서 발표하는 가계금융복지 조사다. 전국 2만 가구를 표본으로 한 것으로, 대한민국 가계의 재무 상태를 알 수 있는 신뢰할 만한 자료다.

2017년 12월에 발표된 대한민국 평균 가정의 재무상태표는 〈표 3-17〉다음과 같다. 단, 전국 평균이기 때문에 서울 혹은 소도시를 기준으로 보면 현실과 다르게 느껴질 수도 있다.

이 조사에 따르면, 현재 가구당 보유 자산은 3억 8,164만 원이며, 평균 부채는 7,022만 원이다. 자산은 금융 자산이 26%, 부동산과 실물 자산이 74%를 차지하고 있어 역시 부동산의 비중이 매우 크다는 사실을 알 수 있다. 부채는 금융 부채가 전체 부채의 71%이며 이 중

자산		부채	
유동 자산		금융 부채	
저축	7,283	담보대출 (부채 내 구성비)	4,056(57.8%)
전/월세 보증금	2,510	신용대출	779(11.1%)
유동 자산 합계 (자산내구성비)	9,784(25.6%)	신용카드 관련 대출	56(0.8%)
부동산 자산 및 실물 자산		기타	110(1.6%)
거주 주택	15,393	금융 부채 합계	4,998(71.2%)
거주 주택 외	11,242	임대보증금	2,024(29.8%)
부동산 자산 합계 (자산 내 구성비)	26,635(69.8%)		
부동산 & 실물 자산 합계	28,380(74.4%)		
자산 합계	38,164	부채 합계	7,022
순자산		31,142	

담보대출이 58%로 역시 상당 부분을 차지하고 있다.

나이대별로 평균 자산을 확인하면 좀 더 정확하게 나의 현실과 비교할 수 있다. 가구주 나이별로 평균 순자산을 따져보면 30세 미만이 7,396만 원, 30~39세는 2억 1,769만 원, 40~49세는 3억 669만 원, 50~59세는 3억 6,457만 원, 60세 이상은 3억 3,394만 원이다. 순자산이 아니라 자산으로 따져보면 30세 미만이 9,781만 원, 30~39세는 2억 8,641만 원, 40~49세는 3억 9,202만 원, 50~59세는 4억 4,981만 원, 60세 이상은 3억 8,569만 원이다.

부채는 전체 가구의 63%가 보유하고 있었으며 주택담보대출의 영향으로 집을 소유한 사람의 부채 금액은 평균 부채 금액인 7,022만 원보다 큰 8,709만 원이었다. 이에 반해 전세 거주자의 평균 부채는

표 3-18	연령대별 자산과 부채		(단위: 만 원)
	자산	부채	순자산
30세 미만	9,781	2,385	7,396
30-39세	28,641	6,872	21,769
40-49세	39,202	8,533	30,669
50-59세	44,981	8,524	36,457
60대 이상	38,569	5,175	33,394

출처 : 2017년 통계청 가계금융복지 조사

6,530만 원으로 조사되었다.

소득과 자산, 부채를 비교해본 결과도 흥미롭다. 소득이 높거나 자산이 많으면 부채가 적을 거라는 생각은 착각이다. 저금리 환경에서 은행 이자가 부담되지 않는다고 여기니 금융 소비자들은 가능한 한 많은 돈을 빌리고 싶어 한다. 소득이 많고 자산이 큰 사람에게 금융기관은 돈을 더 많이 더 잘 빌려준다. 결과적으로 소득이 많고 자산이 큰 사람들은 더 큰 부채를 가지고 있다.

소득 5분위 가정은 금융 부채만 1억 5,768만 원이고 순자산 5분위 가정은 1억 7,389만 원에 달한다. 자산과 소득이 많아 더 많은 부채를 감당할 수 있다는 의미이기도 하지만, 많이 벌면 많이 쓴다는 사실을 단적으로 증명하는 숫자이기도 하다. 또한 절대적 부채 금액이 크다는 점은 향후 금리가 인상되거나 경제 불황이 지속될 때 가정경제의 위기를 심화시킬 수 있다는 적신호다.

〈표 3-19〉의 가구 평균 자산을 참고로 우리 집이 자산이 많은지 적은지 판단할 수 있다. 소득 대비 자산이 적다면 평상시 돈 관리가

표 3-19 | 소득/순자산 5분위별 금융 부채 보유 비율 (단위: 만 원)

		금융부채보유비율(%)	부채	자산
소득 5분위별	1분위	25.0	1,365	13,073
	2분위	52.8	3,586	21,391
	3분위	64.2	5,720	30,114
	4분위	70.1	8,434	42,097
	5분위	70.3	16,002	84,137
순자산 5분위별	1분위	46.0	2,244	3,147
	2분위	57.4	3,973	12,262
	3분위	61.7	5,347	24,026
	4분위	62.8	7,285	41,560
	5분위	54.5	16,259	109,814

소득은 가구 소득, 분위는 전체 국민을 20%씩 나눈 것을 의미한다

방만하다고 볼 근거가 된다. 또한 어느 분위에 속하는지 알 수 있기 때문에 상대적인 부와 빈곤을 가늠할 수 있다.

우리 집 자산을 평가할 수 있는 또 다른 기준으로 거주하고 있는 지역을 들 수 있다. 어디에 살고 있느냐에 따라 자산을 비교하고 평가하는 기준이 달라진다. 특히 한국처럼 서울/수도권에 인구와 부가 집중되어 있는 구조에서 거주 지역은 자산을 평가하는 데 중요한 고려 대상이다.

2017년 3월 기준으로 한국의 자산 평균 상위 지역은 서울, 대구, 경기이며 하위 지역은 강원, 전북, 전남으로 나타났다. 〈표 3-20〉은 시도별 자산 평균 및 중앙값으로 내가 거주하고 있는 지역의 평균 자산과 나의 상태를 비교해볼 수 있다.

부채 또한 지역 평균과 중앙값을 알 수 있다. 부채 평균 상위 지역은 서울, 인천, 경기이며 하위 지역은 광주, 강원, 전남이다. 부채가

표 3-20 | 2017년 3월 기준 지역별 자산 (단위: 만 원)

구분	자산(평균)	자산(중앙값)	실물 자산	금융 자산	저축액	전/월세 보증금
전국	38,164	23,370	28,380	9,784	7,283	2,501
서울	53,576	30,432	38,846	14,730	9,137	5,594
부산	31,328	21,150	24,078	7,250	5,934	1,316
대구	39,744	24,036	30,311	9,433	7,937	1,497
인천	30,065	20,364	22,853	7,211	5,404	1,807
인천	30,065	20,364	22,853	7,211	5,404	1,807
광주	29,200	22,656	19,782	9,418	8,128	1,290
대전	30,213	19,818	21,969	8,244	6,570	1,674
울산	40,625	32,520	30,780	9,845	8,267	1,578
경기	41,393	27,508	30,756	10,637	7,362	3,275
강원	29,685	17,650	22,724	6,961	6,275	686
충북	31,485	17,044	24,394	7,091	6,341	750
충남	31,596	21,118	24,869	6,727	5,569	1,158
전북	25,546	15,680	18,399	7,146	6,410	736
전남	26,586	16,440	18,977	7,609	6,804	805
경북	31,263	19,600	23,529	7,734	7,110	624
경남	31,971	22,235	24,043	7,928	6,905	1,023
제주	41,203	22,280	34,293	6,911	6,344	567
수도권	45,027	27,499	33,126	11,901	7,856	4,045
비수도권	31,790	20,545	23,972	7,818	6,750	1,068

자산은 부동산과 기타 실물 자산을 합산한 값
평균은 일부 극상/극하 값에 영향을 받을 수 있고 중앙값은 전체 가구의 가운데 위치한 값

많은 지역은 순자산도 큰 지역인데 순자산 평균 상위 지역은 서울, 대구, 울산이며 하위 지역은 강원, 전북, 전남이다.

　지금까지 대한민국 가계의 자산과 부채 현황을 살펴보고, 현재 우리 집이 가진 부가 어느 정도인지 확인할 수 있었다. 구체적이고 현실적인 데이터 없이 우리는 친구나 친척들을 보고 내 상태를 비교하기 쉽다. 그 결과 나만 가난한 것 같은 상대적 박탈감에 빠지거나 혹은

구분	부채(평균)	금융부채	부채 보유 가구 (비율%)	순자산	
				평균	중앙값
전국	7,022	4,998	63.2	31,142	18,525
서울	9,764	5,677	64.8	43,812	23,916
부산	5,174	3,925	59.7	26,154	17,524
대구	6,395	4,932	62.8	33,349	19,545
인천	6,486	5,178	70.2	23,579	14,706
광주	4,151	3,371	63.2	25,049	19,227
대전	6,120	4,219	65.4	24,093	15,040
울산	7,269	5,244	65.5	33,356	26,268
경기	8,754	6,269	69.1	32,640	20,369
강원	4,129	3,457	56	25,556	14,283
충북	5,042	3,532	61	26,443	13,727
충남	5,955	4,975	58	25,641	16,984
전북	3,979	3,288	49.7	21,567	12,690
전남	3,999	3,475	53.4	22,587	13,133
경북	4,682	4,077	54.5	26,581	16,799
경남	6,058	4,591	63.8	25,913	17,670
제주	5,787	5,256	56.4	35,416	18,452
수도권	8,904	5,906	67.5	36,123	20,880
비수도권	5,274	4,155	59.2	26,516	16,918

표 3-21 | 지역별 부채 평균과 중앙값 (단위: 만 원)

이 정도면 괜찮다는 근거 없는 낙관론에 매몰되어 현실을 개선할 생각을 못하게 된다. 상대적 박탈감이나 낙관론 모두 구체적인 숫자 없이 막연한 느낌이나 주변의 이야기로 만들어진 선입견에 기인한 것으로 돈 관리에는 전혀 도움이 되지 않는다.

지금까지 소개한 조사로 드러난 숫자와 우리 집의 재무상태표를 비교해봐도 역시 과거, 현재, 미래를 읽어낼 수 있다. 과거를 반성하고 현재를 개선하며 미래를 계획하는 행동을 지금이라도 시작해야 한다.

우리 집 손익계산서와 재무상태표 해석하기

지금까지 손익계산서와 재무상태표를 작성하여 우리 집 재정 상태를 객관적이고 구체적으로 파악해보았다. 그런데 숫자 파악보다 중요한 것이 바로 해석이다. 숫자가 무엇을 말하고 있는지, 어떤 방향을 가리키고 있는지 읽어내야 한다.

우리는 지금까지 주변의 근거 없는 조언이나 어서 부자가 되고 싶은 조급함 또는 돈 문제를 회피하는 태도로 돈에 대한 의사결정을 해왔다. 단순히 근검절약하는 태도만 있다는 것도 위험하기는 마찬가지다. 이제는 돈을 벌 때, 쓸 때, 모을 때, 불릴 때 모두 원칙과 근거를 가지고 행동해야 한다. 그 원칙과 근거 역시 숫자로부터 시작한다.

🧨 유동 비율이 100% 이상인가

돈과 관련한 숫자를 평가할 때 중요한 것은 첫째도 안정성, 둘째도 안정성, 셋째도 안정성이다. 기업은 생명이 없는 존재이고 망하면 그걸로 끝이지만 가정은 다르다. 가정은 가족 구성원의 삶이 지속적으로 유지되는 것이 우선이이자 필수조건이다. 그러나 사회가 복잡해지고 발전하면서 직업이나 자산의 안정성은 점점 더 떨어지고 있다. 게다가 한국은 사회 안전망이 충분치 않은 상황이다. 따라서 최소한의 안정성을 확보하는 건 가정경제를 운영하는 데 일차적인 과제로 아무리 강조해도 지나치지 않다.

한 가정의 단기적 안정 지표에서 유동 비율은 100% 이상이어야 한다. 여기서 단기는 12개월, 즉 1년을 뜻하며 유동 비율이란 1년 이내에 갚아야 할 부채와 1년 동안 현금화할 수 있는 금액의 비율을 의미한다. 만약 1년 이내에 갚아야 할 부채가 1,000만 원인데 같은 기간 현금화할 수 있는 돈이 500만 원이라면 유동 비율은 50%, 1,500만 원이라면 150%가 된다.

기업에서 유동 비율은 1년 미만의 단기 부채 상환 능력을 분석하기 위한 지표로, 유동 비율이 높을수록 단기 부채 상환 능력이 크다는 걸 의미한다. 이를 가정에도 적용해볼 수 있다. 만약 유동 비율이 100%가 안 되면 빚을 갚지 못하게 되고, 이 경우 추가로 부채를 일으켜야 하나 불가능하다면 부채가 연체되어 신용불량자가 될 수 있다. 따라서 유동 비율은 1년 이내에 재무적 위험이 발생할 가능성이 있는지 파악하는 지표다.

　유동 비율을 계산하기 위해서 먼저 유동 자산을 파악해보자. 앞서 재무상태표에서 유동 자산을 파악했다면 그대로 사용할 수 있다. 재무상태표상의 유동 자산은 현 시점의 유동 자산을 의미한다. 그런데 앞으로 1년간 유동 자산이 추가로 생길 수 있으므로 이것까지 예측해서 합산해 유동 자산으로 볼 수도 있다. 만약 현재 유동 자산이 500만 원이고 앞으로 1년 동안 500만 원의 유동 자산이 추가될 예정이라면 총 유동 자산은 1,000만 원으로 산정할 수 있다.

　유동 자산 다음으로는 부채를 계산해야 한다. 기업에서는 1년 안에 만기가 돌아오는 부채를 유동 부채라고 하고 이것으로 유동 비율을 계산한다. 그러나 가정경제에서는 만기에 일시 상환하기보다는 매월 부채를 갚아나가는 경우가 많다. 따라서 매월 갚고 있는 돈을 부채 금액으로 산정하는 것이 바람직하다. 만약 월 상환액이 70만 원이라면, 1년치 840만 원이 향후 1년 동안 상환할 부채다.

　가정경제를 꾸려가는 데 유동 비율 100%를 유지하는 일은 매우 중요하다. 부채 상환은 중간에 멈출 수가 없으므로 유동 비율은 예외 없이 100% 이상이어야 한다. 만약 1년 이내에 확보 가능한 유동 자산까지 포함해도 유동 비율이 100%가 넘지 않는다면 조만간 신용불량, 기업으로 치자면 부도가 나는 상황이라는 의미다.

　유동 비율이 100% 이하라면 묻지도 따지지도 말고 긴축재정을 실시해야 한다. 모든 지출을 줄이고 허리띠를 졸라매야 한다. 재무 상태에 위험 신호가 켜진 것이므로 초절약 모드로 전환해야 한다. 발등에 불이 떨어져 추가로 빚을 내기 위해 여기저기 아쉬운 소리를 하기 전에, 신용불량으로 경제활동에 제약을 받기 전에 반드시 유동 비율 100% 이상을 유지해야 한다.

💰 비상금은 확보돼 있는가

그렇다면 유동 비율이 100%라고 해서 안심할 수 있을까? 불행히도 현실은 그렇지 못하다. 유동 비율 100%는 지켜야 할 최저 마지노선에 불과하다. 살림살이라는 게 항상 예상보다 많이 쓰면 쓰지 적게 쓰기는 쉽지 않다. 더군다나 생각지도 않았던 돈 쓸 일은 매년 수차례 생긴다. 별도의 자금, 즉 비상금이 반드시 필요한 이유다.

비상금을 따로 갖고 있는 건 목돈을 그냥 묻어두는 것이기에 비효율적이라고 주장하는 재테크 전문가를 본 적이 있다. 아마도 제대로 가정 살림을 해보지 않았음에 틀림없다. 가정은 언뜻 보면 매년 매월 같은 일이 반복되는 것 같아도 실제로는 예측 불가능한 일들이 항시 발생하는 곳이다. 가족이 아파서, 가전제품이 고장 나서, 갑자기 여행을 가게 돼서, 월세가 올라서, 친지가 돈을 빌려달라고 해서 돈 쓸일이 생긴다. 마치 여기저기서 불쑥불쑥 올라오는 두더지 잡기 게임 같다. 이에 대비하는 건 가정경제 운영의 기초 가운데 기초다.

비상금의 효용성과 필요성은 아무리 강조해도 지나침이 없다. 단순히 돈이 필요하다는 이유뿐만 아니다. 비상금이 주는 심리적인 안정감은 일상에서 돈 생각을 제거해주는 데 탁월한 효과를 발휘하기 때문이다.

집 안에 잡동사니가 굴러다닌다고 상상해보자. 집에 들어올 때마다 잡동사니가 눈에 띄니 보기가 싫고 거치적거리고 신경이 쓰인다. 잡동사니를 치우기 위해서는 어딘가에 집어넣어야 한다. 수납공간이 여유 있어 그곳에 집어넣으면 깔끔하게 해결된다. 그러나 수납공간이 없거나 부족하면 잡동사니는 계속 집 안 어딘가에 뒹굴어야 하고, 그걸 볼 때마다 저걸 어떻게 처리해야 하나 골머리를 앓는다.

여기서 집 안은 내 머릿속으로, 잡동사니는 돈 걱정으로, 수납공간은 비상금으로 바꿔 생각해보자. 지금 돈이 필요한 상황(잡동사니가 뒹구는 상황)이다. 비상금이 있으면(수납공간이 있으면) 바로 비상금을 사용해서 해결(수납공간에 넣어버리면)할 수 있고 더 이상 신경 쓸 필요가 없다. 그러나 비상금이 없다면(수납공간이 없다면) 그 문제는 계속 머릿속에 남아 잡음을 일으키고 돈 생각으로 터널링에 빠지게 할 것이다.

비상금은 집 안의 넉넉한 수납공간 같은 역할을 한다. 잡동사니가 나뒹구는 집에 사는 사람과 수납공간에 잘 보관돼 있는 집에 사는 사람의 심리 상태나 건강 상태는 어떨까? 두말할 필요 없이 후자가 육체적으로나 정신적으로 훨씬 더 건강한 일상을 유지한다.

비상금의 역할이 바로 여기에 있다. 비상금은 돈 걱정으로부터 벗어나게 해주는 최소한의 안전망이며, 돈 생각의 터널링에 빠지지 않게 함으로써 하고 있는 일과 만나는 사람들과의 관계에 집중할 수 있게 하는 기본적인 원동력이다. 이는 어떤 투자상품도 할 수 없는 일이다. 오직 비상금만 할 수 있다.

그렇다면 비상금은 얼마를 가지고 있어야 할까? 예금이나 적금, 투자상품에 묶여 있지 않고 바로 현금화할 수 있는 비상금은 보통 3개월치 생활비를 말한다. 또는 미혼이라면 500만 원, 기혼이라면 1,000만 원 정도를 최소한도의 비상금으로 준비하기를 권한다. 이 정도 금액을 언제든지 현금화할 수 있고 이자도 받을 수 있는 CMA 통장에 넣어놓으면 비상금이 준비된 것이다.

자산 대비 부채는 얼마인가

이제 우리 집 부채 비율은 어느 정도인가 알아보자. 부채 비율은 말 그대로 자산에서 부채가 차지하는 비율이다. 자산이 크다 해도 부채 비율이 높다면 재무 상태는 건강하지 못하며 항시 위험에 노출돼 있는 셈이다. 가정경제에서는 재무상태표에서 구한 자산을 분모로 하고 부채를 분자로 해서 부채 비율을 구할 수 있다. 부채 비율이 높다면 지출해야 할 이자 비용이 크고 여유 자금을 축적할 기회가 없다는 뜻이다. 이 경우 돈 쓸 일이 생기거나 지출이 늘어나면 추가로 빚을 내야 하는 악순환에 빠진다.

만약 부채 비율이 100%라면, 빚을 갚고 나면 한 푼도 남지 않는다는 의미다. 파산하는 경우가 여기에 해당한다. 적어도 빚을 갚고 나서도 기존과 같은 생활을 유지할 수 있는 수준이 적절한 부채 비율이다. 예를 들어 4억 원짜리 부동산에 담보대출 2억 원이 있다면 부채 비율은 50%이다. 만약 부동산을 처분해 부채를 갚는다면 2억 원이 남는다. 이 돈으로는 같은 수준의 집을 구할 수가 없다. 그래서 월세를 구하면 월세 지출이 추가되므로 이전보다 지출이 늘어난다. 따라서 매매가 대비 전세가인 전세가율을 기준으로 적절한 부채 비율을 산정해 볼 수 있다.

2017년 10월 KB국민은행 발표에 따르면, 서울의 전세가율은 71.2%다. 그렇다면 100%-71.2%인=29%가 안정적인 부채 비율이라고 볼 수 있다. 이 이상이라면 부채가 청산됐을 때 생활환경은 지금보다 열악해질 것이다. 따라서 부채 비율은 가능한 한 30%를 넘지 않

표 3-22 ㅣ 전국 아파트 전세가율					(단위: %)
구분	2013년	2014년	2015년	2016년	2017년 8월
전국	68.7	70.3	73.4	74.6	74.4
서울	63.6	65.9	70.8	71.6	70.8
부산	71.8	72.5	71.9	72.1	71.3
대구	74.4	74.5	75.4	75.8	75.9
인천	64.1	66.5	72.3	73.7	74.2
광주	77.8	78.3	79.7	80.3	80.8
대전	70.6	71.5	73.1	74.4	75.0
울산	73.4	72.2	70.3	70.5	70.9
세종	65.3	59.1	57.5	61.5	52.6
경기	65.8	69.2	74.6	76.2	76.0
강원	71.8	72.6	75.9	75.8	75.9
충북	70.7	70.0	71.2	74.3	76.0
충남	70.7	72.0	75.1	76.1	76.1
전북	75.3	76.2	77.7	78.9	79.2
전남	72.4	73.3	78.6	78.5	78.6
경북	74.4	73.8	74.0	76.1	76.9
경남	69.9	70.3	70.6	72.5	72.3
제주	71.1	72.6	71.2	68.2	67.8

출처: 2017년 국정감사 자료

는 게 좋다. 30% 이상이면 재부 상태에 위험 신호가 켜졌다고 봐야 한다. 적어도 50% 이상은 넘지 않도록 관리해야 한다.

정부의 부동산 대출 규제 방안 중 하나인 LTV가 바로 담보 가치에 대한 부채 비율을 얼마나 잡을 것인가에 관한 내용이다. LTV는 담보 인정 비율(Loan-To-Value ratio)로, 금융기관에서 대출을 해줄 때 담보물의 가격에 대비하여 인정해주는 금액이다. LTV 또한 지역에 따라 다르나 대부분 50%를 넘지 않으며 투기과열지구는 40%이다(2017년 기준). 자산 대비 부채 비율이 최소한 50%를 넘지 말아야 한다는 기준이 LTV에도 적용됐다고 볼 수 있다.

💲 부채 상환에 수입의 얼마를 쓰고 있는가

돈을 빌릴 때 이 돈을 못 갚을 거라고 생각하고 빌리는 사람은 없을 것이다. 자신은 충분히 갚을 능력이 있다고, 조금 더 절약하면 빚을 갚을 수 있을 거라고 생각하고 부채를 일으킨다. 그러나 현재 벌고 있는 수입과 지출에 대한 정확한 분석 없이 머릿속에서 대충 산정한 금액으로 어림짐작하는 경우가 대부분이다. 빚을 지기 전에 반드시 수입과 지출 분석을 통해 상환 능력을 점검해야 한다.

부채 상환에 쓰이는 비용이 총 수입의 얼마 정도를 차지해야 하는 지는 정부에서도 DTI라는 이름으로 규제하고 있다. DTI(Debt-To-Income ratio), 즉 총 부채 상환 비율은 소득에 비해 얼마나 많은 원금과 이자를 상환하는가를 뜻한다. 부동산 경기와 정부 정책 방향에 따라 DTI는 변동해왔는데 2017년 10월 기준으로 투기지역은 40%다. 즉 연 소득의 40% 이내 금액만으로 부채의 원금과 이자를 갚아나가야 한다는 뜻이다.

그러나 정말로 소득의 40%를 부채 상환에 써버리면 살림을 꾸려나가기가 매우 어려워진다. 더군다나 은행에서 산정하는 소득은 세전 소득으로 실제 통장에 들어오는 소득보다 많은 금액이기 때문에 40%가 아니라 소득의 50%를 부채 상환에 쓰게 된다. 가족을 부양하지 않아도 되는 1인 가구가 아니라면 정상적인 살림이 불가능할 수 있다.

부채 원리금 상환에는 소득의 30%를 상한선으로 두는 것이 현실적이다. 30%를 상한선으로 하되 가능한 한 소득의 20%선에서 부채를 상환하는 것이 가족이 정상적으로 생활을 영위할 수 있는 조건이다. 소득도 세후 소득, 즉 실제로 수령하는 소득을 기준으로 하는 것이 바람직하다.

DTI는 연간 소득을 기준으로 부채 가능 금액을 정하고 있다. 그런데 수입만으로 부채 상환 능력을 산정하는 건, 수입이 많으면 대출을 많이 받을 수 있다는 뜻이다. 그러나 수입이 많으면 지출도 많은 법이다. 따라서 단순히 수입이 아니라 실제 상환 가능한 금액으로 부채 상환 능력을 평가하는 것이 더 정확하다.

상환 능력을 따져보기 위해서는 수입이 아니라 손익계산서상의 가처분 소득을 근거로 하는 것이 합리적이다. 가처분 소득은 소득에서 비용과 저축을 제외하고 최종적으로 남은 금액을 말한다. 이것이 바로 부채 상환을 할 수 있는 여력이다. 이보다 많은 돈을 부채 상환에 써야 한다면 반드시 비용을 줄여 가처분 소득을 늘려놓아야 한다.

사실 이런 이야기는 불필요한 잔소리일 수 있다. 갚을 수 있을 만큼만 빚을 져야 한다는 건 너무나 당연한 이야기다. 그러나 자신의 상환 능력을 점검하고 이에 맞춰 빚을 지거나 비용을 구조조정하는 사람은 불행히도 많지 않다. 많은 이들이 주먹구구식으로 빚을 지고 있는 것이다.

🪙 얼마나 오랫동안 갚아야 하는가

부동산 담보대출처럼 금액이 큰 부채는 상환 기간이 10~30년으로 매우 길다. 기간이 길어지면 매월 부담해야 하는 원리금 상환 금액이 줄어들기 때문에 늘어난 기간만큼 이자를 더 낸다 해도 대부분은 가능한 한 오랜 기간에 걸쳐 상환하는 방식을 선택한다.

만약 40세에 30년 만기로 담보대출을 받는다면 70세까지 대출을 갚아야 한다. 60세 전후에는 은퇴하고 소득이 급감하므로 상환이 어려워질 가능성이 높다. 대부분은 막연히 그 전에 집을 팔아 원금을 갚고 나머지 돈으로 노후생활을 하겠다는 계획을 갖고 있기에 상환 기간에 대한 위험성을 심각하게 여기지 않는다.

물론 계획대로 일이 진행돼 부채 상환에 어려움이 없을 수 있지만 나이가 많을수록 부채 상환 기간이 길어지면 위험은 커진다. 공무원처럼 정년이 보장된 직업이 아닌 이상 생각보다 일찍 소득이 급감하는 변수가 발생할 수도 있다. 자녀가 성장하면서 교육비가 늘어나 빚을 갚을 여력이 줄어들 위험도 크다. 즉 부채 상환 기간이 길어질수록 이자도 많아지지만 부채 상환 자체가 어려워질 가능성도 커진다.

빚을 지기 전에 얼마 동안이나 상환할 수 있을지 냉정하게 따져보는 일은 그래서 반드시 필요하다. 지금의 소득이 언제까지 이어질 수 있을지 따져봐야 한다. 맞벌이가 외벌이가 되거나 가장이 실직하거나 아이들이 키서 교육비가 많이 들기나 하면 부채 상환은거녕 기본적인 살림살이조차 어려워진다. 맞벌이가 가능한 시점까지, 지금의 소득이 유지되는 시점까지, 자녀 교육비가 급증하는 고등학교 진학이전, 적어도 대학생이 되기 전까지는 부채 상환이 끝나도록 상환 기간을 정하는 것이 바람직하다.

만약 월 100만 원이 여유 자금이고 자녀가 고등학교에 진학하는 시점이 10년 남았다면 상환 가능한 부채 금액은 원리금 합산 1억 2,000만 원이다. 이런 식으로 기간과 매월 상환 가능한 금액을 계산해 부채의 상한선을 정할 수 있다.

상환 기간이 늘어나 매월 갚아야 하는 원리금이 적어지면 부담이 덜한 것처럼 느껴지는 건 사실 큰 착각이다. 지출을 줄이고 하루라도 빨리 부채를 갚는 것이 가정경제의 안정성을 높이면서 이자 부담을 줄여 경제적인 이익까지 얻는 현명한 선택이다.

이자만 내는가, 원금도 갚고 있는가

빚을 지면 반드시 갚아야 한다. 극단적 재무 위기에 몰려 회생이나 파산 같은 제도를 이용해 빚을 감면받거나 탕감받는 경우를 제외하면 빚은 이자까지 모두 갚아야만 한다. 당연히 이자를 적게 내는 것이 이익이므로 빚은 힘들더라도 하루라도 빨리 갚는 게 좋다.

빚 없이 살면 좋지만 어쩔 수 없이 빚을 져야 한다면 그다음 목표는 빚을 빨리 갚는 것으로 잡아야 한다. 빚을 빨리 갚기 위해서는 반드시 처음부터 원금을 함께 상환해야 한다. 거치 기간이 있어서 이자만 물고 있는 걸 빚을 갚고 있다고 착각하기도 하지만, 이자만 내는 건 결코 빚을 갚고 있는 게 아니다. 거치 기간을 두는 것은 부채 상환의 고통을 잠시 유예하는 것일 뿐이며 궁극적으로 더 많은 이자를 물어 손해가 커질 뿐이다. 만약 당장 돈에 여유가 없어 거치 기간을 두어야 한다면 빚을 지는 것 자체를 다시 고려해야 한다. 지금 갚을 수 있는 능력이 안 되는데 거치 기간이 지난 후에 빚을 갚을 여력이 생길리 없다. 원금 갚을 여력이 안 되면 빚을 지지 않는 것이 정답이다.

담보대출로 집을 살 때도 마찬가지다. 대다수가 대출 없이는 집을 살 수 없는 상황을 인정한다면, 대출 이자를 월세라고 생각해야 한다. 집을 사용하는 대가로 은행에 사용료를 내는 셈이다. 4억 원짜리 집을 사기 위해 2억 원을 대출받았다면, 2억 원의 보증금을 내고 대출 이자만큼 월세를 내고 있는 반전세에 불과하지 내 집이 아니다. 물론 대출 이자, 즉 월세를 잘 내고 있는 동안에는 안정적으로 주거할 수 있다는 큰 장점이 있다. 또한 같은 집을 임대했을 때 월세보다는 대출 이자가 더 싸다는 점도 무시할 수 없다. 집값이 오르면 시세차익도 기대할 수 있다. 내 집을 사야 하는 주된 이유이기도 하다.

대출로 집을 샀으나 원금을 상환할 여력이 없어 이자만 내야 하는 경우를 생각해보자. 이자는 워낙 장기간 부담하는 것이라 집값이 오른다 해도 시세차익을 생각보다 크게 훼손한다. 1억 5,000만 원을 대출받아 산 3억 원짜리 아파트가 13년 동안 4억 3,000만 원이 되었다고 하자. 금리를 연 5%로 계산하면 이자는 월 62만 5,000원, 13년이면 총 9,750만 원이다. 3억 원짜리기 4억 3,000만 원이 되어 1억 3,000만 원의 시세차익을 얻은 것 같지만 이자를 빼면 이익은 3,250만 원에 불과하다. 여기서 각종 세금까지 제하면 이익은 더욱 줄어든다.

좀 더 나은 주거환경을 위해 대출을 받아 은행에 월세를 지불하는 게 잘못은 아니다. 그러나 그 전에 이 세 가지를 기억해야 한다. 첫째, 좀 더 나은 주거환경은 공짜가 아니다. 둘째, 대출 이자라는 월세를 내야 하므로 내 집이 아니라 반전세다. 셋째, 이자는 집값 상승분의 상당 부분을 상쇄시켜버려 실제 이익은 크게 줄어든다.

따라서 가능한 한 이자 부담을 최소화해야 한다. 그런데 이자를 적게 내기 위해서는 뾰족한 수가 없다. 대출을 적게 받거나 원금을 하루라도 빨리 상환하는 것 두 가지뿐이다. 만약 이자밖에 못 낼 상황이라면 집을 살 계획은 포기하기를 권하고 싶다. 집값이 오른다 해도 이익이 적고, 만에 하나 떨어진다면 원금 손실 상황이 일어난다. 이 경우 그동안 낸 이자가 아깝겠지만 집을 사용한 비용으로 생각하는 것이 맞다. 다시 한 번 강조하지만 대출 이자만 갚고 있을 뿐 원금 상환을 못하고 있다면 그건 내 집이 아니라 반전세 집에 불과하다.

저금리시대에 은행에서 대출받아 집을 사지 않으면 바보라고 생각할 수도 있다. 그러나 이자 비용이 소득의 상당 부분을 차지해 허리띠를 졸라매고 살아가야 한다면 대출은 미래를 담보 잡힌 위험한 거래일 수 있다. 원금을 상환하지 못한다면 아무리 저금리라도 빚을 지고 집을 사는 건 피해야 한다. 그건 능력보다 큰 소비이며 집에 대한 과소비 상태다.

얼마나 많은 종류의 빚을 지고 있는가

부채는 가능한 한 적은 수를 갖고 있어야 관리도 쉽고 상환 계획을 잡기도 용이하다. 만약 부채의 종류가 각종 할부 상환금을 포함해 5개 이상이라면 위험한 수준이다. 2개 이내가 바람직하다.

큰 부담 없이 시작되는 작은 부채들이 차츰 걷잡을 수 없이 늘어날 수 있어 주의가 필요하다. 특히 사채나 대부업에서 돈을 빌리면 매우 높은 이자를 물어야 한다. 이자율이 높아도 소액이라 상관없다고 생각하면 안 된다. 경계심을 갖지 않으면 이런 행위가 한 번으로 끝나지 않고 주기적으로 반복돼 결국 큰 부채로 이어진다.

미국 펜실베이니아대학과 맨더빌트대학은 신용카드 현금서비스 같은 고금리 소액 대출인 페이데이론(pay-day loan) 소비자들을 집중 분석했다. 페이데이론은 다음 달 월급날까지만 빌리는 매우 짧은 기간의 대출로 소액이라 수수료가 매우 높다. 100달러를 빌리면 기간에 상관없이 다음 달 월급날까지 18달러의 수수료를 지불하는데 만약 2주를 빌린다면 하루 금리가 무려 1.3%로 연간으로 따지면 470%에 달한다. 이런 페이데이론 사용자들을 조사한 결과, 이들은 1년 이내에 채무 불이행, 한국으로 치면 신용불량자가 될 확률이 80%에 달했다. 또한 채무 불이행에 이르기까지 평균 5군데의 대출업체에서 돈을 빌리고 연간 90%가 넘는 고금리를 지불했다. 아무리 소액이라도 급한 불을 끈다며 여기저기 빚을 지고 부채의 수를 늘리는 일이 얼마나 위험한지 보여주는 조사 결과다.

부채 상환 계획은 부채의 수를 줄이는 방향으로 잡는 것이 좋다. 가장 소액인 것부터 갚아서 하나라도 부채의 수를 빨리 줄여야 부채도 없애고 성취감도 느낄 수 있다. 가능하다면 부채를 통합해 하나로 줄이는 것도 나쁘지 않다. 가장 큰 금액을 빌릴 수 있고 이자율도 가장 낮기 때문에 담보대출을 받아 다른 대출을 갚고 담보대출 하나만 꾸준히 갚아나가는 것도 효율적인 방법이다.

빚을 낼 때 꼭 따져봐야 하는 것들

가정재무 관리에서 가장 중요한 안정성에 대해 여러 지표들을 살펴보았다. 안정성 유지는 가정경제에서 가장 중요하며, 안정성은 부채와 직접 상관관계가 있다. 안정성을 관리한다는 건 부채를 관리한다는 뜻이나 마찬가지다.

어떻게 빌릴 것인가?

이자를 가장 적게 내는 방식으로 빌려야 한다. 원금 균등 상환은 초기에 많은 돈을 갚아야 하지만 가장 이자를 적게 부담하는 방식이다. 시간이 지날수록 상환 금액이 적어지기 때문에 부채 상환이 점점 수월해진다. 대부분 은행에서는 매달 같은 금액을 상환하는 원리금 균등 상환 방식을 권하지만 가능한 한 원금 균등 상환 방식을 선택해서 이자 부담을 조금이라도 줄이도록 하자.

원금 상환 여부

두 번 생각할 필요 없이 무조건 원금을 함께 상환하는 방식으로 빌려야 한다. 원금을 상환할 수 없다면 빚을 지기보다는 자산을 팔고 지출을 구조조정해서 자금을 마련하는 게 바람직하다. 지금 갚지 못하는 원금을 나중에 갚을 수 있다고 생각하는 건 착각임을 명심해야 한다.

유동 비율

앞으로 1년 동안 벌어서 쓰고 남은 돈이 같은 기간 갚아야 할 원리금 상환액과 같거나 커야 한다. 쓰고 남은 돈과 원리금 상환액이 같다면 유동 비율은 100%이다. 유동 비율은 무조건 100% 이상이 되도록 재무 구조가 맞춰져야 한다.

부채 비율

총 자산에서 부채가 차지하는 비율이며 가능한 한 30%를 넘지 않도록 해야 한다. 30% 이상이라면 경고등이 켜진 것이며, 절대로 50% 이상이 되지 않도록 관리해야 한다.

월 상환액

월 수입의 20% 이내로 부채 상환 금액 한도를 정하고 최대 30%를 넘지 않도록 하자. 기존 부채가 없다면 원금을 상환한다는 조건에서 손익계산서상의 가처분 소득 금액이 지금 최대로 부채를 상환할 수 있는 금액이다. 기존 부채가 있다면 가처분 소득은 추가 부채 상환이 가능한 금액이다. 만약 가처분 소득보다 부채가 더 필요하다면 지출을 줄이고 저축도 줄이는 비용 구조조정과 자산을 매각하는 방법을 고려해야 한다.

상환 기간

무조건 길게 상환하는 것은 이자 부담도 커질 뿐만 아니라 상환하지 못할 위험도 크다. 현재 소득이 유지되면서 지출이 증가하지 않는 시점까지 상환 기간을 잡는 것이 안정적이다. 맞벌이라면 외벌이로 전환되는 시점도 고려해야 한다. 교육비가 많이 들어가기 전, 즉 자녀가 고등학교에 입학하기 전이나 대학 입학 전까지는 부채 상환이 끝나도록 상환 기간을 잡자. 1년간 상환 가능한 금액에 상환 가능한 기간을 곱한 것이 이자를 포함한 최대 대출 금액이라는 점을 기억하고, 이에 맞춰 대출을 받도록 하자.

부채의 수

가능한 한 2개 이하로 유지하도록 한다. 부채의 수가 늘어날수록 연체 가능성도 높아진다.

살찐 사람이 빚이 더 많다?

만약 의지를 측정할 수 있다면, 모든 사람이 같은 양의 의지를 가지고 있을까? 그렇지 않다고 생각하는 사람이 많을 것이다. 굳건한 의지를 갖고 결심한 바를 묵묵히 실천하는 사람도 있지만 결국 작심삼일로 끝나는 사람이 훨씬 많다. 다이어트에 실패하고, 저축에 실패하고, 금연에 실패하는 의지박약은 어디서 오는 걸까?

그것은 눈앞의 일을 중요시하는 자아와 미래의 일을 중요시하는 자아가 갈등을 일으키기 때문이다. 미래의 건강하고 날씬한 몸이라는 가치와 당장 맛볼 수 있는 맛있는 음식의 가치가 갈등하고 충돌하는 과정인 것이다.

우리는 건강과 질병 중 하나를 선택하라고 하면 당연히 건강을 선택한다. 그런데 오늘의 쾌락(흡연)과 5년 후의 건강(금연)을 물으면 마음이 흔들리고 오늘의 쾌락을 선택하는 것이 대다수의 인간이다. 이런 일이 누적되고 반복되면 결국 자멸(다이어트 실패, 저축 실패, 금연 실패)로 이어진다.

이는 시간할인율(현재 대비 미래에 대한 가치 평가) 개념으로 설명할 수 있다. 즉 현재를 중요시하는 사람은 시간할인율이 높은 사람(미래를 더 많이 할인해서, 즉 가치를 깎아서 인식)이며, 미래를 중요시하는 사람은 시간할인율이 낮은 사람이다. 시간할인율이 낮은 사람은 내일 사과를 두 개 받을 수 있다면 오늘 하나의 사과를 포기할 수 있지만, 반대인 사람은 내일 두 개보다는 지금 받을 수 있는 사과 하나를 선택한다. 시간할인율이 높은 사람은 현재의 만족에 큰 비중을 두고 행동하는 조급한 사람으로, 반대로 시간 할인율이 낮은 사람은 장래의 만족을 위해 현재의 유혹을 참는 인내심 강한 사람으로 여겨진다.

우리의 내면에는 장래의 일을 중시하는 자아―천사와 오직 당장의 이익에 솔깃한 자아―악마가 있다. 천사는 장기적으로 이익을 가져다줄 수 있는 다이어트, 시험공부, 저축 같은 행동 계획을 세운다. 그러나 계획을 실행하는 것은 불행히도 천사가 아닌 악마의 손에 맡겨진다. 시간할인율이 높은 사람은 악마의 힘이 더 세기 때문에 장기 계획을 하나하나 포기하고, 처음의 목표는 도미노처럼 무너져버린다. 그 결과 비만, 낙제, 적자라는 결과에 직면한다.

눈앞의 쾌락과 장기적인 이익 양단간에 어떤 결정을 하는지는 한 개인의 시간할인율이 어떠한가에 따라 달라진다. 일상에서 일어나는 다양한 선택과 행동에서 자신의 시간할인율은 어느 정도인지 파악할 수 있을 것이다. 절제력이 있는지, 주어진 과제를 미루는 성향이 어느 정도인지, 친구와의 약속은 잘 지키는지 등 여러 상황에서 본인의 선택을 되돌아보면 된다.

만약 시간할인율이 높다는 생각이 든다면 미래의 건강보다 현재의 식탐을 선택하는 사람으로 비만일 가능성이 높고, 돈 문제에서도 장기적인 이익보다 순간의 쾌락을 선택할 가능성이 높다. 저축을 지속하기 어렵고 따라서 빚을 질 가능성도 평균 이상이라고 볼 수 있다. 실제로 살찐 사람이 더 많은 비율로 빚이 있다는 연구 결과가 있다. 축적된 지방과 쌓여 있는 빚은 형태는 달라도 같은 선택의 결과물인 셈이다.

인간의 자제력이나 의지력은 무한히 샘솟지 않으며 상당히 제한된 자원이다. 자제할 게 많거나 자제력을 발휘해야 할 빈도가 잦아지면 당연히 자제력은 떨어지고 충동적인 선택을 할 가능성이 커진다. 또한 신경 써야 할 일이 많으면, 즉 인지 능력과 자제력을 동시에 사용해야 한다면 역시 자제력은 떨어지고 악마의 손길이 더 강해진다.

미국 스탠퍼드경영대학원과 켈리경영대학교에서는 인지 능력과 자제력에 대한 실험을 실시했다. 이들은 피험자를 두 그룹으로 나눠 한쪽에는 큰 수(일곱 자리), 다른 한쪽에는 작은 수(두 자리)를 암기하는 과제를 냈다. 그런 다음 한창 과제에 열중해 있을 때 과일 샐러드와 초콜릿 케이크 중 어느 걸 먹을지 물어봤다. 그 결과, 더 어려운 과제를 할당받은 그룹이 더 높은 확률로 초콜릿 케이크를 선택했다. 인지 능력이나 의지력에는 한계가 있기 때문에 한 가지에 써버리면 다른 한 가지에는 사용하기 힘들다. 그래서 음식의 선택에서 충동적이 되었던 것이다.

장기적인 계획을 꾸준히 실행하기 위해서는, 즉 순간의 쾌락으로 인도하는 악마의 유혹을 이겨내기 위해서는 다른 곳에 의지력이나 에너지를 소모하지 말아야 한다. 앞서 살펴본 것처럼 돈 생각은 인지 능력을 저하시키고 머릿속에 지속적인 소음을 발생시켜 에너지를 분산시킨다. 결국 시간할인율을 높이고 본능과 충동적 성향을 더 강하게 만들어 애써 결심한 장기적인 계획을 수포로 돌아가게 한다. 돈 생각을 하지 말아야 돈을 벌 수 있다는 명제가 여기서도 증명된 셈이다.

4장

돈, 잘 쓰는 게
아끼는 것이다

우리 집은 얼마를 벌어 얼마나 남기고 있을까

기업은 투자한 비용에 비해 이익이 많이 남을수록 수익성이 높다고 말한다. 가정은 기업의 투자와 수익의 개념을 그대로 적용하기 어렵기 때문에 가정경제에서는 벌어들이는 돈(기업의 투자)과 지출하는 돈(기업의 원가, 비용)을 계산해 매월 얼마의 돈을 남기는지(기업의 이익)를 수익으로 간주할 수 있다.

기업에서 수익성을 따질 때 수익 금액보다 중요한 것은 수익률이다. 10억 원을 번 기업 A와 5억 원을 번 기업 B가 있다고 하자. 절대적인 금액에서는 A가 B의 두 배가 넘지만 얼마를 투자했는지 따져보면 결과는 달라질 수 있다. A가 100억 원을 투자했고 B가 10억 원을 투자했다면 A의 수익률은 10%, B는 50%다.

가정도 마찬가지다. 연봉 1억 원인 집과 5,000만 원인 집이 있다고 하자. 1억 원인 집이 연 1,500만 원이 남고 5,000만 원인 집이 연 1,000만 원이 남았을 때 수익률을 따져보면 1억 원인 집은 15%, 5,000만 원인 집은 20%다. 즉 수익성이 더 좋은 집은 연봉 5,000만 원인 집이다.

기업은 수익성을 높여 더 많은 이익을 남기는 것이 존재 이유이자 목표지만, 가정은 구성원을 안정적으로 돌보는 동시에 각자의 욕구를 만족시킬 수 있도록 적절한 소비활동을 해주어야 한다. 그래야 가족 구성원 간의 갈등을 최소화하고 노동으로 수입을 만들어내는 구성원이 안정적으로 재생산을 해낼 수 있다. 무조건적인 비용 절감, 수익 증대라는 슬로건은 가정에 맞지 않다.

그럼에도 불구하고 최소한의 이익, 즉 가처분 소득을 플러스로 유지하는 일은 가정에서도 반드시 지켜야 하는 과제다. 주거, 교육, 의료, 여가생활에 지속적으로 비용이 증가하는 것에 대비해야 하기 때문이다. 매월 조금이라도 이익을 내고 이를 계속 모으고 굴려 목돈을 만들어 돈 쓸 일에 대비해야 한다는 기본적인 재무 프로세스는 어느 가정도 예외일 수 없다. 이미 평생 쓸 돈을 쌓아놓은 사람을 제외하면 말이다.

이번에는 가정에서 반드시 지켜야 할 수익 기준을 살펴보고 이를 지키기 위해서 어떤 노력을 할 수 있는지 알아보자.

🏦 우리 집 수익률 계산하는 법

도대체 우리 집은 얼마를 벌어서 얼마나 남기고 있을까? 아마도 누구나 품고 있는 의문일 것이다. 이 질문이 풀리지 않고 머릿속에 계속 남아 있다면 답을 모르고 있다는 증거다. 사실 대부분이 답을 모른 채 마음 한 구석이 뭔가 답답한 채 살아가고 있다고 해도 과언이 아니다. 기업은 물론 가정경제 역시 얼마를 벌어 얼마가 남는지 아는 건 돈에 관한 의사결정에서 가장 기본적인 판단 근거다. 남는 돈이 없는데 함부로 지출할 수 없으며 더군다나 함부로 빚을 질 수도 없다.

더불어 도대체 얼마를 남겨야 바람직한지 의문을 가질 수 있다. 내일은 생각하지 않는다는 태도로 버는 족족 써버려도 곤란하지만 "스투핏!"을 외치며 내핍생활을 이어가는 것 또한 과연 바람직한지 의문이 든다. 이런 갈등과 혼란은 머릿속에서 불쑥불쑥 튀어나와 돈을 쓰면서도 마음에 늘 개운치 않은 뒷맛을 남긴다.

적절한 수익률이 얼마인지 안다는 건 단순히 숫자를 파악하는 게 아니라, 돈을 쓰고 쓰지 말아야 하는 적절한 기준을 아는 것이다. 그런 면에서 돈 쓰기 내비게이션을 갖는 것과 같은 의미다.

수익률을 파악하기 위해서는 먼저 수입을 알아야 한다. 앞서 손익계산서 작성 시 파악한 수입을 활용할 수 있다. 수입은 고정 수입, 변동 수입, 금융 소득이 있다. 수익률을 보수적으로 파악하려면 확정된 고정 수입만을 기준으로 해야 한다. 변동 수입이나 금융 소득은 가변적이기 때문에 비현실적인 수익률이 계산될 수 있다.

지출은 고정 지출과 변동 지출을 합한 전체 지출 금액을 파악하면 된다. 수입이나 지출은 월별로 다르기 때문에 수익률은 연 단위로 계산하는 것이 합리적이므로 연간 수입과 지출로 수익률을 계산하면 된다. 수익률 공식은 다음과 같다. 필요하다면 분모에 변동 수입과 금융 소득을 합산할 수 있다.

$$수익률 = \frac{고정\ 지출 + 변동\ 지출}{고정\ 수입} \times 100$$

이 책을 읽는 모든 독자가 짐작하는 대로, 가정경제의 수익성을 잡아먹는 주범은 고정 지출이다. 고정 지출은 수익성을 낮추고 안정성을 떨어뜨린다. 갑자기 수입이 줄어드는 경우 고정 지출 비율이 높다면 비상 자금이 충분치 않은 한 돈이 바닥나고 추가로 빚을 져야 하기 때문이다. 고정 지출 비율을 따질 때는 수입보다는 전체 지출에 대한 비율을 구하는 게 합리적이다. 수입에 따라 비율이 왜곡될 수 있다.

수입이 많으면 고정 지출 비율도 커지고 가족이 많아도 마찬가지다. 1인 가구는 고정 지출 비율이 적을 것이며, 자녀의 수와 나이가 많을수록 고정 지출 비율은 늘어날 것이다. 이런 점들을 고려해 고정 지출 비율에 대한 기준을 세우면 다음의 〈표 4-1〉과 같다.

만약 고정 지출 비율이 '위험'이나 '비상' 수준까지 높아지는 상황이라면 뒤돌아보지 말고 지출 계획을 취소해야 한다. 현재의 고정 지출도 우선순위와 비용 대비 효과를 따져 적절한 비율이 되도록 하루 빨리 지출 구조조정을 실행해야 한다.

표 4-1 | 전체 지출 대비 고정 지출 비율 평가

고정 지출 비율	평가	설명	미혼/자녀 없는 가정
50% 미만	우량	고정 지출 관리에 큰 문제가 없는 상태	40% 미만
50~60%	평균	부채가 없다면 60% 미만으로 유지하는 것이 필요하다	40~50%
60~70%	경고	부채가 있다 해도 70%를 넘지 않도록 해야 한다	50~60%
70~80%	위험	부채도 있고 자녀가 있는 경우 70%를 넘기 쉽다 그럼에도 80% 이상은 절대 넘지 않아야 한다	60~70%
80% 이상	비상	곧 추가적으로 빚을 져야 한다는 신호다 80% 아래로 낮추도록 강제적인 노력이 필요하다	70% 이상

🏢 부채가 있다면 수익률이 낮아야 한다

부채가 있다면 수익률이 높은 건 오히려 심각한 문제다. 남는 돈을 부채를 갚는 데 쓰지 않는다는 뜻이기 때문이다. 따라서 부채가 있다면 수익률이 낮아야 한다. 〈표 4-2〉는 부채가 없을 때의 수익률 기준이다. 참고해서 우리 집이 어떤 상태인지 알아보자.

표 4-2 | 수익률 지표와 평가

수익률	평가	설명	미혼/자녀 없는 가정
40% 이상	우수	근검절약하는 생활을 유지하는 상태	50% 이상
30~40%	우량	가능한 우량 비율을 유지하는 것이 필요	40~50%
20~30%	평균	자녀가 있다 하더라도 평균 비율 이상을 유지하려는 노력이 필요하다	30~40%
10~20%	경고	지출의 구조조정이 필요한 단계로 비용을 줄여 평균 이상으로 수익률을 높이는 노력을 해야 한다	20~30%
5~10%	위험	지출 구조조정이 반드시 필요한 단계	10~20%
5% 미만	비상	지출과 수입 모두 점검하고 총체적으로 재무 구조를 다시 고민해야 하는 단계	10% 미만

📈 투자로 얼마나 수익을 올리고 있는가

여기서 수익은 수입에서 지출을 빼고 남은 금액이며 투자 수익은 말 그대로 투자로 발생한 수익을 말한다. 투자 수익률을 계산할 때 분자는 수익 금액이지만 분모는 자산 또는 순자산, 투자 원금 모두 가능하다. 그러나 여기서는 투자 원금 대비 수익 비율로 정의할 것이다. 매도해서 확정된 이익만 수익으로 산정해야 정확하며 공식은 다음과 같이 정할 수 있다.

$$투자\ 수익률 = \frac{수익}{투자\ 원금} \times 100$$

투자는 원금 손실을 각오하고 원금이 보장되는 예금이나 적금 금리 이상의 수익을 얻기 위해 각종 투자상품에 돈을 투입하는 행위다. 저금리시대이다 보니 투자에 대한 관심은 점점 커지고 있다. 금융투자협회에 따르면, 2017년 2월 기준 주식거래 계좌 수가 역대 최다인 2,326만 8,934개로 집계됐다. 이는 인구(2015년 기준 약 5,107만 명)의 거의 절반 수준이다.

물론 투자자 1명이 복수의 계좌를 갖고 있는 사례가 적지 않아 실제 주식 투자 참여 인구는 계좌 수보다 적을 것이다. 일반적으로 주식 투자를 하는 사람은 약 500만 명이라고 한다. 경제활동이 왕성한 20~60대 성인의 30% 이상이 주식 투자를 하고 있는 셈이다.

이렇게 많은 이들이 투자에 참여하지만 수익률을 제대로 파악하고 있는 사람은 드물다. 대부분 손해 난 건 잊고 수익을 낸 것만 기억하며 나름대로 괜찮은 수익을 올리고 있다고 만족하는 데 그친다. 그러나 정확한 투자 수익률 파악은 반드시 필요하다. 내 돈을 손해 봤는지 아니면 수익이 났는지, 그 돈은 얼마인지도 모르고 투자한다는 건 게으름을 넘어 그냥 돈을 버리는 행위에 다름 아니다.

저어도 1년에 한 번 이상은 원금 대비 몇 퍼센트의 수익을 얻었는지 점검해야 할 뿐만 아니라 벤치마크지수와도 비교해야 한다. 벤치마크는 투자 성과를 평가할 수 있는 지수로, 보통 코스피 상승률이 사용된다. 수익률이 높다 해도 코스피 상승률보다 낮다면 투자에 실패한 것으로 봐야 한다. 이때 수익률은 투자를 잘해서가 아니라 시장이 상승해서 얻은 것일 뿐이며 그마저 시장 평균보다 못하기 때문이다. 따라서 굳이 어렵게 종목을 골라 매수하고 매도하면서 신경 쓸 필요 없이 코스피 상승률을 추종하는 인덱스 펀드나 ETF(Exchange Trade Fund, 상장지수 펀드)를 사는 것이 더 나은 선택이다. 투자 수익률은 적어도 은행 예금 금리 이상일 뿐만 아니라 주식 시장 평균 수익률인 코스피 수익률보다 높아야 의미가 있다.

우리 집 형편은 나아지고 있는 걸까

가정경제는 올해보다는 내년이, 내년보다는 5년 후가 더 좋아야 한다. 미래가 지금보다 좋아지리라는 기대는 삶에 대한 만족과 행복을 유지하기 위한 첫 번째 조건이라고 해도 과언이 아니다. 지금 상황이 열악하다 해도 앞으로 좋아진다는 확신이 있다면 오늘의 고통이나 불편함은 참을 수 있다. 그러나 지금은 별 문제 없지만 앞으로는 나빠질 거라고 예상한다면 일상은 행복할 수 없으며 지금의 편안함은 바늘방석처럼 느껴진다.

우리 집은 어떨까? 오늘보다 내일이 더 좋고 내일보다 모레가 더 좋아질까? 우리 집은 지금까지 성장해왔고 앞으로도 성장해갈 것인가? 성장성에서 자산은 중요하지 않다. 자산이 크지 않아도 꾸준히 이익을 늘려온 것이 훨씬 의미 있다.

우선 자산 증가율이 얼마나 되는지 알아보자. 자산 증가율은 말 그대로 자산이 전년 혹은 전월 대비 증가한 비율이다. 자산 증가율, 순자산 증가율 모두 사용할 수 있지만 정확한 증가 상태를 알기 위해서는 순자산 증가율을 파악하는 것이 바람직하다.

재무상태표를 매년 작성하는 것은 이런 점에서도 필요하다. 작년 순자산과 올해 순자산을 비교해서 증가율을 파악할 수 있다. 수익이 늘어나고 부동산 가격이 올랐다면 순자산은 증가했을 것이다.

순자산은 매년 증가하는 것이 맞다. 기업이라면 매년 매출이 늘어나고 기술 개발로 원가가 절감되는 과정에서 이익이 늘어 순자산이 증가하는 수순을 밟는다. 그렇지 않은 기업은 아마도 시장에서 사라질 것이다.

그렇다면 가정경제는 어떨까? 시간이 지나면 소득이 증가하고 자산 가치도 오르니 순자산이 점점 늘어날까? 소득과 자산 가치만 따지면 순자산이 증가하는 게 맞지만 가정경제는 시간이 지날수록 비용이 커지는 속성이 있다. 수입이 늘어나는 속도가 비용이 늘어나는 속도를 따라가지 못하는 게 현실이다. 매년 순자산이 늘어나야 하지만 쉽지 않은 게 현실이다.

그렇다면 순자산 증가율에 대한 평가는 어떻게 할 수 있을까? 최소이 이 정도는 증가해야 한다는 기준으로 국가의 경제 성장률을 들 수 있다. 내기 시는 나라의 경제 성장률만큼 내가 가진 순자산도 늘어나는 것이 정상이다. 따라서 순자산 증가율의 최소 기준은 국가의 경제 성장률이 된다. 최근 5년간(2012~2016년) 경제 성장률은 최저 연 2.3%, 최고 3.3%이며, 이에 따라 순자산 성장률의 최소 기준은 연 3%로 산정할 수 있다.

또 한 가지 기준은 인플레이션이다. 물가 상승으로 인해 시간이 지날수록 자산의 가격은 오르게 돼 있다. 따라서 최소한 물가 상승률만큼의 성장률을 보여야 한다. 명목상이 아니라 실질적으로 최소한 마이너스 성장을 하지 않으려면, 국가 경제 성장률(최근 5년은 3%)이 우

표 4-3 | 순자산 성장률 평가 기준

순자산 성장률	평가	설명	미혼/ 자녀 없는 가정
6%이상	우량	다른 가정과 비교해 순자산이 더 크게 증가	8% 이상
4~6%	평균	평균 증가율로, 인플레이션을 고려했을 때 최소한 달성해야 하는 성장률	6~8%
2~4%	경고	평균 미만으로, 인플레이션을 고려하면 마이너스 성장률	4~6%
0~2%	위험	자산을 까먹고 있는 상황으로 이익과 수익에 대한 구조조정 필요	2~4%
0% 미만	비상	자산 잠식 상태로, 부채가 늘어나는 악순환에 접어들 가능성이 큼	2% 미만

리 집이 최소한 반드시 달성해야 하는 순자산 성장률 기준이 된다.

순자산 성장률을 파악하면 앞으로 우리 집 자산이 어떻게 변화할지 예측할 수 있다. 가령 지금까지 평균 6%의 자산 성장률을 기록했다고 하자. 연 6%라면 자산이 2배가 되는 데 걸리는 시간은 12년이다. 자산이 3억 원이라면 12년 뒤 6억 원이 된다고 예상할 수 있다.

우리는 장기적인 흐름을 파악하기보다는 당장의 현상에 매몰되기 쉽다. 그래서 올해 집값이 올랐다거나 주식 투자로 높은 수익률을 올렸다는 것만 기억하고 자산이 늘었다고 생각한다. 그러나 자산 가격이 오르고 수익률이 높았던 건 유유히 흘러가는 시간 속에서 단지 2~3년 동안 나타난 현상일 뿐이다. 2015년에서 2017년까지 2~3년간 부동산 가격이 오른 현상이 앞으로도 지속된다거나, 2017년 시작된 주식 시장 상승이 몇 년간 계속되리라는 생각은 근거 없는 낙관론이다. 장기적인 순자산 증가율을 파악하고 있지 않다면 이처럼 근거 없는 낙관론에 빠지기 쉽다.

순자산 증가율뿐만 아니라 소득과 순이익 증가율도 구해볼 수 있다. 우리 집의 전년 대비 소득 증가율이 얼마인지, 순이익은 증가하고 있는지 숫자를 파악해보면 휴일도 없이 열심히 일하는데 살림살이는 왜 나아지지 않는지 그 해답을 얻을 수 있다.

소득 증가가 비용 증가를 못 따라가 이익 증가율이 점점 떨어지고 있다는 해답을 얻었다면, 문제 해결의 실마리도 함께 구해진다. 비용 증가를 줄이기 위한 구체적인 행동이 필요한 것이다.

숫자를 보지 않고, 숫자가 말하는 의미를 듣지 않는다면 항상 제자리걸음, 아니 뒷걸음치는 재무 상태에 대한 답답함을 해소할 수 없다.

지금까지 살펴본 숫자들이 가리키는 방향이 하나같이 지출 구조조정인 상황이라면, 긴 말이 필요 없다. 당장 지출 구조조정에 나서야 한다. 구조조정은 당연히 고통을 동반한다. 불편함을 참아야 하고, 하고 싶은 걸 할 수 없다는 심리적 고통도 느낄 수밖에 없다. 그러나 더 이상 물러설 곳이 없다. 비용 절감은 선택이 아닌 필수나. 이왕 해야 할 일이라면 좀 덜 힘들게, 체계적이고 합리적으로 할 수 있는 방법을 알아보자.

개미 투자자의 눈물

노후에 10억 원 이상이 필요하다는 이야기를 쉽게 접할 수 있다. 그런데 이 금액은 도대체 어떻게 산정된 것일까? 예를 들어 월 230만 원을 생활비로 정했으면 연간으로 환산하면 2,760만 원이다. 은퇴 시기를 60세로 하고 평균 수명을 90세로 가정한다면 은퇴 기간이 30년이고, 2,760만 원×30년=8억 2,800만 원이 된다.

그런데 여기서 끝이 아니다. 관련 기사나 정보를 보면 이 금액을 물가 상승률을 감안한 미래 가치로 환산하여 금액을 부풀린다. 지금 8억 원이니 은퇴 시점에는 12억 원이 될 것이라고 말이다. 사실 지금 8억 원이나 20년 후 12억 원이나 같은 금액이지만 우리가 느끼기에 12억 원은 8억 원보다 훨씬 큰 엄청난 돈이다. 노후 공포가 생기지 않을 수 없다.

노후에 일시금으로 거액이 필요하다는 주장에는 치명적인 오류들이 있다. 첫째, 일시금으로 노후 자금을 가지고 있다가 조금씩 빼서 쓰는 것을 전제로 하면서 거액의 노후 자금이 가져다주는 이자는 계산하지 않는다는 점이다. 12억 원의 자산이 있다면 거기서 나오는 이자가 연 2%만 해도 월 170만 원이고, 20년 후 미래 가치로 따져도 약 113만 원에 달한다. 여기에 부부의 국민연금을 합하면 생활비의 상당 부분을 마련할 수 있다. 이런 식이면 죽을 때 12억 원의 재산이 고스란히 남는다. 그러나 대부분의 사람들은 재산을 고스란히 남기고 죽기보다는 가진 재산을 노후 자금으로 쓰면서 살기 때문에 일시금으로 거액의 노후 자금이 필요한 것은 아니다.

또 다른 오류는 은퇴 시점 이후 추가 소득에 대한 고려가 전혀 없다는 것이다. 먼저 국민연금이 있다. 부부가 함께 국민연금을 수령하면 생활비의 상당 부분을 감당할 수 있게 된다. 또한 평균 수명의 연장으로 명목상 직장에서 은퇴하는 시점과 실제로 직업 전선에서 완선히 은퇴하는 나이에는 큰 차이가 있다. 적어도 한 달에 부부가 함께 용돈 정도만 번다고 해도 거액의 은퇴 자금이 필요하지 않게 된다.

이뿐만이 아니다. 노후생활이 항상 똑같다고 가정하고 노후 자금을 산정하는 것 또한 오류다. 모든 연령대에서 같은 생활비가 소요되지 않는다. 고령으로 갈수록 소비는 감소한다. NH투자증권에서 60세부터 90세까지 10년 단위로 세분화해 연령별 지출을 분석한 자료를 보면, 현재 60대 가구주가 실제 지출하고 있는 자금은 196만 원, 70대는 110만 원, 80대는 59만 원, 90대는 36만 원으로 크게 줄어드는 것으로 나타났다. 이를 반영할 경우 노후에 필요한 총 자금의 평균은 4억 8,000만 원으로 크게 낮아진다는 것이 NH투자증권 측의 설명이다(NH투자증권보고서, 2015년 3월). 이렇게 따져보면 노후가 그리 비관적인 것만은 아니라는 것을 알 수 있다.

고통 없이 지출을 줄이는 방법

돈 쓰는 일은 좋지 않은 건가? 2017년 핫하게 떠오른 단어 스투핏. 커피는 선배가 사줄 때만 마셔야 하고 옷은 일단 20년은 입어야 한다는 주장에 대해 판단은 각자 다를 수 있다. 다만 고려할 점은, 돈을 쓰는 행위를 부정적으로만 보는 태도가 아이러니하게도 지출을 줄이는 데 그다지 도움이 안 된다는 사실이다.

모든 지출은 100% 헛되지 않으며, 지속적이지 않더라도 어떤 방식으로든 삶에 편리함과 도움을 준다. 우리는 돈을 쓸 수 있는 우리의 상태에 대해 돈을 쓸 때마다 감사하는 마음을 가져야 한다. 이렇게 쌓이는 감사함은 일상의 만족을 높이고 행복감을 증진시킨다.

주기적으로 받는 네일아트는 낭비로 볼 수도 있다. 하지만 네일아트를 받으며 지친 감정을 위로받고, 자신을 소중히 여기는 마음을 되새기고, 네일아트를 받을 수 있는 돈을 가진 자신을 대견하게 여긴다면 충분히 가치 있는 지출이라고 할 수 있다. 내가 가진 돈으로 오늘도 그리고 내일도 나의 필요와 욕구를 채울 수 있다는 사실을 인지할 때 오는 평안함과 만족스러움, 감사함은 삶의 행복에 중요한 요소다.

반면 지출을 부정적으로 여기는 순간, 항상 지출을 하며 살아야 하는 일상은 부정적 감정이 증폭된 불행한 상태가 된다. 시출 구조조정이 필요 없다는 말이 아니다. 지출에 대한 부정적 감정을 버리고 돈을 쓸 수 있는 상황에 감사하는 일에서부터 효과적인 구조조정이 시작된다는 뜻이다. 지출에 대한 부정적 감정으로 시작된 구조조정은 오래가지 못한다. 돈 쓸 때마다 죄책감을 느끼니 차라리 아껴 쓰기를 포기하는 쪽을 선택하기 때문이다.

모든 지출은 욕구의 반영이다. 쓸데없이 돈을 길바닥에 버리지 않는 이상 모든 지출은 욕구와 욕망을 드러낸다. 기부하는 돈조차 타인을 돕고 싶은 욕구의 발현이다. 이를 부정하는 건 자신을 부정하는 것이다. 돈 쓰는 행위를 순간의 착각이나 실수, 잘못된 행동으로 여기는 건 자신을 오류와 실수투성이 존재로 여기는 것과 다르지 않다. 실수나 착각이 아니라 원래 내 마음이 그렇게 돈을 쓰고 싶어 했던 것이다.

모든 지출을 거슬러 올라가면 욕구를 만날 수 있다. 앞서 지출을 목적별로 분류했는데 지출의 목적이 바로 욕구다. 사람 노릇을 해야한다는 욕구, 문화생활을 누리고 싶은 욕구, 타인과의 관계를 중요하게 생각하는 욕구, 외모 치장을 향한 욕구가 지출에 모두 녹아 있다. 지출 구조조정을 할 때 욕구를 부정하면 안 된다. 사람 노릇이 필요 없고, 외모 치장은 헛수고이고, 문화생활은 시간낭비라고 부정할 게 아니라 내가 달성하고 싶고 하고 싶어 하는 욕구라는 점을 인정해야 한다. 성공하는 지출 구조조정은 욕구를 긍정하는 것에서 시작한다.

교제비를 많이 쓰는 사람이 있다고 하자. 타인과의 관계에 대한 욕구가 있는 사람에게 이제 돈을 아껴야 하니 친구를 만나지 말라고 한다면 얼마간은 그렇게 할 수 있을지 몰라도 지속할 수는 없는 전략이다. 당장은 원하는 걸 할 수 없으니 불행할 테고, 욕구를 영원히 억누를 수 없으니 언젠가는 예전의 지출 패턴으로 돌아갈 게 불 보듯 뻔하다.

욕구를 채우되 방법을 바꿔야 한다. 친구들과 바깥에서 만나는 대신 집에서 홈파티를 하거나, 만나지 않더라도 자주 연락하는 식으로 돈을 아끼는 전략을 사용해야 지출 구조조정을 지속할 수 있다.

옷을 사는 데 돈을 많이 쓴다면 매번 살 게 아니라 빌려 입을 수 있다. 자녀 교육에 지출이 많다면 부모들끼리 서로의 재능을 나눠 자녀들을 가르칠 수도 있다. 운동에 돈을 많이 쓴다면 비싼 헬스클럽이나 사설 학원이 아니라 시립·구립 문화센터가 대안이 될 수 있다. 무조건 지출을 줄이려 하기보다 욕구를 채울 수 있는 다양한 대안을 고민해보자.

🏦 지출을 줄일 때 지켜야 할 원칙

막상 지출을 줄이려 하면 어떤 기준으로 줄여야 할지 막연하다. 지출을 줄일 때는 다음과 같은 큰 원칙부터 지킬 것을 권한다.

가장 먼저 지켜야 할 원칙 1번은 수입의 10%는 무조건 저축하는 것이다. 앞서도 강조했지만 돈 쓸 일은 항상 생기며 이를 위한 비상금은 어떤 금융상품보다 우선해서 가져야 할 자금이다. 수입의 10%를 반드시 저축하는 건 이 비상금을 마련하기 위한 것으로, 필수 실천사항이다. 수입의 10%는 무조건 6개월 만기 적금으로 저축하고, 만기가 되면 비상금으로 적립해둔다. 이렇게 수입의 10%를 떼어놓은 나머지가 지출 가능한 돈이라는 원칙을 절대 잊지 말아야 한다.

두 번째 원칙은 고정 지출 비율을 낮추는 것이다. 앞서 제시한 고정 지출 비율 기준을 참고하여 가능한 한 평균 수준으로 낮추자. 고정 지출을 줄이는 방법은 각종 절약 커뮤니티나 인터넷 검색을 해보면 당장 실천할 수 있는 것들이 많다. 온 가족이 함께 노력해야 하는 것들도 분명 있다. 단언컨대 고정 지출을 줄이지 않고는 지출 구조조정이 불가능하다.

세 번째 원칙은 예산을 세우는 것이다. 예산을 세우지 않고 지출을 관리한다는 말은 어불성설이다. 예산 안에서 돈을 쓰는 것이 지출 관리의 핵심이다. 지출 기준이 없으면 더 쓰고 싶은 욕구에서 결코 자유로울 수 없다. 게다가 기업은 다양한 마케팅 기법을 동원해 소비자의 지갑을 열기 위해 필사적으로 노력한다. 예산이라는 나침반이 없다면 우리는 길을 잃고 헤맬 수밖에 없다.

그런데 예산을 세우는 과정은 결코 유쾌하지만은 않다. 지금까지 하던 걸 없애거나 줄여야 한다는 생각으로 인해 예산은 나를 옭아매는 족쇄처럼 느껴지기도 한다. 예산을 세울 때 이런 생각이 들면 지출 구조조정은 실패한다. 예산은 내 욕구 실현을 방해하는 장애물이 아니라 오히려 소중한 걸 지켜주는 울타리다. 돈을 써야 할지 말아야 할지 방향을 알려주는 내비게이션이다. 예산이라는 울타리와 내비게이션이 없으면 더 중요한 곳에 돈을 쓸 수 없거나 엉뚱한 곳에 돈을 쓰게 된다. 돈 쓰고 후회했던 수많은 지출은 만약 예산을 세워두었다면 상당 부분 발생하지 않았을 것들이다.

🏦 예산은 내비게이션이다

온라인 가계부든 종이 가계부든 예산 수립 기능은 다 있고 화려한 그래픽과 도표로 예산과 지출 현황을 한눈에 보여주는 기능 또한 흔하다. 그러나 중요한 건 울타리와 내비게이션으로서의 예산 기능이 발휘되도록 하는 일이다. 가계부는 보통 예산과 지출을 비교해 보여주는 기능을 가지고 있다. 예를 들어 한 달 식비 예산이 50만 원이라면 이번 달 식비를 합산하여 예산을 초과했는지 아닌지 보여주는 식이다. 예산 대비 지출 현황은 보통 월 단위로 이뤄지는데 이 부분이 바로 예산이 제대로 기능하지 못하는 이유다.

가정경제에서 지출은 매월 균일하지 않고 가변적인 데 반해 예산은 고정돼 있기 때문이다. 이처럼 기존 가계부의 예산 관련 기능은 겉모습은 화려할지 몰라도 효용을 따져보면 무용지물에 가깝다.

예를 들어 의류비 예산을 한 달에 10만 원, 1년에 120만 원으로 세웠다고 해보자. 의류는 매월 규칙적으로 사지 않는다. 1월에는 옷을 사지 않고 2월에는 명절이 있는 김에 30만 원을 지출했다. 3월에는 5

만 원, 4월은 건너뛰고 5월에 30만 원, 6월에 10만 원을 썼다고 하자. 이렇게 지출은 들쭉날쭉한데 예산은 월 10만 원으로 고정돼 있다. 이 상태에서 7월에는 의류비를 과연 얼마를 써야 할지 파악할 수 있을까? 10만 원을 써야 하는지 조금 더 써도 되는지 감을 잡을 수가 없다.

돈 쓸 일이 의류비 하나뿐이라면 대강 머릿속에서 산정할 수도 있다. 그러나 당연하게도 이런 현상은 모든 지출 항목에서 일어난다. 그러다 보니 항목별로 예산보다 적게 쓰는지 많이 쓰는지 알 수가 없다. 처음에 잡아놓은 예산은 몇 개월 지나면 쓸모없어지고, 이번 달은 도대체 얼마를 써야 예산에 맞게 쓰는 것인지 알지 못한다. 가계부를 쓰면서도 예산 대비 얼마를 썼는지에 그다지 의미를 두지 않게 된다. 매월 바뀌지 않는 예산 설정은 이처럼 지출의 기준으로 사용 가치가 없다.

이 문제를 해결하기 위해서는 예산을 연간으로 설정해야 한다. 한 달에 10만 원이 아니라 1년에 120만 원을 잡아놓고 사용한 금액을 차감한 후 남은 예산을 남은 개월 수로 나누는 것이다. 이렇게 하면 이번 달 실제로 남아 있는 예산이 얼마인지 정확한 파악이 가능하다. 즉 한 달 10만 원의 예산보다 많이 썼다면 다음 달 예산은 10만 원보다 줄어들고 적게 썼다면 10만 원보다 늘어난다.

앞선 의류비 사례처럼 한 달 예산으로 10만 원을 잡았다면, 1월에 지출이 없으면 2월에는 예산이 11만 원으로 늘어나지만 2월 지출의 영향으로 3월부터는 월 예산이 9만 원으로 줄어든다. 이렇게 변화한 예산이 이제 새로운 지출 기준이 된다. 4월과 5월, 6월의 지출을 반영하면 결과적으로 6월 예산은 7만 5,000원이 된다. 금액이 적어 차이가 커 보이지 않지만 퍼센트로 따지면 기존 예산에서 25%나 변화가 일어났다.

이처럼 고정돼 있지 않고 살아 움직여야 예산은 온전히 기능하게 된다. 지출을 통제할 수 있는 가장 강력한 수단은 돈이다. 돈이 없다는 것만큼 지출을 막는 건 없다. 살아 움직이는 예산은 지금 써도 되는 정확한 금액을 보여줌으로써, 불필요한 곳에 돈을 쓰는 걸 막고 더 중요한 곳에 돈을 쓰게 하는 울타리가 된다.

움직이는 예산은 내비게이션이기도 하다. 우리에게 돈 쓰는 방향을 지시해주어 결정장애에서 해방되게 해준다. 원피스를 사기 전에, 아이 학습지를 시키기 전에, 뮤지컬을 보기 전에, 외식을 하기 전에 남아 있는 예산부터 확인하자. 예산이 남아 있으면 사고 그렇지 않으면 포기하면 된다. 물론 포기하는 게 쉽지는 않지만 돈이 없는데 다른 방법이 없지 않은가.

이처럼 지출에 대한 의사결정을 단순화시키면 결정장애로부터 자유로워질 수 있다. 만약 예산을 초과하더라도 지출을 하겠다면, 빚을 지고 지출한다는 것과 같은 의미다. 예산을 확인하니 돈이 부족하다면, 빚을 내서라도 돈을 쓸 만큼 중요한가를 생각해볼 수 있다. 결과적으로 살아 움직이는 예산은 빚을 질 위험성도 낮춰준다.

문제는 내가 아니라 가계부

예산을 세우고 그에 맞게 지출하기 위해 우리는 가계부 쓰기에 도전한다. 연초에 빠짐없이 등장하는 결심이 바로 가계부 쓰기다. 작심삼

일의 대표적 사례 또한 가계부 쓰기다. 그러다 보니 사람들은 가계부 쓰기를 지속하는 건 금연에 성공하는 것만큼이나 인내심과 자제력이 필요한 일이라 생각한다. 불행히도 그런 사람은 소수에 불과하다 보니 가계부 쓰기는 끈기 없고 의지가 부족한 평범한 사람에게는 가능하지 않은 미션이 돼버렸다.

가계부를 쓰면 돈을 절약할 수 있다는 내 의명분은, 단순히 지속하는 것의 어려움 앞에서는 힘을 잃는다. 더군다나 일반적인 가계부는 애초에 꾸준히 쓰는 걸 방해하는 문제들을 내포하고 있다. 기존의 가계부가 가진 한계를 살펴보면 가계부를 던져버린 당신의 행동은 충분히 그럴 만했다. 당신을 의지박약이라고 자책하게 만든 가계부의 한계를 알아보자.

쓸수록 우울해진다

가계부를 쓰는 가장 큰 이유가 지출을 줄이기 위해서다. 지출을 기록하고 그 지출 합산을 눈으로 확인하면 생각보다 많이 썼다는 반성이 드는 게 사실이다. 그래서 돈을 아껴 써야겠다는 결심을 하게 돼 지출이 줄어드는 효과가 있을 수 있다. 그러나 역설적이게도 지출을 줄이기 위해 쓰는 가계부는 지속력이 떨어질 수밖에 없다.

가계부를 쓰다 보면 늘 확인하는 게 생각보다 돈을 많이 쓰는 나 자신이다. 쓰지 말아야 할 곳, 불필요한 곳에 돈을 쓰고 있는 나를 발견하는 일은 결코 유쾌하지 않다. 그런 일을 반복적으로 겪으면 어느 순간 나는 자제력 없는 사람으로 여겨지고 자신감이 떨어진다. 가뜩이나 돈 쓰는 데 신경 쓰는 것도 힘든데 스스로를 비하까지 해야 하니 기분이 좋을 리 없다.

또한 가계부를 작성하면서 한 푼을 써도 꼼꼼히 따져서 불필요한 지출을 줄여야 한다는 압박감과 스트레스를 겪다 보면 이렇게까지 살아야 하나 라는 자괴감도 든다. '남들은 생각 없이 잘도 쓰며 사는데 나는 뭐가 못나서 돈 한 푼에 덜덜 떨어야 하나' 하는 생각도 든다. 매사에 돈에 매여 사는 것 같아 삶이 비참해지기도 한다. 이런 생각이 반복되면 결국 가계부를 던져버리게 된다.

재미가 없다

무언가를 지속하려면 의미나 가치만으로는 부족하다. 재미가 있어야 한다. 그런데 가계부 쓰기는 정말로 재미가 없다. 항목별로 숫자를 쓰는 일이 뭐 그리 재미있겠는가. 게다가 매우 번거롭기까지 하다. 지출과 통장 잔액 혹은 지갑 속 잔액을 맞춰보면 딱 떨어지지 않고, 신용카드로 지출하면 더 복잡해진다. 카드 대금이 빠져나가는 날짜와 실제 지출 일자가 불일치하기 때문이다. 재미가 없고 번거로우니 매일매일 쓰기가 어렵다. 그렇게 자꾸 미루다 보면 쓰지 않은 날이 늘어나고 갭을 메우기 힘들어져 결국 포기하는 수순을 밟게 된다.

써도 뭐가 좋아지는지 모르겠다

가계부를 쓰는 게 좋다고 해서 부지런히 쓰기는 하는데 구체적으로 뭐가 좋은지 모르겠다는 의문을 가진 사람들이 많다. 물론 쓰지 않는 것보다야 지출을 줄이는 효과는 거둘 것이다. 그러나 얼마를 쓰는지 아는 게 목적이라면 굳이 가계부까지 쓰지 않아도 된다. 신용카드 명세서와 통장만 봐도 어디에 얼마를 썼는지는 확인할 수 있다. 신용카드 명세서에 다 나와 있는 걸 다시 가계부에 옮겨 적을 필요는 없다는 말이 그렇게 틀린 소리는 아니다. 이미 돈을 써버리고 난 후 단지 그걸 기록하는 게 지출 관리에 얼마나 효과가 있을지도 사실 의문이다.

가계부가 의미가 있으려면 가계부에 빼곡히 적힌 숫자 하나하나가 의미를 가져야 한다. 기업의 회계장부가 중요한 이유는 그 숫자가 경영 지침을 주기 때문이다. 가계부도 마찬가지여야 한다. 그러나 가계부에 나와 있는 숫자 자체는 어떤 말도 의미도 던져주지 않는다. 그러니 가계부를 쓰기는 하는데 뭐가 달라졌는지 모르겠고 내가 돈 관리를 잘하고 있는지 모르겠다는 의심을 품게 되는 건 당연하다.

부모 세대만 하더라도 가계부는 손으로 쓰는 방식이었기 때문에 많이 불편했다. 지금은 스마트폰에 앱으로 설치하면 언제 어디서든 아주 편리하게 가계부를 쓸 수 있다. 심지어 내 손을 쓸 필요조차 없다. 카드회사에서 지출 문자 메시지가 오면 저절로 입력되는 기능까지 제공한다. 그러나 이런 사용의 편리함이 가계부의 한계를 극복하지는 못했다.

🏢 가계부의 한계를 극복한 머니내비

그렇다면 아예 가계부를 쓰지 말아야 할까? 써도 우울해지지 않고 재미있고 지출이 관리되는 게 한눈에 보인다면, 쓰지 않을 이유가 없다.

인터넷 가계부 '머니내비'는 다른 가계부와 차별화된다. 머니내비를 쓰는 목적은 무조건 돈을 절약하는 게 아니라 예산에 맞춰 돈을 쓰는 것이다. 이 차이점은 지출할 때 마음가짐의 차이를 가져온다. 기존 가계부가 돈 쓰는 것 자체를 부정적으로 생각하게 했다면 머니내비에서는 돈을 잘 쓰는 게 가장 중요하다. 머니내비의 돈 쓰기 철학은, 정해진 기준에 맞춰 쓴다면 돈을 쓰는 건 부정적이거나 금지해야 할 일이 아니다. 또한 이미 돈을 써버리고 후회하기를 반복하게 되는 기존 가계부와 달리, 돈을 쓰기 전에 쉽게 예산을 확인할 수 있기 때문에 돈 쓰고 나서 후회하는 일을 최소화할 수 있다. 결과적으로 돈을 절약하는 효과를 거두지만, 억지로 자제력을 쥐어짜는 게 아니라 돈이 없으면 저절로 지출을 포기하게 만든다는 점에서 심리적으로 더 간단하고 편안하다. 따라서 가계부를 쓰면서 우울해지거나 좌절감이 커지는 부작용을 막을 수 있다.

숫자만 기록하는 가계부는 재미도 없고 그 숫자가 어떤 의미도 전달하지 못하기 때문에 더더욱 지속하기 어렵다. 머니내비도 물론 지출을 기록해야 하지만 기록의 성격이 다르다. 의무감으로 기록하는 게 아니라 예산에 맞게 지출하고 있는지, 예산을 초과했다면 이번 달에는 얼마가 남아 있는지 궁금하고 확인하고 싶은 마음이 들기 때문에 기록하는 재미가 있다. 무엇보다 스마트폰을 통해 실시간으로 지출을 기록하고 남은 예산을 확인할 수 있다는 점에서 꾸준히 사용하기가 훨씬 용이하다.

가계부를 쓰기는 하는데 뭐가 달라졌는지 모르겠다면, 머니내비는 그 의구심을 사라지게 해준다. 예산에 맞춰 지출하는 습관을 만들어주기 때문에 불필요하거나 후회할 지출을 극적으로 줄일 수 있기 때문이다. 처음에는 예산에 맞춰 생활하기가 낯설고 어려울 수 있지만 시간이 지날수록 거의 예산에 맞춰 생활하는 자신을 발견할 수 있을 것이다.

머니내비 사용법

예산에만 맞춰 생활한다면 우리의 돈 쓰기는 문제될 게 없고 신경 쓸 게 없다. 때와 장소를 가리지 않고 엄습하는 돈 걱정으로부터 상당 부분 해방될 수 있다. 가능한 한 돈 생각을 하지 않는 것이 돈 관리에 더 효과적이라는 명제에 동의한다면, 이를 일상에서 실천하기 위한 최선의 솔루션이 바로 머니내비다.

머니내비 사이트(www.moneynavi.co.kr)에 접속하면 PC나 핸드폰으로 편리하게 사용할 수 있다. 다음 단계별로 가계부를 써보자.

핸드폰으로 계정별 예산 잔액을 확인하는 화면

머니내비에 접속 후 지출을 기록할 때 그림에서처럼 상단에서 계정별 예산 잔액을 항상 확인할 수 있다. 이번 달 예산을 이미 다 사용했다면 해당 계정은 빨간색으로 경고를 보여준다. 돈 쓰기 전 머니내비를 열고 예산을 확인하는 단순한 행동 하나만으로도 지출을 통제하는 것이 가능해진다. 돈 다 써버리고 가계부 쓰는 것이 아니라 돈 쓰기 전 지출을 관리할 수 있다는 것이 머니내비가 가정재무관리에 필수품인 이유다.

1) 가족 등록하기

머니내비는 누가 얼마를 쓰고 있는지도 확인할 수 있다. 이를 위해서 먼저 가족을 등록하면 된다. 배우자와 자녀를 등록할 수 있으며 미혼이라면 가족 등록은 하지 않는다.

2) 지출계정 확인하기

머니내비는 **계정(대분류) > 항목(중분류) > 세부 항목(소분류)**의 3단계로 계정을 관리한다. 예를 들어 공동생활 계정 아래 주거/통신/공공비용이라는 항목이 있으며, 주거 항목 아래 전기요금/관리비/난방비 같은 세부 항목이 있다. 지출은 '전기요금 2만 5,000원' 식으로 세부 항목 단위로 등록된다.

계정은 지출 목적별로 기혼은 10개, 미혼은 9개가 있다. 계정과 항목은 임의로 추가나 삭제를 할 수 없고 '사용하지 않음'으로 설정할 수 있다. 하지만 세부 항목은 원하는 대로 추가할 수 있다.

처음에는 회원 가입과 동시에 모든 계정/항목/세부 항목을 그냥 사용할 수 있으니 계정 관리는 신경 쓰지 않아도 된다. 머니내비를 사용하다가 나중에 불편할 때 계정 관리를 해도 충분하다.

3) 예산 짜기

머니내비 가계부의 핵심은 예산 관리다. 단언컨대 예산 관리를 하지 않을 거라면 머니내비를 쓸 필요가 없다. 예산은 상단 메뉴의 가계부 쓰기 〉예산 관리에서 할 수 있다.

① 1단계: 시작 날짜 설정

　시작 날짜를 선택하고 저장하면 된다. 가계부 쓰기 시작은 회원 가입 달 이후부터 할 수 있다. 12월에 가입하고 1월부터 가계부를 쓰고 싶을 수도 있지만 안 된다. 12월에 가입하면 12월로 설정해야 한다.

② 2단계: 계정별 예산 설정

　- 계정별로 예산을 조회하면 세부 항목들이 조회된다.

　- 예산은 세부 항목별로 기입한다(예: 월세 30만 원 / 학원비 15만 원).

　- 월 예산은 매달 꼬박꼬박 쓰는 돈으로 월세, 전기요금 같은 것이며 연 예산은 연 단위나 불규칙적으로 들어가는 돈으로 세금, 명절 비용, 의류비 같은 것이다. 연 예산과 월 예산을 함께 쓰는 것도 가능하다. 예를 들어 전기요금이 평균 3만 원이지만 에어컨을 사용하는 여름 석 달 동안 총 30만 원이 더 나온다면 월 예산에 3만 원을 쓰고 연 예산에 30만 원을 동시에 등록한다.

목적별로 쓰는 지출 계정 화면

- 예산 외 지출 계정에도 반드시 예산을 등록해야 한다. 한 달 평균 생활비 정도를 연 예산으로 등록하면 된다(한 달 평균 생활비가 300만 원이면 연 예산에 300만 원 등록).
- 예산은 사용하는 모든 계정에서 등록해야 한다. 조금 시간이 걸리지만 우리 집이 어디에 얼마를 쓰고 있는지 확인하는 과정이기도 하기에 충분히 의미 있는 시간이다. 예산 저장이 끝나면 가족들과 우리 집 예산을 공유하는 것도 필요하다. 예산을 다 등록하고 나면 왜 아껴 쓰는데도 늘 쪼들리는지 알 수 있을 것이다.

4) 지출 등록

예산을 설정했다면 본격적으로 지출을 등록할 수 있다. 지출 관리 화면에서는 항상 계정별로 당월의 예산 잔액을 확인할 수 있다. 지출하기 전 예산 잔액을 확인하는 습관을 들인다면 후회 없는 돈 쓰기를 실천할 수 있을 것이다.

① 자주 쓰는 지출

자주 쓰는 지출을 미리 등록해놓으면 버튼만 클릭하면 지출 내용이 저절로 입력돼 편하게 사용할 수 있다. 특히 매월 반복적으로 발생하는 지출은 '자주 쓰는 지출'에서 자동 등록으로 설정해놓으면 입력하지 않아도 매월 1일 자동으로 지출로 등록돼 편리하다.

② 지출 등록

지출을 등록할 때 계정과 항목은 필수 입력이다. 머니내비는 쓴 사람을 입력할 수 있는 기능이 있어 누가 얼마를 썼는지도 조회해 볼 수 있다. 만약 가전제품을 갑자기 구매하거나 생각지도 못한 의료비를 등록해야 할 때는 예산이 쉽게 초과될 수 있다. 이때는 예산 구분에서 '예산 외 항목'으로 선택할 수 있다. 이 경우 예산 외 항목은 예산 외 지출로 잡아 놓은 예산에서 차감된다.

③ 지출 조회

지출을 조회할 때는 지출 조회 탭을 선택하면 된다. 지출 조회를 할 때 날짜만 필수조건이며 다른 조건들은 선택사항이다. 예를 들어 '올해' 버튼을 클릭하

지출 등록 화면

고 쓴 사람 이름(ex: 남편)을 선택하고 조회하면 올해 남편이 쓴 돈을 모두 조회

할 수 있다. 혹은 '이 달'을 선택하고 계정은 '먹고사는 생활' 항목은 '외식'을

선택하면 이 달의 외식 지출 내역을 조회할 수 있다.

5) 수입 등록

고정 수입과 변동 수입 모두 등록이 가능하며 수입과 지출의 통계

는 '통계 보고서' 메뉴를 통해 확인 가능하다. 수입도 지출과 마찬

가지로 자주 쓰는 수입을 등록할 수 있다. 매월 고정적으로 발생하

는 수입이라면 수입 자동 등록을 '사용함'으로 선택하고 수입이 들

어오는 일자를 선택하면 매월 1일 자동으로 등록돼 별도로 입력할

필요가 없다. 수입 또한 버는 사람을 선택할 수 있어 누가 얼마를 버

는 지도 조회해볼 수 있다.

수입 등록 화면

6) 저축 등록

저축을 등록하기 전에 먼저 통장을 등록해야 한다. 사용하고 있는 통장을 종류별로 등록하는데, 저축의 종류는 크게 ① 현금성(수시 입출금 통장) ② 원금보전성(적금, 예금) ③ 원금 손실 가능한 투자성 저축(적금, 펀드, 채권 등) ④ 장기 목적성(연금, 저축성 보험)으로 나뉘며 사용하고 있는 통장을 종류에 따라 등록한다. 통장을 등록하고 나면 '저축 관리' 페이지에서 해당 통장별로 매월 저축을 등록할 수 있다. 저축 관리 화면에서 월 고정 저축을 등록하면 매월 1회 반복적으로 발생하는 저축이 매월 1일 자동 등록된다.

참고로, 심리계좌카페(http://cafe.naver.com/mentalaccount)에서 엑셀 형식의 가계부를 다운받을 수 있다.

홈쇼핑 안 보고 쇼핑 앱 지우기

눈만 뜨면 소비를 부추기는 세상이다. TV를 켜면 홈쇼핑 채널이 기다렸다는 듯 반갑게 맞이하고, 스마트폰 덕분에 우리는 때와 장소를 가리지 않고 인터넷 쇼핑몰에 접속할 수 있다. 드넓은 공간에 없는 것 없이 물건들이 들어찬 마트와 쇼핑몰은 반짝 세일이니 1+1이니 하면서 우리의 소비 절제 의지를 시험에 들게 한다.

쇼핑에 항상 'ON' 할 수밖에 없는 환경을 'OFF' 로 세팅하지 않으면 나도 모르는 사이 소비가 늘어날 수밖에 없다. 사지 않겠다는 의지만으로 소비를 통제할 수 있다는 건 너무 순진한 생각이자 아무것도 안 하겠다는 것과 다르지 않다.

가장 좋은 쇼핑 OFF는 무조건 안 보는 것이다. TV에서 홈쇼핑 채널을 지우고, 스마트폰에서 쇼핑 앱을 모두 삭제하고, 마트나 백화점에는 가지 않으며 소비와 담을 쌓고 사는 방법이 가장 확실하다. 그러나 절이나 수도원에 사는 스님이나 수녀님도 아니고 우리같이 평범한 사람들에게는 이 또한 하나 마나 한 비현실적 처방이기는 마찬가지다.

신기한 것이, 아이들도 홈쇼핑을 재미있어 한다. 내 아들도 TV 채널을 돌리다가 홈쇼핑 방송이 나오면 재미있게 보곤 한다. 종종 "엄마, 이거 진짜 좋은 거 같아. 우리도 사자" 하고 조르기까지 한다. 홈쇼핑은 남녀노소, 학력을 불문하고 사람을 끌어당기는 매력이 있다. 그러니까 물건이 팔리고 홈쇼핑 회사가 돈을 벌겠지만 말이다.

홈쇼핑 방송은 집 안 거실이나 안방에 있는 TV를 통해 보게 된다. TV 안의 쇼호스트는 마치 우리 집에서 함께하는 것 같은 느낌을 주며 경계심을 무너뜨린다. 아나운서처럼 딱딱하게 말하지 않고 마치 친구나 가족처럼 따뜻하고 친밀하게 말하는 그들을 우리는 무의식중에 진실한 친구처럼 느낀다. 홈쇼핑을 보고 있노라면 마치 그들과 대화를 하고 있는 것처럼 미소를 띠고 TV를 보고 있는 나를 종종 발견한다. 반복적으로 홈쇼핑을 보는 사람들에게 쇼호스트들은 친구이자 언니이자 오빠나 동생과 같은 존재가 되고, 신뢰감이 생기면 당연히 소비 통제는 어려워진다.

쇼호스트뿐만 아니라 홈쇼핑이라는 매체의 특성 또한 소비를 유발한다. 백화점에 가서 쇼핑을 하면 여러 상품을 비교할 수도 있고 미뤄뒀다가 나중에 다시 가서 살 수도 있다. 매장 직원이 다가와서 상품에 대해 설명하려고 하거나 판매를 유도하면 괜찮다고 거절할 수도 있다. 그러나 홈쇼핑은 그런 일이 불가능하다. 다른 상품과 비교할 수도 없고 상품 설명을 거부할 수도 없다. 판매자 입장에서는 아무 방해도 없이 판매를 위한 다양한 메시지를 즉각적이고 강도 높게 쏟아낼 수 있으며 소비자를 압박할 수 있다. 심지어 지금 아니면 이 조건으로 살 수 없다고 협박하기도 한다.

상품에 대한 긍정적인 메시지만 엄청나게 전달받은 상황에서 소비하지 않을 이유를 찾기는 어렵다. 더군다나 친구처럼 생각하는 사람—사실은 쇼호스트—인데 믿고 사지 않을 수 없다.

나 또한 홈쇼핑을 보면서 쇼호스트들에게 친밀감을 느끼고 그들이 자신의 이름을 걸고 입에 침이 마르게 칭찬하는 물건이니 믿고 구매했던 경험이 있다. 그런데 실제로 구매한 물건들은 내가 믿었던 그들의 설명과는 많이 달랐다. 그렇게까지 칭찬받을 제품은 아니었던 것이다. 몇 번 그런 일이 반복되자 쇼호스트에 대한 환상은 사라졌다. 결국 그들도 물건을 많이 팔아야 하는 영업사원일 뿐, 내 친구는 아니었던 것이다. 지금은 쇼호스트들의 설명을 그다지 믿지 않게 됐고 홈쇼핑에서 물건도 사지 않는다.

홈쇼핑에서 멀어지는 가장 좋은 방법은 채널에서 지워버리는 것이다. 실제로 몇 년 동안 홈쇼핑을 삭제하고 살았던 적이 있다. 일상에 아무런 불편도 없었고 오히려 채널을 돌릴 때 방해가 안 돼 더 좋았다. 그러나 인터넷 TV로 바꾸면서 그런 기능을 찾을 수 없어 어쩔 수 없이 홈쇼핑을 보고 있다. 자꾸 보게 되는 건 어쩔 수 없지만—홈쇼핑이 재미있다는 사실은 인정하지 않을 수 없다—구매로 이어지지는 않게 됐다.

아무 방어 수단 없이 TV 앞에 앉아 홈쇼핑을 보고 있으면 학력 수준이나 지적 능력과는 상관없이 누구나 소비 욕구가 생길 수밖에 없다. 채널에서 완전히 지울 수 없다면 가능한 한 안 보는 게 가장 좋으며, 보더라도 쇼호스트를 친구로 생각하고 믿어버리는 건 어리석은 짓이라는 점을 명심해야 한다. 정말 사고 싶다면 절대로 TV 화면을 보면서 수화기를 들고 사지는 말자고 규칙으로 정하기를 권한다. 생각할 시간을 두고 나중에 인터넷으로 사든가 다음 방송 때까지 기다려도 결코 늦지 않다.

인터넷 쇼핑도 홈쇼핑 못지않은 중독성이 있다. 인터넷에서 쇼핑을 하다 보면 시간 가는 줄 모르게 되는 경험을 누구나 해봤을 것이다. 검색으로 바로 상품을 찾아볼 수 있고 비교할 수 있다는 점 때문에 간단한 물건 하나를 사도 이곳저곳 찾아다니다 보면 나도 모르는 사이 시간이 훌쩍 지나간다. 쇼핑 사이트도 한둘이 아니다. 백화점이나 마트, 홈쇼핑 같은 기존 유통 채널도 별도로 인터넷 쇼핑몰을 운영하고, 오픈마켓이라고 하는 G마켓이나 11번가, 소셜커머스라는 쿠팡, 위메프부터 개인들이 운영하는 쇼핑몰까지 그 수가 어마어마하다. 대형 사이트만 골라서 하루에 한 번 방문한다 해도 최소 한나절은 걸린다. 각종 사이트에서 보내는 쇼핑메일이나 스마트폰 앱을 깔면 보내주는 쇼핑알리미를 구독하면 유혹적인 문구에 혹해서 방문하게 되는 일도 부지기수다.

싼 가격과 편리함으로 무장하고 있다 보니 인터넷 쇼핑은 통제가 쉽지 않다. 게다가 스마트폰의 대중화로 인터넷 쇼핑몰에 수시로 접속할 수 있다. TV를 보다가도, 다른 사람과 이야기를 하다가도, 밥을 먹으면서도 우리는 스마트폰을 들여다보고, 그러면서 인터넷 쇼핑 사이트에 한 번 더 들어가보고, 그러면 사고 싶어진다. 견물생심이라는 사람의 속성을 스마트폰이 현실에서 완벽하게 구현하고 있는 셈이다.

인터넷 쇼핑을 OFF 시키는 건 스마트폰 사용을 끊는 것만큼 어려운 일이다. 그래도 가능한 한 접속을 줄이려는 노력을 해야 한다. 먼저 쇼핑 메일이나 알리미를 차단하자. 아무 생각 없다가도 '파격 할인' '핫딜' 같은 단어를 보면 클릭하지 않을 수 없다. 회원 가입할 때 쇼핑메일은 반드시 수신 거부하고 앱을 설치할 때도 쇼핑알리미는 차단한다. 쇼핑 앱 설치도 조절이 필요하다. 스마트폰 화면에 쇼핑 앱이 많이 깔려 있으면 한 번이라도 더 클릭할 수밖에 없다. 3개 이상은 깔지 않도록 규칙을 정하자.

스마트폰 쇼핑을 최대한 불편하게 만들어놓아야 한다. 스마트폰을 보다가 즉흥적으로 결제하는 걸 막기 위해서 신용카드나 소액 결제 프로그램은 깔지 않도록 한다. 정말 사고 싶은 물건이 있다면 위시 리스트에 넣어놓고 생각할 시간을 가진 후 컴퓨터를 통해 결제하는 습관을 들이면 충동구매를 예방할 수 있다. 컴퓨터를 보다가 구매할 때도 일단 위시 리스트에 넣어놓은 후 여유 시간을 가지면 구매하고 싶은 마음이 가라앉아 정말 필요한 물건만 구매할 가능성이 높아진다.

소비와 멀어질수록, 새로운 일을 시도해볼 수 있는 시간과 에너지 그리고 돈을 갖게 된다.

🏪 단골 가게 만들기

단골 상점이 있으면 더 소비하게 되는 건 아닐까 생각할 수 있다. 그런데 물건 사는 곳을 한두 곳 정해놓고 그곳에서만 구매하면 여러 이점이 있다. 아마도 이 물건은 어디서 사는 것이 좋다는 경험들이 있을 것이다. 단골을 만든다는 건 이런 경험을 리스트화 해놓고 가능한 한 그 리스트 안에서만 구매하는 걸 의미한다.

예를 들어 채소와 과일은 트럭 아저씨, 기타 식품은 동네 슈퍼, 옷은 세일 기간에 백화점이나 아웃렛, 아이 책은 중고 사이트 식으로 정해놓는다. 그리고 이 외에서는 구매하지 않도록 노력한다.

홈쇼핑 방송을 보다가, 인터넷 서핑을 하다가 싸고 좋아 보이는 물건이 있으면 아무 장벽이 없어서 유혹을 떨쳐버리기 힘들다. 반면 단골을 정해놓으면 어차피 사지도 않을 거라는 생각에 홈쇼핑 방송을 보거나 인터넷 쇼핑몰에 접속하는 횟수가 줄어든다. 접속하더라도 쉽게 구매하지 않게 만들어준다. 단골에서 사야 한다는 생각은 소비를 통제하는 효과가 있다.

단골은 가능한 한 오프라인 상점으로 정하는 것이 좋다. 확실히 더 싸긴 하지만 온라인 상점을 단골로 정하면 시시때때로 신상품과 할인 상품을 확인하러 접속하게 된다. 조금 더 싼 곳을 찾다가 더 많이 소비할 뿐더러 소중한 시간을 낭비하게 된다. 온라인 쇼핑몰의 싼 가격을 포기할 수 없다면 오프라인에서 확인하고 온라인에서 사는 것도 하나의 대안이다.

🏢 대형 마트보다 동네 슈퍼

특히 도시생활에서 대형 마트는 단순히 물건을 사는 곳만 의미하지 않는다. 마트는 반복적인 일상에서 온 가족이 잠깐이나마 기분 전환을 할 수 있는 놀이터 구실도 한다. 백화점에 갈 때보다 더 편한 마음으로, 반바지에 슬리퍼를 신고 방문해도 아무렇지 않은 공간이 마트다. 일주일 동안 힘든 노동으로 피곤해진 몸을 이끌고 야외로 놀러 나가기는 썩 내키지 않고 돈도 많이 들지만, 가까운 마트에서는 쉽고 편리하게 즐거움을 느낄 수 있다. 게다가 대형 마트들은 최저가로 물건을 공급한다고 앞 다투어 광고할 뿐만 아니라 최저가가 아니면 보상까지 해주겠다고 한다.

그러나 마트가 절약에 관한 메시지를 강조할수록 사치에 관한 것을 보여줄 때보다 소비자는 돈을 더 많이 쓰는 것으로 연구 결과 나타났다. 절약에 관한 메시지가 더 큰 지출을 부른다는 건 일견 의아스럽지만, 조금만 깊게 생각해보면 충분히 납득할 만한 결과다. 우리는 저렴한 가격에 물건을 산다고 느낄 때 돈을 더 많이 쓸 마음이 생긴다.

마트에 방문하면 할인을 많이 해주는 대표상품—일종의 미끼상품—이 맨 앞에 큰 광고 문구와 함께 보인다. 이런 물건을 한두 개 사면 돈을 절약했다는 생각이 들면서 이후 지출에 대한 경계심이 자연스럽게 사라진다. 아마도 비싼 물건부터 샀더라면 이제는 돈을 아껴야겠다 생각하고 지출을 통제했을 것이다. 마트가 돈을 절약하게 해준다는 슬로건은 결국 더 많은 돈을 쓰게 하는 주문이었다.

그런데 대형 마트가 다른 곳보다 싼 가격으로 물건을 판다고 생각하는 근거는 무엇일까? 정말 마트의 상품은 다 쌀 걸까? 운동장보다 큰 마트에는 수만 가지 물건이 있다. 소비자들은 이처럼 많은 물건의 가격을 다 알지 못하고 일일이 비교할 수도 없다. 마트는 바로 이 지점을 이용한다.

마트는 사람들이 가장 많이 구입하고 가장 가격에 민감한 품목들, 이른바 '고객왕래 창출품목(traffic generator)'의 가격을 낮추고 때로는 원가 이하로 책정하기도 한다. 이런 품목들은 소비자들이 가격을 다 알고 있기 때문에 다른 곳과 비교할 수 있다. 마트는 소비자들이 가격을 알고 있는 대표적인 상품 몇 가지만 가격을 낮춰놓아도 충분하다. 그것만으로도 해당 매장에서 파는 모든 상품이 저렴하다고 믿게 만들 수 있다. 또한 생필품의 가격을 낮췄다는 것으로 소비자의 절약을 도와준다는 긍정적인 이미지도 심어줄 수 있다.

그래서 대형 마트는 될수록 안 가야 한다. 그러기 위해서는 일주일에 한 번 몰아서 장을 보지 말고 매일 장을 보자. 일주일에 한 번 장을 보면 필요할지 모를 것들을 미리 사두어야 한다는 압박이 무의식 중에 작용한다.

주말에 한 번 장을 보는 맞벌이 부부의 냉장고를 살펴보면 먹지 않는 음식이나 유통기한이 지나 버려야 하는 음식이 많다. 반면 매일 장을 보면 굳이 미리 살 이유가 없기 때문에 그날그날 필요한 것만 사게 된다. 너무 많이 사거나 필요 없는 걸 미리 살 위험성이 줄어든다. 하루라도 더 신선한 재료를 살 수 있는 깃 또한 장점이나.

대형 마트에서는 워낙 많은 물건을 보기 때문에 필요보다 항상 많이 구매할 수밖에 없다. 진열대를 훑어보다 보면 사고 싶은 물건이 생기고 예전부터 살까 말까 망설이던 물건을 결국 사게 되기도 한다. 때로는 스스로에 대한 보상심리를 충족시키려 할인하는 티셔츠 한 장, 달콤한 초콜릿 같은 제품을 사면서 만족감을 느껴보려 한다.

게다가 많은 물건을 사기 때문에 어쩔 수 없이 차를 가지고 장을 봐야 하니 주유비를 지출해야 한다. 최저가로 샀다며 몇 백원 아꼈다고 좋아할 일이 아니다. 주유비를 고려하면 오히려 동네 슈퍼에서 사는 편이 더 나을 수 있다.

대형 마트를 완전히 끊기는 사실 어렵다. 마트는 단순히 소비의 공간이라기보다 가족이 여가생활을 즐기는 곳이기도 하기 때문이다. 그러나 주말에 한 번 몰아서 장을 보는 소비 스타일은 이제 버리는 게 좋다. 그때그때 필요한 제품을 차가 필요 없는 동네 슈퍼에서 해결하는 소비 패턴을 유지해야 낭비를 줄일 수 있다. 습관이 되면 주말와도 굳이 마트에 가야 할 필요성을 느끼지 않게 될 것이다. 분명히 기억할 것 한 가지는 마트에 한 달만 안 가도 생활비가 확 줄어든다는 사실이다.

적게 쓰고 크게 만족하는 법

월급만 빼고 다 오른다는 말이 결코 과장으로 느껴지지 않는 요즘이다. 수입을 늘리기는 어렵기도 하지만 그만큼 시간과 노력이라는 대가를 치러야 한다. 수입을 늘리는 걸 고민하기 전에 지금 벌고 있는 돈을 가장 잘 쓸 수 있는 방법을 찾는 편이 훨씬 효율적이다. 최소의 비용으로 최대의 효과를 올릴 수만 있다면 우리의 돈 문제는 한결 해결된다.

그런데 돈이 부족하다고 느낄수록 돈 관리를 하지 않는 경향이 심해진다. 얼마 되지도 않는 돈, 관리할 거리가 없다는 생각에서다. 돈 관리를 해야 한다고 설득하는 강의나 상담에서 사람들이 가장 많이 대는 핑계 또한 관리할 돈이 없다는 것이다.

그러나 돈 문제에서 핵심은 가진 돈이 얼마인가의 문제가 결코 아니다. 수입이 충분해도 재정 상태를 관리하지 않는다면 항상 돈 때문에 고통받을 수밖에 없다. 반대로 가진 돈이 적어도 제대로 관리하면 돈으로 인한 스트레스가 적다.

먼저 '돈 관리'의 개념을 제대로 정립해보자. 돈 관리는 흔히 생각하듯 쓰고 남은 돈을 불리는 '자산 운용'이 아니다. 구두쇠처럼 인색한 생활방식을 의미하는 것도 아니다. 돈 관리는 제한된 자원(수입)을 최대한 효율적으로 사용하기 위한 노력이다. 이는 적정선에서 지출을 유지하고, 하찮은 일에 소중한 돈을 낭비하지 않겠다는 태도를 기반으로 한다.

모든 돈 쓰기에서 관리 모드를 유지해야 한다. 수입이 많고 적음이, 지출의 많고 적음이 돈 관리를 하지 않아도 되는 이유가 될 수 없다. 한 푼이라도 벌고 한 푼이라도 쓰는 사람이라면 누구나 돈 관리를 해야 한다.

돈 쓰기에 관리 모드를 유지하고 있다면, 단순히 돈을 절약하는 효과를 넘어 놀랍게도 삶의 만족감까지 높아진다. 관리하고 있다는 건 내가 믿을 만한 사람이며 욕구를 적절히 통제하고 있다는 의미이므로 그 자체로 기분이 좋다. 성실하고 자제력 있는 내 능력을 증명하는 것이기도 하다. 가진 돈에 상관없이 돈 관리 모드를 유지하면 돈 문제로 인한 스트레스가 경감될 뿐만 아니라 스스로에 대한 믿음을 회복하고 삶의 의지를 고양할 수 있다.

그렇다면 돈 관리 모드를 유지한다는 건 구체적으로 어떤 것일까? 그것은 몇 가지 간단한 돈 쓰기 원칙을 지키는 것이다. 귀찮고 힘들고 번거롭다는 선입관을 가질 수도 있다. 그러나 원칙 없이 돈을 쓰는 게 오히려 귀찮고 힘들고 번거롭다. 돈을 쓸 때마다 고민하고, 쓰고 나서 후회하게 만들기 때문이다. 돈 관리를 안 하고 사는 게 더 고통스럽다.

🏛 크게 한 번보다 적게 자주 쓰기

심리학자들의 연구 결과, 돈 쓰기 효과를 극대화하려면 강도보다는 빈도가 중요하며 결합된 경험보다는 분리된 경험을 하는 편이 낫다. 즉 같은 비용이라면 한 번의 요란한 잔치보다 여러 번의 괜찮은 식사를 하는 편이, 좋아하는 드라마를 한 번에 몰아서 보기보다 매주 한 편씩 보는 편이 심리적 혜택이 더 크다. 같은 원리로, 똑같은 돈으로 비싼 물건(고가의 TV 등)을 한 번 사기보다는 작은 기쁨을 주는 일(나들이, 외식, 문화생활 등)에 여러 번 돈을 쓰는 쪽이 만족감을 더 높인다.

이제부터는 아무리 돈이 적더라도 한 번에 다 써버리지 말고 일주일에 두세 번씩 나눠 써보자. 그 편이 기쁨을 더 크게 만든다.

🏛 기다리는 기쁨 누리기

새로운 물건이나 서비스를 살 때는 기다릴 때의 기대감이 있다. 한 연구에서 가장 좋아하는 스타와 키스할 기회가 생긴다면 3시간 후가 좋을지 3일 후가 좋을지를 묻자 대부분은 3일 후라고 대답했다. 또한 초콜릿을 30분 기다려서 먹은 학생들이 바로 먹은 학생들보다 더 맛있게 먹었으며 더 사고 싶다는 의향을 표시했다.

기다릴 때의 즐거움은 기대하는 그 일 자체만큼이나 소중하다. 예를 들어 12일짜리 가이드 동반 유럽여행에 나선 여행자들은 실제로 여행하는 기간보다 출발 한 달 전에 기대치가 훨씬 높은 것으로 나타났다. 또한 네덜란드 휴가자 1,000명을 조사한 연구팀은 가장 큰 행복은 휴가를 기다리는 기간에 나타난다고 결론 내렸다.

소비 체험 자체는 사실 잠깐이면 끝난다. 만약 소비를 충동적으로 하지 않고 미리 계획해서 한다면 기다리는 기쁨까지 소비할 수 있다. 같은 돈을 써도 만족감은 더 커지는 셈이다. 한 번의 큰 휴가보다는 여러 번의 작은 휴가를 보내면 기다리는 일도 더 자주 발생하기 때문에 기쁨의 총량은 늘어난다.

물건이나 서비스를 구매하는 날과 실제로 받거나 경험하는 날 사이에 시간적 거리가 있다면 우리는 그동안 기대감을 갖게 되고, 무엇을 어떻게 할지 계획하고, 어떻게 사용하고 경험할지 상상하며 미리 즐길 수 있다. 다양한 맛의 아이스크림을 먹을 때 가장 맛있는 건 나중에 먹겠다고 남겨두는 우리 아들의 행동도 이런 심리의 일환이다.

유럽여행을 1년 동안 준비한 가족이 있다. 실제 여행한 기간은 10일에 불과했지만 이 가족은 여행을 결정하고 비행기표를 구매하는 순간부터 출발하기까지 1년 동안 여행 모드로 생활할 수 있었다. 숙소와 교통편을 예약하고, 여행지 정보를 찾아보고, 동선을 짜면서 미리 여행을 즐길 수 있었던 것이다. 이들에게 유럽여행 기간은 10일이 아니라 1년이었다.

여행 계획을 짜도록 도와주는 사이트의 마케팅 책임자는 말한다.

"우리는 행복 비지니스를 하고 있다고 생각해요. 여행 계획 단계에서도 마치 여행을 떠난 것처럼 즐거움을 느낄 수 있다고 확신합니다. 꿈꾸는 단계, 공상하는 단계인 것이죠. 우리 사이트 방문자들은 여행할 곳이 얼마나 환상적일지 즐겁게 상상합니다."

사고 싶은 물건이나 서비스가 있다면 가능한 한 일찍 돈을 지불하고 실제로 가지거나 체험할 때까지 기다리는 전략을 선택하면 행복감을 오랫동안 누릴 수 있다.

무계획적 소비 또는 충동구매는 놀라움이나 예상 외의 즐거움을 얻을 수는 있지만 미리 기대하고 즐기는 기쁨은 누릴 수 없다. 소비를 미리 계획하는 건 불필요한 소비를 막는 것 외에도 기다리는 기쁨까지 소비하게 하는 장점이 있다.

먼저 지불하고 나중에 사용하라. 일단 사용부터 하고 나중에 지불한다면 빚을 갚는 과정만 반복하는 셈이다.

🏦 돈 안 들이고 할 수 있는 방법 찾기

현대인들에게 공통적으로 발견되는 가장 큰 감정은 무엇일까? 아마도 불안감일 것이다. 인류의 조상은 사방에서 어떤 적들이 나를 해칠지 모르는 위험 속에서 살아왔다. 따라서 진화적으로 인간에게 예측 불가능성은 불안과 공포를 유발한다. 사방이 지뢰로 덮여 있어도 어디에 지뢰가 있는지 표시돼 있다면 불안하거나 두려워할 필요가 없다. 반면 단 하나의 지뢰가 있어도 어디 묻혀 있는지 모르면 한 발짝도 앞으로 내디딜 수 없다.

현대사회는 이런 예측 불가능성이 극대화돼 나타나는 곳이다. 인류가 진보하면서 과거 신분 사회에 비해 자유가 확대되고 인권이 신장됐으며 개인의 가치를 소중히 여기게 됐다. 그러나 아이러니하게도 우리가 느끼는 두려움과 불안감은 훨씬 커졌다. 과거에는 신분이 고정돼 있고 바뀔 가능성이 거의 없었기에 예측 불가능성이 존재하지 않았다. 노예나 농민으로 태어나 삶이 힘들고 고단하지만 운명으로 받아들였기에 불안감은 느끼지 않았을 것이다. 가장 불안한 것은 변덕스러운 날씨 같은 자연 현상이었다. 날씨는 농사의 성과를 결정 짓고 그것은 생존과 직결돼 있었기 때문이다.

신분제가 타파되고 만인이 평등함을 보편적 가치로 받아들인 지금은 과거보다 훨씬 더 인권이 신장됐지만 개인이 느끼는 불안감은 점점 더 커지고 있다. 능력과 성과주의를 기반으로 모든 것을 개인의 책임으로 돌리는 게 당연시됐기 때문이다. 특히 한국처럼 압축적으로 근대화를 이루고 경제가 발전한 사회에서는 이런 현상이 두드러진다.

1960~80년대, 우리 부모들이 청년이었던 산업화 초기에는 분명 성실하게 노력하면 누구나 성공할 수 있는 가능성이 열려 있었다. 지금 나의 현실이 내 책임이자 능력의 결과라고 봐도 무방한 시대였다. 미래가 예측 가능하고 불안감이 크지 않던 시대였다.

그런데 이제는 개인의 지위가 불안해졌다. 당장은 회사를 다니고 있고 가족을 부양하고 있어도 앞으로 얼마나 더 가능할지 예측할 수가 없다. 고용이 불안정하며, 집값이 너무 비싸 주거 또한 불안하고, 자영업은 치열한 경쟁에 생존이 어렵다. 아무리 둘러봐도 작은 희망 하나 보이지 않는다. 미래를 생각하면 불안하기 짝이 없다. 그것은 오롯이 나의 무능력 때문이며 내가 전적으로 책임져야 하는 상황이라고 여기기 때문에 더 불안하다.

이렇게 산업화를 거쳐 쌓인 우리 사회의 관념, 즉 모든 것은 개인의 책임이자 능력의 문제라는 생각은 사회적 환경이 달라진 지금도 우리를 지배하고 있다. 자아실현을 하는 것도, 사회적 지위를 얻는 것도, 소비를 할 수 있는 것도 모두 개인의 책임이자 능력의 결과로 여겨진다. 소비는 안정적인 삶을 영위하고 있음을 보여주기 가장 쉬운 증거다. 만약 소비를 적게 할 수밖에 없는 상황이라면 소비 주체인 나는 능력이 없는 사람, 안정적인 미래를 담보할 수 없는 사람이 된다. 타인뿐만 아니라 스스로도 그렇게 여긴다.

원하는 것과 실제 상황, 이상과 현실, 기대와 일상 사이의 불일치가 증폭되고 있는 현실에서 우리는 쉽게 자신감을 잃어버리고, 자기 삶을 부정적으로 바라보게 되고, 패배자라고 느끼게 된다. TV에서 매일 접하는 광고가 행복하고 즐거운 모습을 보여줄수록 좌절감은 더욱 커진다.

그러나 잘못된 생각이다. 미래가 예측 불가능한 건 사회 구조의 문제이자 시대의 문제이며 동시대를 살아가는 모든 사람의 문제다. 넉넉치 못한 살림이 내가 무능하거나 성실하지 못하기 때문만은 결코 아니다.

소비를 못하는 현실로 인해 자신의 가치를 잃어버릴 수도 있는 비극에 빠지지 않기 위해서는 어떻게 해야 할까? 소비를 늘리거나 수입을 늘리는 건 해결책이 될 수 없다. 밑 빠진 독처럼 끝없이 더 많은 소비와 수입을 원하게 되기 때문이다.

돈으로 해결해야 한다는 생각을 바꿔서 돈 없이 또는 적은 돈으로 할 수 있는 일을 찾아보는 건 어떨까? 새로 사기보다는 사고 쓰지 않는 것들을 활용하는 것도 한 방법이다. 돈으로 때우기보다 몸으로 때우기를 선택할 수도 있다. 부모님께 비싼 선물은 못하지만 자주 찾아가 얼굴을 보여드리는 건 몸으로 때우지만 더 효도하는 길이다. 아이와 해외여행을 떠나진 못해도 부모가 자주 놀아주는 건 돈이 안 들지만 가족 간의 사랑을 돈독히 하는 데 더 효과적이다. 아마도 가장 부자는 돈 없이 할 수 있는 일이 가장 많은 사람이 아닐까.

🏢 슬로건 되새기기

소비 욕구를 통제하고 살기란 결코 쉽지 않다. 광고와 마케팅의 유혹, 멋있어 보이고 싶은 유혹, 자제심을 포기하고 싶은 유혹들이 항상 주변을 둘러싸고 있다. 옳다고 생각하는 삶의 방향과 신념이 있지만 그것이 사회의 통념과 다르다면, 순간순간 내가 과연 옳은가 하는 의문이 들고 그냥 쉽게 쉽게 살고 싶은 생각이 들기도 한다.

이런 과정이 반복되면 자제력이 슬슬 바닥을 드러낸다. 주변으로부터 거부당했거나 지치면 자제력은 고갈되고 유혹에 맞서기가 더 어려워진다. 피로, 긴장, 스트레스, 배고픔, 불안 등이 자제력을 갉아먹는 것들이다. 과연 마음이 지치고 자아가 고갈된 상황에서 다시 힘을 낼 수 있는 방법은 무엇일까?

간단하면서도 효과적인 방법이 하나 있다. 바로 나만의 가치관을 마음속에 되새겨보는 것이다. 지금 살고 있는 방식에 의문이 들 때, 유혹에 맞서 싸우기 힘들 때 가치관을 되뇌면, 마치 피로회복제를 먹고 갑자기 기분이 좋아지며 힘이 나는 것처럼 순간 정신이 맑아지고 바닥을 드러낸 자아와 자제력이 채워진다. 이를 위해 먼저 나만의 슬로건을 몇 가지 정해보자. 간단하지만 확신을 가진 슬로건이면 좋겠다. 가령 돈을 쓸까 말까 망설여질 때 "쓸까 말까 생각되면 쓰지 말자" "물건보다 돈이 더 가치 있다" 같은 슬로건을 되뇌는 것이다.

직접 경험해본 결과, 효과는 매우 훌륭하다. 마음속에 갈등이 생길 때 떠올리는 나의 슬로건은 어떤 선택이 옳은지에 대한 확신과 힘을 준다.

"돈보다 자유가 중요하다."
"남이 어떻게 생각하는지보다 내가 원하는 것이 중요하다."
"물건에 공간을 빼앗기지 말자."
"새 것은 고장 나면 사자."
"집에 비슷한 게 있는지 먼저 생각하자."

이런 식으로 지키고 싶은 원칙이나 행동 지침을 슬로건으로 정하면 된다. 격언이나 유명 인사의 말도 좋다. 어떤 사람은 힘들 때마다 무하마드 알리의 말, "그만두지 말자. 지금 고생하고 나머지 인생을 챔피언으로 살자"를 떠올렸다고 한다.

슬로건을 떠올리고 새기는 일은 명상 중 딴 생각을 할 때 정신을 차리기 위해 맞는 죽비와도 같다. 실천해보면 생각보다 효과가 좋다는 사실을 알게 될 것이다.

지갑을 열기 전에 해볼 만한 질문

1. 왜 이것을 원하는가?
2. 왜 다음이 아니라 지금 원하는가?
3. 왜 이 가격에 원하는가?
4. 왜 다른 것이 아니라 이것을 원하는가?
5. 이것을 사지 않으면 무슨 일이 생기는가?
6. 비슷한 물건을 이미 가지고 있지 않은가?

물건이 아니라 경험 사기

인생이 의미 없다는 생각이 들 때, 추억은 행복이 줄어들지 않도록 방패 기능을 해준다. 또 활력을 북돋고 스트레스를 완화시킨다. 마크 트웨인은 말했다.

"지금부터 20년 후에는 자신이 한 일보다 하지 않은 일에 더 실망하게 될 것이다.”

구글은 우수사원에게 백만 달러대의 포상금을 지급했다가 평생 잊지 못할 삶의 체험을 제공하는 쪽으로 포상제도를 손봤다. 구글의 인력 담당 부사장은 포상금이 삶의 체험만큼 의미 있지 않다고 말한다.

물질적인 소비가 주는 기쁨은 돈만 있으면 즉각 얻을 수 있지만 그 기쁨은 점차 사라진다. 반면 체험에 의한 기쁨은 훨씬 더 오래 지속된다. 여가활동이 많은 사람일수록 삶에 높은 만족감을 표현한다는 조사도 많다. 반면 넓은 집, 비싼 집은 삶의 만족도와 그다지 관계가 없다고 한다.

여가생활을 통해 우리는 경험을 구매한다. 경험은 물건과는 달리 시간이 지날수록 빛을 발한다. 우리는 지난 경험을 기억으로 되살리고 이야기를 들춰내면서 즐거움을 얻는다. 경험은 우리 자신만의 독특한 것이라 정확하게 얼마의 가치를 지녔다고 말할 수 없기에 부정적 비교의 대상이 될 수 없다. 또한 함께 체험하는 과정을 통해 가족이나 친구와 유대감이 형성되기 때문에 물건을 구매할 때보다 큰 행복감을 느끼게 된다.

반면 물질에 대해서는 누군가 내 것보다 더 크고, 좋고, 새롭고, 비싼 걸 구입했을 때 우리는 그 순간부터 비교를 하고 불행해진다. 게다가 경험은 공유할 수 있지만 물건의 소유는 다분히 개인적이다. 듣는 사람이 흥미 있어 하는 한 우리는 전에 본 영화나 책, 얼마 전에 다녀온 여행에 대해 끝도 없이 이야기를 풀어낼 수 있다. 하지만 새로 산 가방과 가구에 대해서는 계속 듣고 싶어 하는 사람도 없고 있다 해도 오래 떠들 만한 내용이 없다.

　그러나 경험 소비도 비교에서 완전히 자유로울 수는 없다는 점을 기억해야 한다. 누가 얼마짜리 여행을 다녀왔다는 식으로 쉽게 가격으로 환산되는 경험이라면 비교의 대상으로 변할 수 있다. 여름휴가로 해외여행을 다녀온 사람과 국내여행을 다녀온 사람이 느낄 수 있는 감정을 떠올리면 이해하기 쉬울 것이다.

　경험 소비로 만족과 행복을 느끼기 위해서는 그것에 매겨진 가격이 아니라 어떤 내용인지에 집중해야 한다. 비록 값싸지만 온 가족이 함께 즐겁고 다양한 경험을 했던 국내여행이 있는 반면 유명 관광지에서 사진 찍고 버스만 타다가 돌아온 비싼 해외여행도 있다. 가격만으로 쾌락을 따지는 건 비효율적이며 낭비가 되기 쉽다.

5장

골치 아플 일 없는
실전 투자

지금까지의 투자 이론은 잘못됐다

재테크 서적들은 한결같이 몇 가지 투자 원칙을 강조하며 이를 지켜야 투자에 성공할 수 있다고 주장한다. 물론 전혀 틀린 말이 아니다. 문제는 이런 옳은 말 대잔치를 실천하기에는 많은 장애물이 있어 현실성이 떨어진다는 점이다. 대표적으로 언급되는 투자 원칙들의 함정과 오류에 대해 알아보자.

투자 기간을 명확히 하라고? 돈 쓸 일은 시도 때도 없이 생긴다

이론

투자할 때마다 각각의 자금에는 이름표가 붙어 있어야 한다. 개인연금은 20년 후 생활비로 사용할 자금이고, 적립식 펀드는 자녀의 결혼이나 중병이 발생했을 때를 준비하는 식이다. 분명한 사용처와 함께 투자 기간도 명확히 해야 한다. 투자 기간이 명확해야 철저한 계획과 실천이 가능해진다.

현실

투자 기간을 지키라는 원칙은 이에 맞는 투자상품을 선택하라는 설명으로 이어진다. 장기간 투자가 가능한 상품은 보험, 중기는 펀드나 주식, 단기는 예/적금을 활용하라는 식이다. 물론 이렇게 포트폴리오를 짜는 게 가장 합리적인 것은 맞다. 그러나 현실에서는 아무리 정해진 투자 기간을 지키고 싶어도 돈 쓸 일이 수시로 발생하기 때문에 처음에 생각했던 계획을 지킬 수가 없다. 개인의 씀씀이나 의지의 문제가 아니라 계속해서 돈을 써야만 하는 현실 때문이다.

사회 초년생부터 독립 자금, 결혼 자금이 필요하고 결혼 후에도 전세보증금을 올려주거나 대출금을 갚아야 하는 등 꾸준히 돈이 필요하다. 차도 바꿔줘야 하고 아이가 태어나고 자라면서 양육비, 교육비가 뭉텅뭉텅 들어간다. 당장 다음 달 결혼해야 하고, 집주인이 전세금 올려달라고 하고, 차 바꿔야 하고, 부모님이 병원에 입원해 병원비가 필요한데 노후연금을 깨지 않고 유지할 수 있을까? 아이들 대학 학비로 모아두고 있는 펀드가 있다고 하자. 집을 사려고 하니 돈이 모자라는데 대학 입학 때까지 펀드를 유지할 수 있을까?

처음에 정한 목적과 기간 그대로 투자상품을 유지하라고 말하는 전문가는 살림이라고는 살아보지 않았거나 애초에 돈이 많아 돈 걱정은 안 해도 되는 사람일 것이다.

💰 분산 투자하라고? 분산할 돈이 없다

이론
어떤 투자 대상도 장기간에 걸쳐 꾸준히 높은 수익률을 보장하지는 못한다. 따라서 자산을 적절히 분산하면서 동시에 꾸준히 관리해야 한다. 분산해서 투자한 후 상황 변화에 따라 투자 비중을 적절히 조절해야 안정적이고 높은 수익률을 확보할 수 있다.

현실
장기간에 걸쳐 높은 수익률을 보장하는 투자 대상은 없다는 말은 100% 맞는 말이다. 주식, 금, 달러, 원자재, 채권 등 존재하는 모든 투자 대상은 오르내림을 반복하기 때문이다. 따라서 자산을 여러 군데 분산해놓아야 위험은 줄이고 수익은 꾸준히 챙기는 게 가능하다.

그런데 막상 자산을 분산해서 포트폴리오를 구성하려고 보니 가진 돈이 별로 없다는 초라한 현실에 직면하게 된다. 원금이 적으면 수익도 적다. 시간과 노력을 들여 어디에 얼마를 분산해 투자해야 하는지 공부하고 고민할 만큼의 원금은 있어야 하지 않겠는가. 분산 투자를 통해 수익률은 낮아도 안정적으로 자산을 불릴 수 있는 사람은 가진 원금이 큰 고액 자산가들이다.

원금이 적은 상황에서 '개미'들은 '몰빵' '단타' '상한가 따라잡기' 같은 모 아니면 도 식의 일확천금을 노린다. 어찌 보면 부자가 되기 위한 당연한 선택이다. 적은 원금으로 분산 투자를 하면 물론 예/적금보다 높은 이익을 얻을 수 있을지 몰라도 자산이 획기적으로 증가하는 일은 일어날 수 없다.

🪙 공부하면 부자 된다고? 그렇다면 교수는 다 부자여야 한다

이론

금융 시장과 투자상품에 대해 끊임없이 학습해야 한다. 하루가 다르게 복잡한 금융상품이 탄생하고 있다. 금융기관 종사자들도 상품 교육을 받는 데 가장 많은 시간을 할애한다. 투자자 스스로 연구해서 고수익 상품에 시의적절하게 투자해야 한다. 경제신문과 뉴스를 항상 챙겨 보고 미래에 어떤 산업이 각광받을지 항상 주의를 기울여야 투자 기회를 잡을 수 있다.

현실

어느 재테크 책의 한 구절이다.

"나는 하루에 2시간 이상 신문과 잡지, 서적 등을 보며 경제와 기업, 소비 패턴 등의 변화를 감지하고 그 의미를 해석하는 것을 습관화했다. 그리고 이를 실전 투자에 적용했다."

좋은 말이기는 한데 과연 평범한 사람이 실천할 수 있을지는 의문이다. 대부분의 대한민국 사람들은 긴 노동 시간에 시달리며 저녁이 있는 삶을 누리지 못하고 있다. 가족과 함께하는 시간조차 쉽게 허락되지 않는 현실이다. 그런데 하루에 2시간 이상을 재테크 공부에 할당하라는 건 비현실적 요구가 아닐 수 없다.

백 번 양보해서 그렇게 공부했다고 치자. 그렇게 하면 부자가 될까? 하루에 2시간이 아니라 하루 종일 공부해서 돈을 버는 방법을 알 수만 있다면 공부 안 할 사람이 있을까 싶다. 모든 재테크 전문가들이 경제를 공부하고 시장을 연구하고 금융상품을 분석하라지만, 그러면 정말 부자가 될 수 있을까? 그렇게 해서 당신들은 정말 부자가 됐는지도 묻고 싶다. 공부를 해서 부자가 될 수 있다면 공부가 직업인 교수들은 모두 엄청난 자산가가 돼 있어야 한다. 공부하라는 선생님 같은 조언에는 그러나 어떤 공부를 얼마나 언제까지 하면 부자가 될 수 있는지는 안 나와 있다.

공부하면 재테크를 잘할 수 있다는 말은, 재테크가 몇 권의 책을 읽거나 어떤 스킬을 익힘으로써 가능하다는 환상을 심어준다. 재테크는 그렇게 간단한 일이 절대 아니다. 우리나라뿐 아니라 전 세계의 경제 상황도 파악해야 하며 미래에 어떤 산업이 유망할지 예측해서 투자 기회를 잡을 수도 있어야 한다. 달러, 유가, 금, 원자재 등 각종 투자 자산에 대한 지식과 가격 동향, 업종별로 투자할 회사들에 대한 정보 또한 파악하고 있어야 한다.

각 분야별로 전문가들이 존재할 만큼 어렵고 복잡한 곳이 금융과 자본이 움직이는 세계인데 여기에 하루 2시간 공부하는 것으로 명함을 들이밀려고 하는 건 과욕이다. 하루 종일 투자만 생각하고 연구하는 전문가들도 성공보다 실패하는 사람이 더 많은 게 투자의 세계다. 하물며 전업도 아니고 부업이나 투 잡의 개념으로 투자에 성공할 수 있다고 생각하는 건 무모한 욕심이다.

고려해야 할 점은 또 있다. 재테크 공부에 에너지와 시간을 쏟아야 한다면 그만큼을 다른 부분에서 희생해야 한다. 내가 누려야 하는 휴식과 여유, 가족·친구·연인과의 관계와 사랑은 그만큼 희생되어야 한다. 본업에 소홀해지는 것도 무시할 수 없다.

만약 투자할 수 있는 원금이 적다면 수익률이 높다 해도 실제로 버는 돈은 크지 않다. 내가 희생해야 할 것들을 내가 기대할 수 있는 수익과 기꺼이 맞바꿀 수 있는지도 생각해볼 부분이다.

🪙 전문가를 활용하라고? 그들도 투자에 실패한다

이론

본인의 지식이 부족하다면 전문가를 활용하는 것도 좋은 방법이다. 이들은 다양한 지식을 보유하고 있다. 금융기관에 소속된 전문가들은 일반적인 전문가보다 금융 지식 수준이 높다는 장점이 있다. 금융이 복잡하고 어려워질수록 자신의 한계를 인정하고 전문가를 활용하는 것이 필요하다.

현실

금융기관은 투자를 직업으로 하고 이론적 배경에 실전 경험까지 두루 갖춘 전문가들의 집단이다. 주식 투자를 하고 싶은데 자신이 없다면 전문가들이 만들어놓은 펀드에 가입하면 된다. 소비자는 펀드에 돈을 불입하고 전문가는 이 돈으로 자신의 능력과 지식을 활용해 투자 수익을 만들어 소비자에게 돌려준다. 이론적으로만 보면 훌륭한 분업체계이자 효과적인 투자 방법이다. 그렇다면 실제 투자 결과는 어떨까?

표 5-1 | 2017년 펀드 수익률 평균(2017년 11월 30일 기준)

펀드 종류	연초 후
주식형	24.59
주식형-일반 주식	18.45
주식형-중소형 주식	16.7
주식형-배당 주식	18.31
KOSPI	23.75
KOSPI200	26.74

출처: KG제로인

국내 펀드 수익률 평균을 살펴보자. 운용 순자산 10억 원 이상, 운용 기간 2주 이상인 주식형 펀드(공모)를 조사한 결과다.

군이 특정 펀드에 투자하는 이유는 적어도 시장 평균, 즉 코스피 상승률보다는 높은 수익률을 얻기 위해서다. 그러나 주식형 펀드는 시장 평균보다 약간 높은 수익률을 기록했으며 코스피 대표 200종목 평균인 KOSPI200보다는 낮은 수익률을 보였다. 일반 주식, 중소형 주식, 배당 주식은 시장 평균보다 수익률이 낮았다. 이런 결과를 보면 왜 비싼 수수료를 내가며 전문가들이 투자하는 펀드에 가입해야 하는지 알 수 없다.

주가지수를 추종하는 것을 인덱스 펀드, 펀드 매니저가 투자 종목을 선택하는 것을 액티브 펀드라고 한다. 상식적으로 생각하면 액티브 펀드가 인덱스 펀드보다 수익률이 높아야 한다. 그러나 대부분의 액티브 펀드가 지수 상승률도 넘지 못하고 있다.

지수를 그대로 따르는 인덱스 펀드 수익률은 27.62%에 달했지만, 펀드 매니저가 직접 종목을 골라 투자하는 액티브 펀드는 15.91%에 그쳤다. 인덱스 펀드의 57.6% 수준이다. 장기 성과를 보면 차이는 더욱 두드러진다. 지난 1년 동안 인덱스 펀드 수익률은 29.99%를 기록했지만, 액티브 펀드는 15.66%에 머물렀다. 2년 수익률은 인덱스 펀드가 35.98%, 액티브 펀드는 9.78%다.

전문가의 투자 수익률이 시장 평균에 미치지 못한다는 증거는 사실차고 넘친다. 연말이나 연초의 펀드 수익률 결산 기사를 보면 대부분 액티브 펀드가 인덱스 펀드를 따라잡지 못한다는 내용이다. 〈표 5-2〉는 주식형 펀드 수익률이 코스피 평균을 따라가기도 어렵다는 점을 그대로 보여준다. 액티브 펀드는 더군다나 수수료가 인덱스 펀드의 2~3배다. 과연 전문가를 믿어야 할지 의구심은 커질 수밖에 없다.

프린스턴대학의 버튼 멜키엘 교수는 그의 저서(《A Random Walk Down Wallstreet》)에서 눈을 가린 원숭이가 고른 포트폴리오가 전문가들이 고심하여 구성한 포트폴리오보다 낮다고 주장했다. 《월스트리트》는 이에 관한 실험을 실시했다. 원숭이 역할을 맡은 사람이 눈을

표 5-2 | 연도별 펀드 수익률

년도	코스피	코스닥	주식형 펀드	코스피 평균 이상 펀드 비중
2017	21.76%	26.44%	24.59%	
2016	3.32%	-7.46%	0.62%	38%
2015	2.39%	25.67%	3.51%	53%
2014	-4.76%	8.60%	-5.35%	42%
2013	0.72%	0.74%	1.23%	58%
2012	9.38%	-0.77%	8.33%	37%
2011	-10.98%	-2.06%	-12%	44%

코스피 평균 이상 펀드: 100억 원 이상, 운용 기간 1년 이상 펀드 중 코스피 수익률 이상 펀드 비중
출처: KG제로인

가리고 다트를 던져서 고른 대로 포트폴리오를 만들고, 전문가들은 전략을 세워 포트폴리오를 만들어 주식 투자를 했다. 1988년부터 2002년까지 이 게임을 지속해본 결과는 놀랍게도 원숭이가 더 우세했다. 지금까지 우리가 확인한 바에 의하면 놀랍지도 않은 결과다.

🪙 우량 종목에 장기 투자하라고? 그 종목을 알 길이 없다

이론

주식이나 펀드 중 어떤 종목이 좋은지 알기 어렵기 때문에 현재 우량하다고 판단되는 종목, 즉 시가총액이 높은 종목이나 대기업 위주로 사서 장기 투자하면 높은 수익률을 얻을 수 있다.

현실

투자에 대한 흔한 생각 중 하나가 삼성전자 같은 주식을 사놓고 오랫

동안 묵혀두면 높은 수익률을 얻을 수 있다는 것이다. 제일 잘나가는 회사 주식을 고르면 되니 상대적으로 쉬운 투자 방법으로 보이기도 한다.

그러나 기업은 흥하기도 하고 망하기도 한다. 잘나가던 회사도 시대의 변화에 뒤떨어지면 순식간에 뒤처진다. 일본 기업 소니를 생각해보자. 2000년대 초반만 해도 소니의 위상은 독보적이었다. 그때 삼성전자가 소니를 앞지르리라고 누가 상상이나 할 수 있었을까? 산업의 미래 예측은 전문가도 하기 어렵다. 일반인들은 더더욱 얼벼다.

우량기업이란 흔히 시가총액이 높은 기업을 의미한다. 시가총액 상위 10위 안에 든다면 대한민국 초우량기업이라고 봐도 무방하다. 〈표 5-3〉은 시가총액 상위 10위 기업 목록이다. 표에서 확인할 수 있듯이 초우량기업이라도 꾸준히 자리를 유지하는 게 아니라 산업의 변화에 따라 흥망성쇠가 달라진다.

그렇다면 이들 기업에 실제로 투자했을 때 성과는 어떠할까? 10년/5년/3년을 투자했을 때의 성과를 비교해보자. 시가총액 상위 10개 종목을 12월 마지막 날 100만 원씩 총 1,000만 원을 매수한 성과는 다음 표들과 같다.

전문가들은 우량주에 장기 투자하는 것이 성공 투자를 위한 가장 확실한 방법이라고 주장한다. 그런데 결과는 사뭇 다르다. 10년을 투자했을 때 수익률은 연 2.8%에 불과하다. 게다가 10년 동안 마이너스 수익률을 기록한 종목이 6개나 된다. 5년간 투자했을 때는 4.2%로 높

표 5-3 | 시가총액 상위 기업(2008~2017년 말 기준)

	2008	2009	2010	2011	2012	2013	2014	2015	2016	2017
1	삼성전자	삼성전자	삼성전자	삼성전자	삼성전자	삼성전자	삼성전자	삼성전자	삼성전자	삼성전자
2	POSCO	POSCO	POSCO	POSCO	현대차	현대차	현대차	현대차	SK하이닉스	SK하이닉스
3	한국전력	현대차	현대차	현대차	포스코	현대모비스	SK하이닉스	한국전력	현대차	삼성전자(우)
4	SK텔레콤	KB금융	현대중공업	현대중공업	현대모비스	포스코	한국전력	삼성물산	삼성전자(우)	현대차
5	현대중공업	한국전력	현대모비스	현대모비스	기아차	SK하이닉스	포스코	삼성전자(우)	한국전력	포스코
6	KB금융	신한지주	LG화학	LG화학	LG화학	NAVER	NAVER	아모레퍼시픽	현대모비스	LG화학
7	신한지주	LG전자	신한지주	신한지주	한국전력	기아차	삼성생명	현대모비스	NAVER	NAVER
8	LG전자	현대모비스	KB금융	KB금융	삼성생명	신한지주	현대모비스	SK하이닉스	삼성물산	삼성생명
9	KT&G	LG화학	삼성생명	삼성생명	신한지주	한국전력	삼성SDS	삼성생명	삼성생명	삼성물산
10	KT	LG디스플레이	기아차	기아차	현대중공업	LG화학	SK텔레콤	LG화학	포스코	현대모비스

표 5-4 | 시가총액 상위 10위 기업 10년 투자 결과 (단위: 원)

	2007년 말 시총 10위	2007년 종가	2017년 12월 12일 종가	원금 대비	투자 결과
1	삼성전자	556,000	2,605,000	469%	4,685,252
2	POSCO	575,000	332,000	58%	577,391
3	현대중공업	442,500	129,500	29%	292,655
4	한국전력	39,650	38,100	96%	960,908
5	국민은행	69,000	58,300	84%	844,928
6	신한지주	53,500	47,950	90%	896,262
7	SK텔레콤	249,000	270,000	108%	1,084,337
8	LG필립스LCD	49,500	30,000	61%	606,061
9	SK에너지	181,000	197,000	109%	1,088,398
10	현대차	71,600	150,000	209%	2,094,972
	연환산 2.8%			131%	13,131,163

표 5-5 | 시가총액 상위 10위 기업 5년 투자 결과 (단위: 원)

	2012년 말 시총 10위	2012년 종가	2017년 12월 12일 종가	원금 대비	투자 결과
1	삼성전자	1,522,000	2,605,000	171%	1,711,564
2	현대차	218,500	150,000	69%	686,499
3	POSCO	349,000	332,000	95%	951,289
4	현대모비스	288,000	256,000	89%	888,889
5	기아차	56,500	32,700	58%	578,761
6	LG화학	330,000	390,000	118%	1,181,818
7	한국전력	30,450	38,100	125%	1,251,232
8	삼성전자(우)	852,000	2,085,000	245%	2,447,183
9	삼성생명	94,300	124,000	131%	1,314,952
10	신한지주	38,850	47,950	123%	1,234,234
	연환산 4.2%			122%	12,246,421

표 5-6 | 시가총액 상위 10위 기업 3년 투자 결과 (단위: 원)

	2014년 말 시총 10위	2014년 종가	2017년 12월 11일 종가	원금 대비	투자 결과
1	삼성전자	1,327,000	2,605,000	196%	1,963,075
2	현대차	169,000	150,000	89%	887,574
3	SK하이닉스	47,750	77,800	163%	1,629,319
4	한국전력	42,700	38,100	89%	892,272
5	POSCO	275,500	332,000	121%	1,205,082
6	삼성전자(우)	1,039,000	2,085,000	201%	2,006,737
7	NAVER	712,000	828,000	116%	1,162,921
8	삼성생명	116,500	124,000	106%	1,064,378
9	현대모비스	236,000	256,000	108%	1,084,746
10	삼성SDS	293,500	196,500	67%	669,506
	연환산 8%			126%	12,565,609

아지지만 투자 수익률로는 만족할 수 없는 수준이다. 오히려 3년 투자한 결과가 8%로 가장 우수하다. 우량주를 선택해 장기 투자한다고 높은 수익률이 보장되지는 않는다.

🪙 복리의 마법을 활용하라고? 복리는 현실에 존재하기 어렵다

이론

가격이 오르내리는 것에 연연하지 않고 장기 투자를 하면 복리의 마법을 누릴 수 있다. 복리는 이자에 이자가 붙는 것으로, 아인슈타인은 복리가 세계 여덟 번째 불가사의라는 명언을 남겼다. 1억 원을 연 12% 수익률로 30년간 투자한 사람과 1년 늦게 투자를 시작하여 29년간 투자한 사람은 30년 후 무려 3억 2,000만 원의 차이가 발생한다. 나이가 젊다는 것은 이런 복리 효과를 최대한 누릴 수 있다는 장점이 있다. 하루라도 빨리 투자하라.

현실

'복리'는 장기 적립을 해야 하는 보험상품이나 주식 투자를 권유받을 때 가장 흔하게 듣는 말이다. 장기 투자의 성공은 '복리 효과'를 바탕으로 한다. 복리 효과는 이자에 이자가 붙어 원금이 기하급수적으로 불어나는 현상을 일컫는 말로, 투자와 저축을 설명할 때 빠지지 않고 등장하는 이론이다. 물론 산술적으로만 보면 복리의 힘은 크다. 그러나 투자의 세계에 복리 효과를 적용하는 건 투자의 불확실성과 변동성이라는 속성을 무시하는 순진한 발상이다.

1,000만 원을 갖고 다음 네 가지 시나리오로 장기 투자를 해보자. 각각의 시나리오는 다음과 같다.

① 연 5%의 고정 수익률

② 투자 첫 번째 연도는 20% 이익, 두 번째 연도는 10% 손해

③ 첫 번째 연도는 50% 이익, 두 번째 연도는 40% 손해

④ 매년 10% 이익, 10년마다 50% 손해

시나리오 ①, ②, ③은 산술 평균으로 연 5% 수익이 나는 상황을 가정한 것이다. ①은 고정 금리로 변동성이 제로지만 나머지는 모두 투자 결과에 따라 수익률이 달라지는 변동성이 존재한다. 조건들만 보면 산술 평균으로 1년에 5%의 수익이지만, 투자 결과는 생각과는 전혀 다른 양상을 보여준다.

시나리오 ②를 보면 이익과 손해를 반복하면서 조금씩 원금이 커지는 것을 확인할 수 있다. 그러나 20년이 되는 시점에 이르러서는 오히려 시나리오 ①보다 수익률이 떨어져 30년 후 원리금 합계가 3,200만 원이다.

시나리오 ③은 참담하다. 10년째부터는 수익은커녕 원금을 까먹기 시작해서 20년째에는 원금이 반토막 난다. 30년째가 되면 원금의 1/3인 310만 원으로 쪼그라든다.

시나리오 ④의 경우 10년까지는 가장 월등한 수익률을 보이지만 10년째마다 50% 손해를 보게 되니 마지막 30년째에는 1,600만 원 정도로 끝난다.

①번이 바로 전형적인 복리 효과를 보여주는 예로 30년 후 1,000만 원은 약 4.5배인 4,500만 원 정도가 된다.

그림 5-1 │ 시나리오별 30년 장기 투자 결과

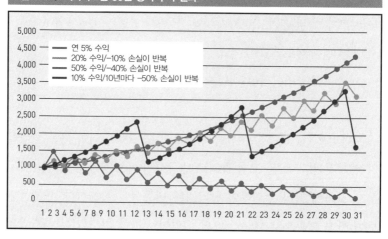

이 결과를 통해 우리는 수익률에 가장 큰 영향을 끼치는 요소는 변동성이라는 사실을 알 수 있다. 특히 장기 투자를 할수록 변동성의 역할은 매우 커진다. 높은 수익률로 불려놓은 원금이 커질수록 시장 하락으로 손해 보는 돈도 그만큼 커지기 때문이다.

시나리오 ③이 가장 낮은 수익률을 보인 이유도 +50%에서 −40%에 이르는 높은 변동성이 그 원인이다. 이런 경우 많이 벌고 많이 잃는 일이 반복되면서 결국 원금이 반토막이 나는 것이다.

시나리오 ④와 같이 10년마다 −50%가 되는 상황은 극단적인 예라고 반박할 수도 있겠다. 그러나 우리는 이미 1998년 외환위기와 2008년 금융위기를 통해 10년마다 한국 주가가 반토막 나는 상황을 겪어왔다. 다음 10년에 그런 일이 없으리라는 보장이 있을까?

재테크 책이나 투자 전문가들은 투자 수익률을 연 8~10% 복리로 제시한다. 1,000만 원을 연 8% 복리로 30년을 투자하면 1억 6,100만 원이 된다. 마법 같은 결과다. 수익률 변동성을 전혀 고려하지 않은 계산이다. 불행히도 투자의 세계는 +20%도 되었다가 −20%도 되는 변동성의 세계다. 한 해도 빠짐없이 연 8~10%를 달성한다는 건 희망 사항에 불과하다.

복리가 마법이 되기 위해서는 첫째, 수익률(또는 이자율)에 변동성이 없어야 하고 둘째, 그 수익률이 높아야 한다. 그러나 변동성이 없는 상품은 당연히 수익률, 즉 이자율이 낮다. 이자율이 낮다면 30년 복리로 돈을 불린다 해도 그 효과는 미미하다. 세상에는 변동성도 없고 이자도 높은 금융상품은 존재하지 않는다. 복리의 마법은 금융업계가 만들어낸 판타지일 뿐이다.

복리가 판타지일 수밖에 없는 이유는 이뿐만이 아니다. 장기 투자, 그것도 아주 긴 시간 돈을 묶어두어야 한다는 건 돈 쓸 일이 계속 발생하는 현실에서는 (계속 강조하지만) 비현실적인 이야기다. 특히 변동성이 없고 따라서 수익률이 낮은 금융상품, 즉 금리가 2~3%인 경우 복리 효과를 보기 위해서는 적어도 30년 이상 보유해야 한다.

💲 인덱스 펀드에 장기 투자하라고? 인덱스 펀드는 언제 투자하느냐에 성패가 달려 있다

이론

어떤 종목을 살지 고르는 일은 쉽지 않다. 주식 시장이 앞으로 오를 것이라 생각한다면 차라리 주식 시장 전체를 사는 것도 좋은 방법이다. 주식지수를 그대로 추종하는 펀드든 ETF인 인덱스 펀드든 최소 3년 이상 보유한다면 투자에 별다른 고민이나 수고를 들이지 않고도 예금이나 적금보다 높은 수익률을 기대할 수 있다. 거의 매년 인덱스 펀드가 액티브 펀드보다 높은 수익률을 보이고 있기 때문에 수수료도 저렴하다는 장점이 있는 인덱스 펀드 또는 ETF 장기 투자가 후회 없는 선택이 될 것이다.

현실

거의 모든 재테크 책과 전문가가 특정 종목이 아니라 주식 시장 전체의 성과를 추종하는 인덱스 펀드(ETF)를 추천한다고 해도 과장이 아니다. 그렇다면 실제 인덱스 펀드의 성과는 어떨까? 먼저 코스피 시장 상위 200개 지수를 추종하는 대표적인 인덱스 ETF인 KODEX200의 장기 투자 성과를 살펴보자. 3년 이상 돈을 묶어놓기 어렵다는 점에서 장기 투자라고 하면 보통 3년 이상을 의미한다.

〈표 5-7〉은 3년 동안 KODEX200에 1,000만 원을 투자했을 때와 은행에 예금으로 예치했을 때의 성과를 비교한 것이다. 첫 번째 줄은 투자 기간이 2015년 시장 개시일부터 2017년 시장 마감일까지라는 의미이며, KOSPI200 결산 금액은 1,000만 원을 투자했을 때 투자 잔액이다. 예금 결산 금액은 같은 기간 은행에 예치했을 때 시장 평균 금리를 적용한 결과이며, 수익률과 금리는 연 평균으로 환산한 것이다.

3년간 투자도 수익률이 마이너스를 기록한 경우가 10회 중 4회, 예

	표 5-7	3년간 KOSPI200과 예금에 투자한 결과				(단위: 만 원)
	시작 연도	종결 연도	KOSPI200 결산 금액	KOSPI 연환 산수익률(%)	예금결산 금액	예금 금리 (%,연평균)
1	2015	2017	1331	9.99	1044	1.48
2	2014	2016	984	-0.54	1054	1.76
3	2013	2015	911	-3.07	1066	2.16
4	2012	2014	1025	0.82	1084	2.72
5	2011	2013	974	-0.86	1096	3.1
6	2010	2012	1189	5.95	1099	3.19
7	2009	2011	1627	17.06	1093	2.99
8	2008	2010	1124	3.97	1110	3.55
9	2007	2009	1197	6.18	1130	4.14
10	2006	2008	825	-6.21	1142	4.53
	평균			3.33		2.96

시장 평균 금리 적용 / 수수료와 세금은 고려하지 않음

금 금리에도 못 미친 경우는 5회에 달한다. 회차별 연 평균 수익률 또한 KOSPI200이 3.33%, 예금 금리는 2.96%로 그 차이가 0.37%로 미미한 수준이다.

이를 통해 우리는 인덱스 펀드 수익률을 결정하는 건 투자 시점이라는 사실을 알 수 있다. 인정하고 싶지 않지만, 쉽게 말해 복불복이다. 2006년에 시작한 사람은 -6.21%로 손해를 본다. 예금 기회 비용까지 고려하면 -10%가 넘는 손해다. 그러나 1년 늦게 시작했다면 6.18% 이익을 볼 수 있고, 심지어 2009년에 시작하면 17%라는 높은 수익률을 얻는다. 최고 수익과 최저 수익의 차이가 23%에 달한다.

문제는 그 누구도 언제 투자를 시작해야 하는지 모른다는 점이다. 이렇게 보면 결코 인덱스 펀드(ETF) 투자도 쉽지 않고 손해 볼 위험 또한 결코 낮지 않음을 알 수 있다.

표 5-8 | 5년간 KOSPI200과 예금에 투자한 결과 (단위: 만 원)

	시작 연도	종결 연도	KOSPI200 결산 금액	KOSPI 연환 산수익률(%)	예금결산 금액	예금 금리 (%,연평균)
1	2013	2017	1230	4.23	1095	1.87
2	2012	2016	1092	1.78	1116	2.22
3	2011	2015	886	-2.39	1139	2.64
4	2010	2014	1100	1.92	1153	2.89
5	2009	2013	1805	12.54	1157	2.97
6	2008	2012	1094	1.81	1186	3.48
7	2007	2011	1284	5.13	1201	3.74
8	2006	2010	1529	8.86	1206	3.82
9	2005	2009	1925	14.00	1211	3.9
10	2004	2008	1391	6.83	1219	4.04
평균				5.47		3.16

금리는 해당 월 시장 평균 금리 적용 / 수수료와 세금은 고려하지 않음

표 5-9 | 10년간 KOSPI200과 예금에 투자한 결과 (단위: 만 원)

	시작 연도	종결 연도	KOSPI200 결산 금액	KOSPI 연환 산수익률(%)	예금결산 금액	예금 금리 (%,연평균)
1	2008	2017	1346	3.01	1299	2.68
2	2007	2016	1403	3.44	1341	2.98
3	2006	2015	1355	3.08	1374	3.23
4	2005	2014	2118	7.79	1396	3.39
5	2004	2013	2512	9.65	1411	3.05
6	2003	2012	3304	12.70	1430	3.64
7	2002	2011	2738	10.60	1447	3.76
8	2001	2010	4281	15.65	1473	3.95
9	2000	2009	1707	5.49	1528	4.33
평균				7.93		3.45

금리는 해당 월 평균 금리 적용 / 수수료와 세금은 고려하지 않음

그렇다면 투자 기간을 5년과 10년으로 늘리면 어떨까?

표를 보면 알 수 있듯이 투자 시작 시점이 성공의 가장 중요한 요소라는 건 10년 장기 투자라 할지라도 달라지지 않았다.

그렇다면 적립식 투자는 어떨까? 역시 거의 모든 재테크 전문가는 매월 적립식으로 주식 투자를 하는 게 위험은 분산하고 수익을 높이는 방법이라고 이구동성으로 주장한다. KOSPI200에 적립식으로 투자할 때 그리고 같은 금액을 예금에 적립할 때, 그 결과는 어떻게 될지 살펴보자. 먼저 3년간 월 100만 원씩 적립식으로 투자한 결과다. 예금은 월 100만 원씩 적금에 불입하는 것과 같은 개념이다.

적립식 투자는 주가가 하락해도 매수 단가가 낮아지는 효과가 있기 때문에 위험을 분산해준다는 게 통념이다. 실제로는 적립식으로 투자했을 때도 앞서 거치식으로 3년간 투자했던 결과와 그다지 다르지 않다. 총 10회에 걸친 투자에서 5회는 예금보다 낮은 성과를 보여주며 그중 3회는 수익률이 마이너스를 기록하고 있다. 3년 동안 적립식으로 투자했음에도 마이너스 가능성이 이처럼 높다는 건 예상과는

표 5-10 | 3년간 월 초에 KOSPI200 ETF 100만 원 매수 vs 월 초에 적금 100만 원 적립 (단위: 만 원)

	시작 연도	종결 연도	KOSPI200 결산 금액	KOSPI200 평가율	예금결산 금액	예금 평가율
1	2015	2017	4569	126.9%	3762	105%
2	2014	2016	3094	85.9%	3862	107%
3	2013	2015	3577	99.4%	3904	108%
4	2012	2014	3629	100.8%	3961	110%
5	2011	2013	3949	109.7%	4033	112%
6	2010	2012	4099	113.9%	4027	112%
7	2009	2011	4224	117.3%	4036	112%
8	2008	2010	5163	143.4%	3978	111%
9	2007	2009	4420	122.8%	4110	114%
10	2006	2008	2963	82.3%	4191	116%
		평균		110.2%		110.7%

투자 원금 3,600만 원 / 평가율 : 3년 후 원금을 100으로 했을 때 원금+수익(이자)의 비율

	시작 연도	종결 연도	KOSPI200 결산 금액	KOSPI200 평가율	예금결산 금액	예금 평가율
1	2013	2017	7755	129.3%	6470	108%
2	2012	2016	6523	108.7%	6649	111%
3	2011	2015	6061	101.0%	6830	114%
4	2010	2014	6259	104.3%	6893	115%
5	2009	2013	7397	123.3%	6984	116%
6	2008	2012	7682	128.0%	6929	115%
7	2007	2011	7316	121.9%	7089	118%
8	2006	2010	8999	150.0%	7135	119%
9	2005	2009	8326	138.8%	7287	121%
10	2004	2008	6226	103.8%	7421	124%
	평균			120.9%		116.1%

표 5-11 | 5년간 월 초 KOSPI200 ETF 100만 원 매수 vs 월 초에 적금 100만 원 적립 (단위: 만 원)

투자 원금 6,000만 원 / 평가율 : 5년 후 원금을 100으로 했을 때 원금+수익(이자)의 비율

사뭇 다른 결과다.

원금 대비 평가율 또한 예금 평가율 평균보다 낮다는 사실도 장기 주식 투자가 예금에 비해 수익이 높다는 통념이 옳은 것만은 아니라는 사실을 말해준다. 이처럼 적립식 투자도 성패의 열쇠는 언제 투자를 시작했느냐에 달려 있다는 점은 달라지지 않았다.

5년간 투자했을 때도 살펴보자. 마이너스는 없지만 예금 금리에 못미치는 경우가 10회 중 4회로 적지 않다. 평가율 평균은 KOSPI200이 예금을 앞서는 것으로 나타나 3년 투자에 비해 수익성은 개선됐다.

마지막으로 10년 적립식 투자와 적금 성과를 비교해보자. 총 9회 중 2회는 예금 평가율보다 뒤처진다. 10년 장기 투자도 100% 안전하지는 않다는 의미다. 그러나 평가율은 예금에 비해 높은 수준이라 투자 기간이 길어질수록 안정성과 수익률이 높아질 수 있음을 보여준다.

표 5-12 | 10년간 월 초 KOSPI200 ETF 100만 원 매수 vs 월 초에 적금 100만 원 적립 (단위: 만 원)

	시작 연도	종결 연도	KOSPI200 결산 금액	KOSPI200 평가율	예금결산 금액	예금 평가율
1	2008	2017	17810	148.4%	14542	121%
2	2007	2016	15161	126.3%	15224	127%
3	2006	2015	14627	121.9%	15608	130%
4	2005	2014	16135	134.5%	16093	134%
5	2004	2013	19471	162.3%	16424	137%
6	2003	2012	22075	184.0%	16500	138%
7	2002	2011	22037	183.6%	16553	138%
8	2001	2010	28632	238.6%	16478	137%
9	2000	2009	25745	214.5%	16853	140%
평균				168.2%		133.6%

투자 원금 1억 2,000만 원 / 평가율: 5년 후 원금을 100으로 했을 때 원금+수익(이자)의 비율

거치식이건 적립식이건 주식 투자의 성패를 가르는 건 투자 기간이 아니라 투자 시작 시점이다. 같은 10년을 투자해도 2000년에 시작한 사람은 10년 후 연 5.49% 수익률로 약 700만 원의 수익을 챙길 수 있지만 바로 1년 뒤에 시작한 사람은 15.65%의 수익률을 올리고 3,280만원의 수익을 얻는 극단적인 결과가 초래된다.

또한 같은 3년을 투자해도 2014년에 시작한 사람은 −0.54%로 원금을 손해 보지만 바로 다음 해인 2015년에 시작한 사람은 10%에 달하는 수익을 얻는다.

오랫동안 주식에 투자했지만 성과가 신통치 않다면, 시작 시점이 잘못된 것이다. 그러나 미래를 모르는 인간은 언제 시작해야 할지 모른다. 이것이 투자의 한계다.

투자는 심리다

주식 투자가 쉽지 않은 가장 큰 이유는 사실 인간의 뇌가 주식 투자에 적합하지 않기 때문이다. 우리 뇌에서 일어나는 여러 가지 편향과 착각은 특히 투자 행위에서 오류를 일으킨다. 2017년 노벨 경제학상 수상자가 바로 이런 인간의 비합리적 판단 양식을 연구하는 행동경제학의 대표 학자이자 《넛지》의 저자인 리처드 탈러 교수다.

　노벨 위원회는 "사람이란 예측할 수 없을 만큼 비합리적이기 때문에 항상 경제학 이론을 무시하는 쪽으로 행동한다는 탈러 교수의 선구적 연구 업적에 경의를 표한다"라고 말하기도 했다.

💲 투자를 망치는 인간의 심리

대표적인 심리적 편향과 이로 인해 발생하는 실수는 다음과 같다.

과잉확신 편향

겉으로야 겸손한 체해도 우리는 남보다 잘났다고 생각한다. 잘나지는 않아도 적어도 평균 이상이라고 여긴다. "당신의 운전 실력은 남들과 비교하면 어느 정도입니까?"라고 물어보면 80% 이상이 "평균이상"이라고 답한다. 그러나 평균 이상의 실력을 가진 운전자는 50%를 넘을 수 없다.

일상에서 이런 자신감은 자신을 비하하는 것에 비해 훨씬 긍정적인 역할을 한다. 그러나 투자의 세계에서는 다르다. 근거 없는 자신감은 자신이 선택한 종목에 대한 집착으로 변질되어 나타난다. 그 종목이 하락하고 있어도 처음에 선택했던 이유를 되뇌며 자신을 합리화한다.

한국의 개인 투자자 중 1~2개 종목만 보유하는 투자자의 비율이 전체의 60%라고 한다. 이는 과잉확신 편향의 증거다. 자신이 선택한 종목이 오른다는 확신이 있으니 1~2개만 보유하는 것이다. 과잉확신 편향으로 선택한 종목에 집착하면, 손해를 보는 중에도 쉽게 정리하지 못하고 손해를 키우게 된다.

인지부조화

새롭게 알게 된 정보가 기존에 믿었던 정보와 상반되는 경우 느끼는 심리적 불편함을 인지부조화라고 한다. "콩깍지가 씌었다"는 말처럼, 어떤 대상에 대해 긍정적인 마음을 가지고 있으면 설령 실망시키는 일을 목격하더라도 이를 무시하거나 애써 미화하게 된다. 인지부조화로 인한 심리적 불편함을 해소하기 위해서다.

투자할 때도 콩깍지가 씌기 쉽다. 인지부조화는 과잉확신 편향과 짝을 이뤄 잘못된 판단을 양산한다. 자신이 잘못된 의사결정을 했다고 인정할 때 겪는 정신적 고통을 피하고 싶어 자꾸만 이유를 대고, 심지어 하락해서 손해 보고 있는 종목을 물 타기 한다며 추가 매수하기도 한다.

투자를 하는 사람들은 증권방송이나 경제신문을 열심히 본다. 새로운 투자 정보를 얻기 위해서일 수도 있지만, 정작 머릿속에 가장 강하고 오래 남는 건 자신이 믿거나 동의하는 내용을 확인해주는 전문가의 말이다. 자신의 이익과 반대되는 정보는 무시하거나 쉽게 잊는다.

심리학자 레온 패스팅거는 "인간은 합리적인 존재가 아니라 합리화하는 존재다"라고 했다. 합리화를 하는 존재인 인간이 합리적으로 종목을 선택한다는 건 참으로 힘든 일이 아닐 수 없다.

손실회피 편향

인간은 손실을 확정 짓기를 무엇보다 싫어한다. 이를 손실회피 편향이라고 한다. 같은 금액이라도 이익보다 손실에 더 민감하게 반응하는 것이 인간이다. 예를 들어 길에서 5만 원을 주웠을 때 느낄 수 있는 기쁨의 크기를 상상해보자. 내 돈 5만 원을 잃어버렸을 때 느끼는 슬픔의 크기도 상상해보자. 분명 슬픔의 크기가 더 클 것이다. 손해에 대한 감정의 크기가 이익보다 2.5~3배 크다고 하니 손해를 피하고 싶어 하는 인간의 본능을 짐작할 수 있다.

손실회피 편향은 손해 보고 파는 행위, 즉 손절매를 어렵게 만든다는 점에서 투자의 가장 큰 적이다. 주식 투자의 제1원칙은 손절매를 잘하는 것이라고 한다. 정해진 기준, 가령 '10% 하락하면 판다'라는 이 간단한 원칙을 지키기가 어려운 이유는 손해 보기 싫어하는 인간의 본능을 거스르는 일이기 때문이다.

손실회피 편향은 주가가 조금 올랐을 때 서둘러 매도해서 이익을 확정하고자 하는 경향도 가져온다. 이를 처분 효과(disposition effect)라고 한다. 만약 이익이 나는 가게 A와 손해가 나는 가게 B를 소유하고 있다면 우리는 당연히 B를 처분한다. 그런데 주식이라면 상황은 달라진다. A가 10% 상승, B는 10% 하락인 상황에서 하나를 팔아야 한다면 대부분 A를 팔고 B를 보유한다.

주식 투자를 할 때 많이 하락하는 종목은 본전 생각으로 계속 보유하고 계속 상승할 만한 종목은 서둘러 매도하는, 즉 이익에 반하는 매매 패턴을 보이는 것이 바로 손실회피 편향과 처분 효과가 같이 나타난 결과다.

기준점 편향

한 실험에서 참가자 절반에게 10이라는 숫자를 보여주고 나머지 절반에게는 65라는 숫자를 보여주었다. 그런 뒤 "아프리카 국가 중 UN

가입국은 몇 퍼센트를 차지하는가?"라는 쉽게 답하기 힘든 질문을 했다. 그러자 숫자 10을 본 이들은 "25%", 65를 본 사람들은 "45%"라고 답했다.

이렇듯 합리적 사고 과정 없이 특정 숫자에 닻을 내리고 이를 기준으로 판단하는 현상을 기준점 편향(anchoring bias)이라고 한다.

100만 원을 주식에 투자했는데 200만 원이 됐다고 하자. 이때 사람들의 판단 기준점은 원금 100만 원이 아니라 200만 원이다. 이 시점에서 과연 팔 수 있을까? 팔고 나서 더 오르면 손해라는 생각에 팔기 어렵다. 만약 팔았는데 200만 원 이상이 되면 100만 원을 벌었다고 생각하지 않는다. 이미 기준은 200만 원이 되었기 때문에 손해라고 생각하는 것이다.

만약 이 주식이 150만 원이 되었다. 그럼 팔 수 있을까? 이때는 50만 원 손해라고 생각하고 팔지 못한다. 실은 50만 원 이익인데도 말이다. 그런데 이 주식이 70만 원으로 떨어진다면? 더더욱 팔지 못한다. 원금 이하로 떨어졌으니 팔게 되면 30만 원 손실을 확정 짓게 된다. 그래서 손절매는커녕 오히려 추가 매수를 하거나 언젠가는 오르겠지 하는 심정으로 장기 보유한다.

기준점 편향과 손실회피 성향이 합쳐지면 이렇듯 투자 실패로 가는 전형적인 유형이 나타난다. 오르면 더 오를 것 같아 못 팔고, 떨어지면 손해 보기 싫어서 못 파는 전형적인 투자 패턴이기도 하다.

자격부터 갖추고 투자하라

투자 이론만 믿고 투자를 하면 많은 함정과 위험을 피하기 어렵다. 투자할 때 따라오는 심리적 편향을 극복하는 것 또한 쉬운 일이 아니다. 따라서 투자를 하기 전에 미리 신중하게 준비하고 자격을 갖추는 일은 아무리 강조해도 지나치지 않다.

무엇보다 가정경제 재무 구조가 안정성을 유지하고 있어야 한다. 또한 투자의 위험성을 상쇄할 수 있는 안전망을 갖고 있어야 한다. 이런 조건을 갖추어야 투자 성공의 열매를 온전히 수확할 수 있다.

돈 관리를 이렇게 저렇게 하라는 조언은 많다. 다양한 통장 관리 방법도 존재한다. 그런데 방법이 복잡하면 실천하기 어려워 쉽게 포기하게 된다. 효율적이며 지속 가능한 통장 관리는 돈 관리를 체계적으로 바꾸고, 투자 자금을 관리하고 유지하기도 쉬워진다.

🪙 돈 관리 시스템을 갖춰야 한다 – 지출 통장 & 비상금 통장

지출은 일상적인 지출 통장과 비상금 통장 두 가지로 관리한다. 소득이 입금되면 일상적인 지출 통장에서 각종 자동이체 금액이 빠져나가고 일상적인 지출도 이뤄지게 된다. 어떤 전문가들은 지출 통장도 목적별로 쪼개기를 권하지만 그럴듯해 보여도 실제로 해보면 번거로워 쉽게 포기하게 된다. 경험상 하나로 묶는 것이 더 나은 선택이다.

비상금 통장은 예상치 못한 지출을 위한 통장이다. 말이 비상금이지 사실 모자라는 생활비를 충당하기 위한 통장이다. 수시 입출금이 가능한 통장에 2~3개월치 생활비, 즉 기혼은 1,000만 원 미혼은 500만 원 정도를 비축해서 가지고 있으면 된다. 예상치 못한 수입이나 보너스, 상여금 같은 변동 수입이 생길 때 비상금 통장에 넣어두면 공돈 생겼다고 지출이 늘어나는 일을 막을 수 있다. 지출 통장을 효과적으로 관리할 수 있는 간단한 방법이 있다. 수입이 일정하다면 급여일 또는 수입이 들어오는 날 하루 전에 잔액을 비상금 통장으로 모두 옮겨 잔고를 0원으로 만들어놓는 것이다. 이렇게 하면 통장의 잔액이 많다고 함부로 지출하는 위험을 방지할 수 있다. 또한 매월 비상금으로 이체하는 잔액의 크기를 통해 이번 달 지출을 간단하게나마 평가할 수 있다.

🪙 저축 관리가 돼야 한다 – 쓸 돈 통장

지금 쓸 돈을 아껴서 저축을 하는 목적은 두 가지다. 가까운 미래에 쓸 돈을 준비하는 것과 자산을 불려 먼 미래를 준비하는 것. 가까운 미래는 향후 1년 이내를 말한다. 우리는 0.1%라도 금리가 높은 곳을 찾아 헤매지만 사실 가까운 미래에 쓸 돈을 저축할 때는 금리가 중요하지 않다. 저축 기간도 길지 않도 아니고 원금도 크지 않기 때문에 금리가 조금 높고 낮은 것이 큰 차이를 만들지 않는다.

쓸 돈을 위한 저축은 필수 저축이기도 하다. 누구나 돈 쓸 일은 생긴다. 즉 빚이 있더라도 또 소득이 적더라도 반드시 해야 하는 저축이다. 쓸 돈 저축은 소득의 10%를 6개월 적금으로 준비하면 된다. 6개월 동안 모아 목돈을 찾으면 일부는 그동안 참아왔던 소비 욕구를 조금이라도 충족시키는 일도 필요하다. 소비 욕구는 너무 억누르면 엉뚱한 곳에서 터진다. 사고 싶었던 물건을 사거나 하고 싶었던 일을 한 후 남은 돈은 비상금 통장에 넣어서 비상금 1,000만 원 혹은 500만 원을 항상 유지한다. 저축의 1차 목표인 비상금 마련이 완료되었다면 드디어 모을 돈을 저축할 자격이 주어진다. 모을 돈은 중간에 꺼내 쓰는 돈이 아니라 계속 모아서 굴려야 하는 돈이다.

💲 투자 안전망을 구축해야 한다 - 모은 돈 통장

모을 돈은 종잣돈이기도 하지만 투자를 할 때 소중한 안전망이 된다. 각종 심리적 편향에 맞서 원칙을 지키는 투자를 위해 필요한 것은 투자 지식이나 의지력이 아니다. 바로 모을 돈 통장이다. 투자가 생각처럼 되지 않는 상황인데 갑자기 돈이 필요해지면 손해를 보면서도 자산을 팔아야 한다. 이런 일을 막고 궁극적으로 이익을 실현시켜주는 것은 미리 준비해놓은 모을 돈 통장이다. 모을 돈 통장을 마련해놓지 않았다면 투자할 자격은 없다.

투자를 하고 싶다면 모을 돈 통장에 투자 안전망이 될 만한 금액을 적립해놓아야 한다. 만약 내 집이 있다면 3개월치 생활비, 없다면 6개월치 생활비가 목표 금액이라고 할 수 있다. 집이 없다면 전세보증금을 올려주거나 이사를 하거나 집을 마련하는 일이 발생할 수 있기 때문에 그만큼 돈이 더 필요해지기 때문이다. 쓸 돈으로 준비한 비상금과는 별도로 마련하는 자금이라는 것도 기억하자.

투자뿐 아니라 노후연금 가입도 여기까지 다다른 사람만이 고려할 수 있다고 봐야 한다. 기껏 노후연금에 가입했더라도 결혼 자금, 전세 자금, 내 집 마련처럼 큰돈이 들어가는 일이 닥치면 손해 보고 연금을 깰 가능성이 높아지기 때문이다. 한 살이라도 어릴 때 노후연금에 가입하라는 말은 복리 효과를 누리라는 의미로, 이론적으로 맞을지 모르지만 현실을 무시한 이야기이기도 하다. 독립과 결혼, 내 집 마련, 자녀 양육 같은 돈 쓸 일이 즐비한 현실에서 노후연금을 지키기란 정말 쉽지 않은 일이다.

투자를 하건 하지 않건, 모을 돈 통장에 돈을 적립하는 일은 언제나 지켜져야 한다. 비상금이 모자라 모을 돈 통장에서 돈을 꺼내 써야 할 수도 있다. 비상금 통장이 채워져 있어야 하듯이 모을 돈 통장도 정해진 금액은 반드시 채워져 있어야 한다. 비상금 통장과 모을 돈 통장을 안정적으로 유지하는 것, 이것이 가정경제에서 저축의 제1목표

이자 반드시 지켜야 할 원칙이다. 이 목표를 채우기까지 허리띠를 졸라매야 하지만 달성한 후에는 조금은 여유를 갖고 참아왔던 욕구 충족을 할 수도 있다.

비상금 통장과 모을 돈 통장은 그것을 갖고 있다는 사실만으로 심리적인 안정을 준다. 저축과 지출의 기준을 제시해주기 때문에 체계적인 돈 관리를 가능하게 하는 유용한 도구이기도 하다.

💰 수익률에 대한 기대를 낮춰야 한다

투자 안전망을 구축해놓았다면 이제 자금 면에서 투자 자격이 갖춰진 셈이다. 그리고 자금 못지않게 중요한 것이 멘탈 관리다. 투자를 하는 기간에도 우리는 평정심을 유지하고 수익률에 일희일비하지 않아야 한다. 이를 위해 정신 수양이나 훈련을 할 필요는 없다. 단지 수익률에 대한 기대를 낮추면 된다.

얼마 안 되는 원금을 빨리 불리고 싶은 마음은 누구나 같다. 그러나 대박 났다 싶을 만큼 화끈한 수익률을 원한다면 애석하지만 그 기대는 접기를 권한다. 앞으로 소개할 '숫자로 하는 투자'의 기대 수익률은 높지 않다. 은행 이자율이 물가 상승률도 못 따라가는 현실을 조금이나마 극복하려고 찾은 대안일 뿐이다. 기대 수익률은 시중 금리 +2~4%로 잡는 것이 합리적이다. 이 이상의 수익률을 기대한다면 차라리 다른 방법을 찾기 권한다.

중요한 건 기대 수익률이 아니라 원금 손실 가능성을 최대한 줄이는 것이다. 이익으로 얻을 수 있는 기쁨보다 손해로 느끼는 아픔이 2~2.5배 더 크다. 원금 손실이 심리에 끼치는 악영향을 항상 상기하며 수익률에 대한 욕심을 다스리길 권한다. 이 책에서는 투자의 방향성을 기대 수익률은 낮추되 원금 손실 가능성을 제로 상태로까지 줄이는 일에 맞출 것이다.

🪙 투자 종목이 적을수록 위험하다

투자를 할 때 하나에만 집중할 게 아니라 분산해야 한다는 것은 상식이다. 투자 종목이 적을수록 위험은 커진다. 그렇다면 몇 개의 종목에 투자하는 것이 좋을까? 3~5개 종목에 분산하는 경우가 가장 일반적인 투자 패턴이다. 그러나 이것도 충분하게 분산된 것이라고 볼 수 없다. 미국·일본·캐나다·호주 시장의 1975~2011년 주식 수익률을 분석하고 몇 개 종목에 투자하면 개별 종목 위험을 제거할 수 있는지 측정한 연구가 있다. 이 논문에서는 18~30개 종목을 매수하면 위험의 90%까지 제거할 수 있다는 결론을 내렸다.

앞서 복리의 함정에서 확인했듯이 투자 수익률에서 가장 중요한 요소가 변동성이다. 변동성이 높으면 아무리 수익률이 높아도 최종적으로 남는 수익률은 낮아진다. 100만 원이 50만 원이 되면 50% 하락한 것이지만 50만 원에서 다시 100만 원이 되기 위해서는 100%의 수익률을 올려야 한다. 결국 변동성을 낮춰야 한다. 높은 변동성은 수익률의 적이면서 심리적으로도 악영향을 끼친다. 20여 개 종목에 투자한다면 변동성을 줄일 수 있기 때문에 전체적인 위험성을 낮추는 효과를 거둘 수가 있다. 수익률에서도 변동성이 적은 편이 훨씬 유리하다.

같은 2천만 원을 투자해도 500만 원씩 4개 종목을 사기보다 100만 원씩 20개 종목을 사는 쪽이 위험은 최대한 분산하면서 수익을 높일 수 있는 방법이다. 이런 방식으로 투자하되 손절매 라인은 반드시 설정해야 한다. 손절매 기준은 −15%라고 잡고 여기에 도달하는 종목은 매도하기로 원칙을 세우는 것이다.

투자를 해보면 수익의 대부분은 3~5% 수익률을 올리는 종목이 아니라 30% 이상인 종목에서 나온다. 20개를 매수하면(어떤 종목을 매수할지의 기준은 숫자이며 이 숫자는 나중에 자세히 설명하겠다) 그중 2~3개는 30% 이상 수익을 거두는 종목이 나온다. 이들이 전체 수익률을 끌어올리고 하락은 −15%에서 막는 방식의 투자인 셈이다.

물론 한 산업군에서 20개 종목을 고르는 것은 분산 투자가 아니다. 가령 바이오산업이 잘나간다고 바이오 관련 주식만 산다면 100개를 사도 분산 투자라고 할 수 없다. 여러 산업군과 다양한 섹터에서 골고루 선택해야 한다는 것도 반드시 기억할 원칙이다.

표 5-13 | 손실 상태에서 본전에 도달하기 위해 필요한 수익률

손실	본전
10%	11.10%
20%	25%
30%	42.85%
50%	100%
80%	500%

돈 관리 Q & A

Q 빚이 있는데 저축을 해야 할까, 그 돈으로 빚부터 갚을까?

A 빚이 있으면 저축이 아니라 빚을 갚는 게 우선이다. 비상금을 갖는 것도 아직은 이르다. 단, 소득의 10%를 6개월짜리 적금에 넣는 건 빚이 있어도 반드시 해야 한다. 이 적금으로 비상금을 대체하는 것이다. 빚을 하루라도 빨리 갚는 것이 이자를 줄이고 결과적으로 돈을 버는 일이다. 빚을 갚은 다음 비상금을 만들고 돈을 모으는 것이 순서다.

주택담보대출처럼 장기간 갚아야 하는 빚을 가지고 있다면 빚을 갚으면서 투자도 하고 싶을 수 있다. 어떤 빚이건 빚을 갚는 게 우선이며 투자는 그 다음이다. 그것이 원칙이나 주택담보대출 이자보다 투자로 얻을 수 있는 이익이 더 크다는 판단을 한다면 투자할 수도 있다.

만약 빚을 갚고 있는 상황에서 비상금 없이 투자를 한다고 치자. 투자가 손해를 보는 상황인데 돈 쓸 일이 생기면 추가로 빚을 져야 하는 위험에 노출된다. 빚이 있다면 이 점에 대한 경각심을 반드시 가져야 한다.

Q 젊으니까 투자 비중을 높여야 하지 않을까?

A 재테크 전문가들은 저축을 할 때 투자 비중을 나이별로 계산하도록 제시하기도 한다. 30세라면 100-30=70이므로 투자 비중을 70%로 잡을 수 있다. 젊을수록 투자 실패를 만회하고 장기 투자를 할 수 있기 때문에 투자 비중은 커진다.

이런 가정은 이론적으로는 맞는 말이지만 현실을 무시한 것이다. 미혼이라면 결혼이라는 큰돈 쓸 일이 기다리고 있다. 그리고 결혼은 마음대로 시기를 정하기가 쉽지 않다.

투자에 모든 여유 자금이 묶여 있는 커플이 있다. 결혼이 임박해 반드시 그 돈이 필요한데 당장 주식 시장이 약세이거나 하락 추세여서 손실 상황이라고 가정해보자. 이 커플은 어떤 선택을 할 수 있을까?

손해를 보더라도 주식을 팔아 돈을 마련하거나 아니면 투자한 돈은 그대로 두고 돈을 빌려야 한다. 혹은 주식 시장이 좋아질 때까지 결혼을 미룰지도 모른다. 당장 결혼 계획이 없다고 방심하는 것도 금물이다. 언제 결혼할지는 누구도 모르는 일이다.

나이가 젊으면 책임질 가정이 없고 혼자 벌어 혼자 쓰는 상황이니 투자에 더 과감해진다. 결혼 자금을 더 빨리 많이 마련하고자 투자에 더 적극적이 되기도 한다. 그러나 적극적인 투자를 하고 있다 해도 결혼 비용을 어떻게 준비할지는 반드시 대비를 해놓아야 한다. 1년 이내에 결혼을 할 예정이라면 젊으니까 투자 비중을 높이라는 조언은 도움이 아니라 독이 될 수 있다. 이 경우 투자가 아니라 안정적인 방식으로 결혼 자금을 운용해야 한다.

Q 소득의 10%를 6개월간 적금에 넣는 건 언제까지 해야 하나?

A 소득의 10% 저축은 빚이 있든 없든 소득이 많든 적든 반드시 해야 하는 최소 저축 기준이다. 빚을 갚고 있다면 비상금 통장도 모을 돈 통장도 없으니 비상금 대용으로 쓰기 위해서 소득 10%, 6개월 적금은 계속 유지해야 한다.

그러나 빚도 없고 비상금 통장과 모을 돈 통장까지 갖추었다면 유지할 필요가 없다. 여유 자금을 한꺼번에 모아 저축하거나 투자하는 방식으로 운용하면 된다. 비상금 통장과 모을 돈 통장은 정해진 기준에 맞게 항상 채워놓아야 한다는 원칙만은 반드시 지키도록 한다.

숫자로 투자하기, 안정적으로 돈 불리기

투자에는 돈만 필요한 것이 아니다. 어떤 것을 언제 사야 하고, 언제 팔아야 하며, 얼마를 사야 하는지 고도의 지식과 판단력이 요구된다. 이를 갖추려면 많은 시간과 노력, 에너지가 소모된다. 게다가 올바른 투자를 방해하는 각종 심리적 편향도 이겨내야 한다.

우리는 전업 투자자가 아니다. 생계를 유지하기 위한 본업이 있고 함께 시간을 보내야 할 가족과 사랑하는 사람이 있다. 투자에 일희일비하는 순간, 즉 돈 생각으로 머릿속이 터널링을 이루는 순간 희생해야 할 것들이 생긴다. 얼마 안 되는 원금으로 투자해서 얻을 이익은, 우리가 잃어버리고 희생해야 하는 것들을 떠올리면 초라할 뿐이다.

우리의 투자는 그래서 돈 생각을 떠올리지 않을 투자여야 하고, 심리적 편향을 극복할 수 있는 투자여야 한다. 최대한 고민하지 않고 의사결정을 할 수 있어야 한다. 이를 위해서는 명확한 기준이 있어야 한다. 바로 숫자다.

숫자란 앞으로 어떤 종목이 오를지, 어떤 산업이 유망할지에 대한 예상이 아니라 과거 실적과 주식 가격이라는 확정된 수치다. 미래를 예측할 필요가 없기 때문에 고민할 필요가 없고 에너지나 시간을 필요로 하지 않는다.

숫자를 기준으로 하는 투자, 즉 직관적 · 주관적 판단을 배제하고 객관적 · 계량적(수치) 분석 기법의 투자를 계량 투자 혹은 퀀트 투자라고 한다(이후 숫자로 하는 투자를 퀀트 투자라고 부를 것이다). 언뜻 보면 매우 어렵게 느껴진다. 물론 단계로 따지면 어려운 부분도 있지만 아주 단순하고 쉬운 방식도 존재한다. 이런 퀀트 기법을 활용하고 투자 종목을 20개 내외로 하는 방식의 투자 방법들을 알아보자.

🪙 위험을 줄이는 방법 – 현금과 주식으로 분산하기

일반적으로 인덱스 ETF를 퀀트 투자라고 할 수는 없다. 그러나 KOSPI200 ETF 투자에는 주관적 요소가 개입되지 않으며 200개 종목을 모두 사는 극단적인 분산 투자이기 때문에 우리가 원하는 고민 없는 투자의 한 방식이 될 수 있다. 그러나 앞서 살펴보았듯이 인덱스 ETF는 거치식이건 적립식이건 변동성이 적지 않아 언제 시작하느냐에 따라 수익률이 극단적으로 차이 날 수 있는 위험이 있다.

이 위험을 줄이기 위해, 즉 변동성을 낮추기 위해 투자 자산을 현금과 주식으로 분산하는 방법이 있다. 가령 한 달에 100만 원을 모두 주식에 투자하는 것이 아니라 예금에도 분산하여 예치하는 것이다. 이렇게 하면 장기 투자를 해도 수익률이 마이너스를 기록하는 위험에서 상당 부분 벗어날 수 있다.

투자 안전망이 될 자금, 즉 모을 돈 통장을 채운 후 처음 투자를 한다면 매월 가처분 소득으로 투자를 하게 된다. 이때 가처분 소득 전부로 인덱스 ETF를 사는 게 아니라 현금, 즉 예/적금에도 투자한다면 〈표 5-14〉와 같은 결과를 얻을 수 있다. 매월 100만 원씩 3년 동안 KODEX200 매수와 예/적금 투자를 병행했을 때의 결과다.

100% 주식에 투자했을 때는 마이너스 수익률을 기록한 경우가 3회였으나 현금 7, 주식 3으로 분산했을 때는 0회, 5:5로 분산했을 때

표 5-14 | 3년간 KODEX200 ETF와 예/적금에 분산하여 투자한 결과 (단위: 만 원)

	시작 연도	종결 연도	KOSPI 200 결산금액	KOSPI 200 평가율	예금 결산금액	예금 평가율	5:5 결산금액	5:5 평가율	6:4 결산금액	6:4 평가율	7:3 결산금액	7:3 평가율
1	2015	2017	4,535	126.0%	3,769	104.7%	4,153	115.4%	4,077	113.3%	4,000	111.1%
2	2014	2016	3,806	105.7%	3,758	104.4%	3,779	105.0%	3,774	104.8%	3,770	104.7%
3	2013	2015	3,487	96.9%	3,798	105.5%	3,646	101.3%	3,677	102.1%	3,708	103.0%
4	2012	2014	3,528	98.0%	3,853	107.0%	3,687	102.4%	3,719	103.3%	3,752	104.2%
5	2011	2013	3,853	107.0%	3,924	109.0%	3,887	108.0%	3,894	108.2%	3,901	108.4%
6	2010	2012	3,981	110.6%	3,918	108.8%	3,945	109.6%	3,939	109.4%	3,933	109.3%
7	2009	2011	4,063	112.9%	3,928	109.1%	3,982	110.6%	3,968	110.2%	3,955	109.9%
8	2008	2010	5,052	140.3%	3,868	107.4%	4,355	121.0%	4,2451	117.9%	4,142	115.1%
9	2007	2009	4302	119.5%	3998	111.1%	4111	114.2%	4,083	113.4%	4,058	112.7%
10	2006	2008	2,881	80.0%	4,078	113.3%	3452	95.9%	3572	99.2%	3695	102.6%
평균				109.7%		108.0%		108.3%		108.2%		108.1%

평가율: 원금을 100을 봤을 때 원금+수익의 비율
6:4는 현금 6, 주식 4를 뜻하고 7:3은 현금 7, 주식 3을 의미한다

는 1회였다. 마이너스를 기록할 위험이 거의 없다는 건 언제 투자할지 고민할 필요가 없다는 뜻과 같다. 투자할 자금이 있다면 시장이 앞으로 오를지 내릴지 고민할 필요 없이 지금 시작하면 된다. 시작 시점이 수익률에 가장 큰 영향을 미치는 인덱스 펀드(ETF) 장기 투자의 단점을 크게 개선할 수 있는 것이다.

💲 수익률 높이는 방법-현금과 주식 비율 5:5로 맞추기

현금과 분산 투자를 하면서 기대 수익률을 조금 더 높일 수 있는 기술이 있다. 바로 리밸런싱(rebalancing, 자산 재배분)이다. 가령 한 달에 50만 원씩 KODEX200 ETF와 예금에 분산 투자해서 1년 후 ETF가 700만 원이 되고 예금이 650만 원이 됐다고 하자. 이제 주식과 예금 비율은 5:5가 아니라 70:65가 됐다. 이때 비율을 5:5로 다시 맞추는 것이다. 즉 700만 원+650만 원=1,350만 원이므로 1,350만 원/2=675만 원씩을 각각 주식과 예금에 다시 투자하는 것이다. 반대로 주식이 500만 원, 예금이 650만 원이 됐다면 500만 원+650만 원=1,150만 원의 50%인 575만 원씩을 주식과 예금에 투자하면 된다.

리밸런싱을 하면 주가가 올랐을 때 어느 정도 차익 실현을 할 수 있으므로 하락 시 이익을 손해 볼 위험을 줄여준다. 뿐만 아니라 주가가 떨어져 현금 비중이 높아진다면 추가로 주식에 투자해서 향후 주식 시장이 상승했을 때 수익을 올릴 가능성을 높여준다. 수익은 높이고 위험은 낮추는 비법이 리밸런싱이다. 리밸런싱 주기는 보통 3개월

표 5-15 | 6개월마다 리밸런싱한 결과 (단위: 만 원)

	시작연도	종결연도	55 금액	55 평가율	64 금액	64 평가율	73 금액	73 평가율	55 결산금액	55 평가율	64 결산금액	64 평가율	73 결산금액	73 평가율
1	2015	2017	4,143	115.1%	4,067	113.0%	2,991	110.9%	4,153	115.4%	4,077	113.3%	4,000	111.1%
2	2014	2016	3,784	105.1%	3,779	105.0%	3,774	104.8%	3,779	105.0%	3,774	104.8%	3,770	104.7%
3	2013	2015	3,642	101.2%	3,674	102.1%	3,705	102.9%	3,646	101.3%	3,677	102.1%	3,708	103.0%
4	2012	2014	3,693	102.6%	3,725	103.5%	3,757	104.4%	3,687	102.4%	3,719	103.3%	3,752	104.2%
5	2011	2013	3,896	108.2%	3,903	108.4%	3,909	108.6%	3,887	108.0%	3,894	108.2%	3,901	108.4%
6	2010	2012	3,960	110.0%	3,953	109.8%	3,945	109.6%	3,945	109.6%	3,939	109.4%	3,933	109.3%
7	2009	2011	4,012	111.4%	3,998	111.1%	3,982	110.6%	3,982	110.6%	3,968	110.2%	3,955	109.9%
8	2008	2010	4,469	124.1%	4,349	120.8%	4,229	117.5%	4,355	121.0%	4,245	117.9%	4,142	115.1%
9	2007	2009	4,214	117.1%	4,180	116.1%	4,142	115.1%	4,111	114.2%	4,083	113.4%	4,058	112.7%
10	2006	2008	3,493	97.0%	3,612	100.3%	3,731	103.6%	3,452	95.9%	3,572	99.2%	3,695	102.6%
평균				109.2%		109.0%		108.8%		108.3%		108.2%		108.1%

분홍색: 6개월 주기로 리밸런싱한 결과. 회색: 리밸런싱하지 않았을 때 결과
평가율: 원금을 100을 봤을 때 원금+수익의 비율

~1년으로 정할 수 있다. 너무 자주 하는 것은 번거로울 뿐더러 수익률에도 별 영향이 없다.

실제로 리밸런싱을 적용하면 수익률은 어떻게 변할까? 〈표 5-15〉의 투자 방식을 그대로 적용하되 리밸런싱을 6개월 한 번씩 했을 때의 결과가 〈표 5-15〉이다. 리밸런싱을 하지 않았을 때보다 수익률이 1% 정도 올라가는 것을 확인할 수 있다.

실제 투자 결과에서도 확인할 수 있듯이 리밸런싱은 위험은 낮추고 기대 수익률은 높인다. 리밸런싱과 분산은 매우 중요한 기법으로 투자를 할 때 항상 기억하고 적용해야 한다. 이 두 가지만 기억해도 주식에 투자에서 원금을 손해 보고 속 쓰릴 가능성을 최대한 낮출 수 있다. 지금은 주식과 현금을 분산하지만 주식과 달러, 금으로 분산하

는 자산을 더 넓힐 수도 있다.

거치식 투자 역시 분산과 리밸런싱을 적용하면 수익은 높이고 위험은 줄일 수 있다. 3년 이상 길게 투자한다면 주식 투자가 기대 수익률이 가장 높다. 따라서 분산과 리밸런싱 효과가 투자 기간이 3년 이상이라면 영향을 덜 끼친다. 물론 투자 시작 시점이 가장 중요하지만, 투자가 장기간이 될수록 원금 상실 위험성은 줄어든다. 문제는 장기간 묶어놓을 수 있는 자금이 없다는 현실이다.

빚 없이 내 집이 있고, 현금 자산이 1억 원 이상이며, 향후 10년 이상 소득의 30%를 저축할 수 있는 재무 구조라면, 10년 이상 돈을 묶어놓을 수 있다. 이때는 주식이나 부동산에 공격적인 투자를 할 수 있다. 그러나 그렇지 못한 대다수는 포트폴리오를 투자 자산과 현금으로 분산하고 주기적으로 리밸런싱하는 것이 최선이다.

저평가된 우량주 알아내는 법

저평가된 우량주를 쌀 때 사는 것이 주식 투자에 성공하는 길이라고 한다. 그런데 저평가된 우량주를 어떻게 알 수 있을까? 이때 실패의 지름길은 내 생각이나 직감에 따르는 것이다. 우리는 기업이 어떤 성과를 내고 있으며 주가는 지금 어떤지 100% 숫자만 보고 판단해야 한다. 기업의 가치와 우량성을 평가하는 여러 재무지표 중 저평가된 우량주를 판단하는 기준들이 있다. 대표적인 것이 바로 PBR 지표다.

PBR(Price Book-Value Ratio)은 주가가 순자산에 비해 1주당 몇 배로 거래되고 있는지를 측정하는 것으로 주가/주당 순자산을 의미한다. 순자산은 총 자본에서 부채를 뺀 것이다. PBR이 1이라면 특정 시점의 주가와 기업의 1주당 순자산이 같다는 의미다. 1보다 낮다면 해당 기업의 자산 가치가 증시에서 저평가됐다고 볼 수 있다. 즉 주가가 장부상 순자산 가치(청산 가치)에도 못 미친다는 뜻이다.

주가는 미래 가치를 반영해서 가격이 형성되게 마련이다. 예를 들어 NAVER의 PBR은 2018년 2월 6.6 이상이다. NAVER의 미래 가치가 높다고 주식시장에서 판단하고 장부상 순자산 가치보다 6배 높게 주가가 형성되어 있는 것이다. 반면 PBR이 1이라는 것은 미래 가치를 전혀 반영하지 않은 주가임으로 저평가된 기업이라고 볼 수 있다. 비록 지금 일시적으로 PBR이 적지만 언젠가는 정상적으로 PBR이 평가되면 주가가 제자리를 찾아 오를 것이다. 따라서 저PBR이라는 수치는 저평가 우량주의 기준이 될 수 있다.

💲 PBR 수치가 낮으면 수익률이 높다

과연 PBR이 낮다는 이유만으로 향후 더 높은 주가 상승을 기대할 수 있을까? 문병로 교수의 《메트릭 스튜디오》(김영사, 2014)에서 저PBR 주식의 가격 흐름을 확인할 수 있다. 책에서는 2000년 4월부터 2012년 3월 말까지 주식 시장 전체 주식을 PBR 수치별로 10개 등급으로 나눈 후 주가 흐름을 파악했는데, 저PBR일수록 향후 주가 상승률이 높았다. 다른 지표와 달리 PBR 지표는 흐름이 들쭉날쭉하지 않으며 PBR이 낮을수록 기대 수익률이 높은 일관된 결과를 보여준다는 점에서 놀랍다.

저PBR 주식에 꾸준히 투자한 결과를 보여주는 증권사 리포트도 있다. 조금 지난 데이터이기는 하나 2011년 7월 4일에 발간된 한국투자증권의 《Style Investing Report》(노근환 외)는 재무지표라는 숫자를 근거로 투자하는 방법과 그 결과에 대한 신뢰성 있는 자료다.

이 리포트에서 제시하는 투자 방식은, 먼저 시가총액 상위 150개 대형주를 PBR이 낮은 순서로 나열한다. 시가총액이 크면 안전성이 높고 변동성이 낮기 때문이 대형주를 대상으로 시뮬레이션을 한 것이다. 그리고 낮은 PBR 순으로 상위 20%인 종목 30개(150개×0.2%=30개)로 포트폴리오를 구성한다.

만약 투자금이 3,000만 원이라면 100만 원씩 30개 종목을 매수한다고 보면 된다. 이후 1개월이 지나 주가가 변동함에 따라 PBR 순위도 바뀐다. 이때 다시 저PBR 30개를 선택해 포트폴리오를 교체하면 된다. 아마 교체되는 것도 있고 그대로 남는 것도 있을 것이다.

이런 방식으로 2001년 3월 30일부터 2011년 6월까지 투자한 결과는 어떨까? 같은 기간 코스피는 301.5% 상승했다. 투자 원금이 1,000만 원이었다면 3,015만 원으로 늘어났다는 뜻으로 수익률은 연 12% 정도가 된다.

그렇다면 저PBR 주식에 투자해 매월 포트폴리오를 교체했을 때의 수익률은 어떨까? 놀랍게도 1,532%를 기록했다. 원금이 1,000만 원이었다면 1억 5,300만 원이 됐다는 뜻이다. 연 수익률로 환산하면 약 30%가 된다. 처음 이 리포트를 접하고 놀라움을 금할 수 없었다. 연 복리 30%는 꿈의 수익률 아니던가. 이 꿈을 저PBR 주식만 보유하는 간단한 방식으로 달성할 수 있다니 믿기 어려울 정도였다.

리포트 발간 이후인 2011년 이후에도 같은 결과가 나왔을까? 퀀트 투자에 대한 관심이 높아지면서 과거 투자 결과에 대한 시뮬레이션이

표 5-16 | 뉴지스탁 젠포트 저PBR 종목 투자 결과

	1개월	3개월	6개월	1년
누적수익률	138.62%	94.83%	111.38%	87.14%
연수익률	13.3%	9.5%	11%	9.4%
코스피	같은 기간 누적 : 20.31% / 연 수익률 환산 : 3.2%			
코스닥	같은 기간 누적 : 56.34% / 연 수익률 환산 : 6.6%			

수수료, 세금, 배당금은 반영하지 않음

가능한 사이트들이 하나둘 생겨나고 있다. 이 과정을 백테스팅(back-testing)이라고 하는데 이 중 뉴지스탁(newsystock.com)의 젠포트를 통해 투자 결과를 백테스팅 해보았다.

투자 기간은 2011년 1월 2일~2017년 12월 29일이며, 코스피 대형주와 코스닥 대형주를 합해 시가총액 상위 250개 종목 중 PBR 순위를 매겨 가장 PBR이 낮은 종목 20개에 같은 금액을 투자하는 것이다. 만약 2,000만 원을 투자한다면 한 종목당 100만 원을 투자하는 셈이다. 종목 교체 기간을 한 달(거래일로 따지면 20일), 3개월(60거래일), 6개월(120거래일), 1년(250거래일)으로 다르게 하고 -15%에 도달한 종목은 손절매하도록 했을 때 수익률 백테스팅 결과는 〈표 5-16〉과 같다.

백테스팅 결과를 보면, 저PBR 투자가 비교 대상인 코스피와 코스닥 수익률보다 월등히 앞서고 있다. 종목 교체 기간이 1개월일 때 가장 수익률이 높았으나, 매월 교체를 하면 번거롭기도 할뿐더러 수수료가 지출된다는 사실을 염두에 둘 필요가 있다.

재미있는 사실은, 수익이 난 종목과 손실이 난 종목의 비율은 53:47로 그다지 차이가 없다는 점이다. 그럼에도 불구하고 높은 수익률을 기록할 수 있는 까닭은, 손실이 난 종목은 −15% 손절매로 손실을 묶어두면서 높은 이익이 난 종목들의 수익을 챙겼기 때문이라고 해석할 수 있다. 이 점을 고려할 때, 잦은 종목 교체는 이익이 난 종목을 너무 빨리 팔아버릴 가능성이 높아져 유리하지만은 않다는 사실도 기억해야 한다.

PBR과 함께 대표적인 재무지표 중 하나는 PER이다. PER은 주가 수익 비율(Price Earning Ratio)로, 주식 가격을 주당 순이익으로 나눈 값을 말한다. 만약 1주에 1만 원 하는 주식이 1년에 1,000원의 순이익을 낸다면 PER은 10이다. 1주에 5,000원인데 1,000원의 순이익을 내면 PER은 5다. PER이 작다는 건 같은 이익을 내고 있음에도 가격이 낮다는 의미다. 즉 저평가돼 있다는 뜻이다. 앞서 언급한《Style Investing Report》에는 저PBR뿐만 아니라 저PER 종목 투자 결과도 제시돼 있다. 저PBR 주식 투자와 같은 방식으로 투자했을 때 수익률은 1,442%이다. 1,532%를 기록한 저PBR 못지않게 놀라운 수익률이다.

2011~2017년 결과도 뉴지스탁 젠포트에서 백테스팅을 해보았다. 그 결과, 저PER 투자는 투자 기간이 1개월일 때 수익률이 가장 낮았다. 이 점은 저PBR과는 다르나 수익 종목과 손해 종목 비율은 52:48

표 5-17 | 스탁 젠포트 저PER 종목 투자 결과

	1개월	3개월	6개월	1년
누적수익률	74.52%	126.88%	110.27%	110.11%
연수익률	8.2%	12.5%	11.2%	11.2%
코스피	같은 기간 누적 : 20% / 연 수익률 환산 : 3.2%			
코스닥	같은 기간 누적 : 54% / 연 수익률 환산 : 6.4%			

수수료, 세금, 배당금은 반영하지 않음

로 역시 크게 차이 나지 않는다. 어쨌든 저PER 종목에 투자한 결과도
높은 수익률을 보였다.

💲 PER과 PBR 알아내는 법

그렇다면 종목별 PER과 PBR은 어떻게 알 수 있을까? 증권사의
HTS(Home Trading System)를 이용하면 알 수 있다. 종목별 각종 재무
수치를 알 수 있을 뿐 아니라, 원하는 조건으로 종목을 추출할 수 있
다. 예를 들어 시가총액 상위 250개 종목 중 PBR이 낮은 20개 종목만
뽑아낼 수 있다. 찾기 어렵다면 증권사 고객센터에 문의해도 자세히
알려준다.

또 다른 방법은 네이버(www.naver.com) 증권 페이지를 활용하는 것

그림 5-2 | Naver 금융의 종목별 시가총액 조회 화면

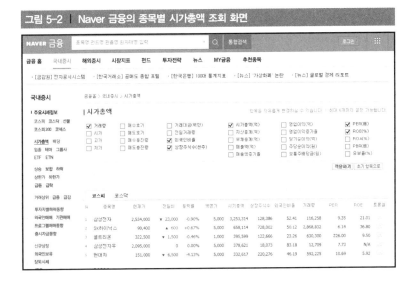

이다. Naver 금융 채널에서 국내 증시 〉 시가총액을 선택하면 시가총액 순으로 종목 정보를 한눈에 파악할 수 있다. 화면 상단에서 '시가총액'과 'PER' 'PBR'을 선택하고 '적용하기' 버튼을 누르면 시가총액 순으로 종목의 PER과 PBR을 조회할 수 있다.

이 화면에서는 PER 또는 PBR 순으로 정렬하는 일은 할 수 없다. 한 가지 더 작업이 필요한데, 화면 내용을 마우스로 긁어서 선택한 후 엑셀파일로 카피하면 된다. 엑셀파일로 만들어놓으면 원하는 방식으로 정렬할 수 있다. 한 페이지에 최대 50개 종목이 검색되므로 시가총액 상위 200개 종목을 엑셀로 카피하려면 총 4회의 작업이 필요하다. 코스닥 종목도 함께 해보고 싶다면 코스닥 TAB을 선택해서 같은 방식으로 카피한 다음 시가총액 순으로 정렬하면 된다.

⑤ 저PER이면서 저PBR인 종목에 투자하라

만약 저PER인 동시에 저PBR인 종목에 투자한다면 어떨까? 저평가 요소가 두 가지나 되니 성과가 더 좋지 않을까? 뉴지스탁의 젠포트를 통해 백테스팅을 해보자.

표 5-18 | 저PBR & PER 주식 투자 결과

	1개월	3개월	6개월	1년
누적 수익률	187.06%	246.44%	194.71%	201.85%
연 수익률	14.2%	17%	14.4%	14.6%
코스피	같은 기간 누적 : 46%/연 수익률 환산 : 4.8%			
코스닥	같은 기간 누적 : 52%/연 수익률 환산 : 5.5%			

출처: 뉴지스탁 젠포트 개월은 종목 교체 주기

- 투자 기간 : 2010년 1월 4일~2017년 12월 28일
- 투자 종목 : 코스닥 + 코스피 시가총액 상위 250개
- 종목 선정 기준 : PER 하위 20% 이면서 PBR 하위 20%인 종목 10개(단 PER은 0 이상)
- PBR, PER 조건을 동시에 만족시켜야 하기 때문에 투자 종목 개수를 10개로 함
- 수수료 / 세금 / 배당금 반영하지 않음
- 손절매 : -15%

한 가지만 적용할 때보다 수익률이 높다는 점을 알 수 있다. 재미있는 것은, 수익 종목과 손실 종목 비율이 42:58로 오히려 손실 종목이 더 많았다는 점이다. 손실 종목이 많아도 이익이 손해보다 큰 폭으로 나와주었기 때문에 가능한 수익률이다.

💰 투자 시작 시점과 수익률의 관계 1: 3년 투자

지금까지 백테스팅한 투자는 모두 7년, 8년짜리 초장기 투자다. 앞서 주식 투자는 투자 기간보다 언제 투자했느냐가 수익률에 큰 영향을 끼친다는 사실을 확인했다. 따라서 투자 기간이 길어질수록, 투자 시점에 따라 수익률이 달라지는 위험성이 줄어든다. 그렇다면 투자 기간을 3년으로 했을 때 투자 성과는 어떻게 변할지 백테스팅을 해보자. 먼저 저PBR 종목을 3년 동안 투자했을 때의 결과다.

시작 연도	종결 연도	수익률	연평균 환산	KOSPI 200 (연평균 환산)
2010	2012	38.22%	11.3%	5.95%
2011	2013	49.72%	14.4%	-0.86%
2012	2014	64.92%	17.4%	0.82%
2013	2015	55.02%	15.6%	-3.7%
2014	2016	40.61%	12.1%	-0.54%
2015	2017	26.89%	7.7%	9.99%
평균			13.08%	1.94%

KOSPI200은 KODEX200ETF 수익률

- 투자 종목: 코스닥 + 코스피 시가총액 상위 250개 중 PBR이 낮은 20개 종목
- 종목 교체 주기: 3개월(60거래일)
- 투자 기간: 시작 연도 첫 거래일부터 종결 연도 마지막 거래일까지
- 수수료 / 세금 / 배당금 반영하지 않음
- 손절매 기준 : -15%

저PBR 종목에 투자했을 때 가장 좋은 점은, 언제 투자하더라도 마이너스 수익률을 기록하지 않는다는 사실이다. 인덱스 펀드(ETF)인 KOSPI200은 3년을 투자해도 마이너스 수익률을 기록할 가능성이 50%에 달한다. 이 점을 고려하면 더더욱 큰 장점이다. 평균 수익률 차이도 무려 11%대다.

표 5-20 │ 저PER & PBR 종목의 3년 투자 수익률

시작 연도	종결 연도	수익률	연평균 환산	KOSPI 200 (연평균 환산)
2010	2012	41.89%	12.4%	5.95%
2011	2013	80.9%	21.7%	-0.86%
2012	2014	91.89%	23.6%	0.82%
2013	2015	52.38%	14.8%	-3.7%
2014	2016	83.26%	22.3%	-0.54%
2015	2017	21.28%	6.7%	9.99%
평균			16.92%	1.94%

KOSPI200은 KODEX200ETF 수익률

- 투자 종목: 코스닥 + 코스피 시가총액 상위 250개
- 종목 선정 기준: PER 하위 20%이면서 PBR 하위 20%인 종목 10개(단, PER은 0 이상)
- 투자 기간 : 시작 연도 첫 거래일부터 종결 연도 마지막 거래일까지

저PBR과 저PER 종목에 같이 투자하면 수익률이 더 올라간다. 역시 마이너스 수익률을 기록하는 경우도 없고, 연 수익률도 평균을 내 보면 16.92%로 월등히 높다. 물론 저PBR과 저PER & 저PBR 모두 투자를 언제 시작하느냐에 따라 수익률 차이가 크다는 사실은 변하지 않는다. 2014년에 3년 투자를 시작했다면 수익률이 연 22.3%지만, 한 해 뒤인 2015년에 시작했다면 6.7%로 그 차이가 매우 크다.

언제 투자하느냐가 투자 성패의 가장 큰 요소라는 점은 등락을 반복하는 투자의 세계에서는 어쩔 수 없이 감내해야 하는 한계다. 그럼에도 PER이나 PBR이라는 숫자로 투자를 했을 때 마이너스 수익률의

위험성은 크게 줄어든다. 투자의 가장 큰 단점인 원금 손실 위험을 상쇄시킨다는 점에서 획기적인 투자 방법이다.

💰 투자 시작 시점과 수익률의 관계 2: 1년 투자

이번에는 1년 투자 시 결과를 살펴보자.

표 5-21 | 저PBR 1년 투자 결과

투자 연도	수익률	KOSPI 200 (연평균 환산)
2010	9.30%	22.23%
2011	8.71%	-12.21%
2012	20.31%	10.84%
2013	13.78%	0.12%
2014	13.41%	-7.64%
2015	9.40%	-1.51%
2016	3.63%	8.17%
2017	9.80%	24.89%
평균	11.04%	5.61%

- 투자 종목: 코스닥 + 코스피 시가총액 상위 250개 중 PBR이 낮은 20개 종목
- 종목 교체 주기: 3개월(60거래일)
- 투자 기간: 매년 거래 첫날부터 당해 연도 마지막 거래일
- 수수료 / 세금 / 배당금 반영하지 않음
- 손절매 기준: -15%

표 5–22 | 저PBR & PER 투자 결과

투자 연도	수익률	KOSPI 200 (연평균 환산)
2010	2.84%	22.23%
2011	20.37%	-12.21%
2012	15.45%	10.84%
2013	7.69%	0.12%
2014	35.80%	-7.64%
2015	24.13%	-1.51%
2016	0.45%	8.17%
2017	-0.15%	24.89%
평균	13.32%	5.61%

- 투자 종목: 코스닥 + 코스피 시가총액 상위 250개 중 PER 하위 20%인 동시에 PBR 하위 20% 종목 10개(단, PER과 PBR은 0 이상).
- 종목 교체 주기: 3개월(60거래일)
- 투자 기간: 매년 거래 첫날부터 당해 연도 마지막 거래일
- 수수료 / 세금 / 배당금 반영하지 않음
- 손절매 기준: -15%

1년은 단기 투자를 의미하며, 따라서 언제 투자를 시작했느냐에 따르는 위험성은 더 커진다. 2010~2017년까지 코스피가 마이너스를 기록한 해는 3회였으나 저PBR 투자는 0회, 저PBR & 저PER 투자는 단 1회였다. 그 1회도 마이너스 비율이 크지 않은 –0.15%였다. 원금 손실 위험이 크게 줄어든다는 사실은 투자 기간을 1년으로 단축했을 때도 변하지 않았다.

단, 재무지표를 활용한 퀀트 투자가 시장 수익률보다 항상 앞서는

건 아니라는 점을 반드시 짚고 넘어가야 한다. 과거의 투자 성과 백테스팅 결과를 보면, 투자 기간이 1년일 때 가장 최근인 2016~2017년 구간, 투자 기간이 3년일 때 2015~2017년 구간에서는 시장 수익률보다 낮은 수익률을 기록하고 있다. 2017년은 코스피나 코스닥 모두 매우 높은 수익률을 기록한 해로 각각 21.8%, 26.3% 상승했다.

이에 비하면 퀀트 투자의 결과는 매우 초라하게 여겨질 수밖에 없다. 만약 2017년에 처음으로 퀀트 투자를 시작했다면, 시장 평균에도 한참 못 미치는 성과에 실망감을 느끼고 포기했을지도 모른다.

퀀트 투자가 시장 수익률에 항상 플러스알파를 보장한다고는 누구도 단언할 수 없다. 점점 더 많은 이들이 퀀트 투자를 하게 된다면 플러스알파는 줄어들 수 있다. 주식 시장 예측은 누구도 할 수 없다. 단지 저평가된 종목은 언젠가 제자리를 찾는다는 한 가지 믿음으로 재무지표라는 숫자를 보고 종목을 선정하고 투자를 결정하는 것이다. 그 성과는 과거 데이터가 증명하고 있다.

기대 수익률은 시장 금리에 2~3%를 플러스한 정도로 하는 게 좋다. 원금을 손해 볼 위험을 최대한 줄이고, 시장 금리보다 조금 나은 수익률을 기대한다면 만족할 수 있지 않을까? 더군다나 재무지표라는 이미 확정된 숫자로 하는 투자는 어떤 종목을 사야 할지, 언제 팔아야 할지에 대한 고민을 제거해주는 훌륭한 장점이 있다. 돈 생각으로 터널링에 빠지지 않아도 된다면 기대 수익률이 조금 낮아도 자산 증식을 위한 충분히 가치 있는 선택이다.

1년 후, 5년 후 점점 더 나아질

우리 집 재테크를 부탁해

제1판 1쇄 인쇄 | 2018년 3월 22일
제1판 1쇄 발행 | 2018년 3월 29일

지은이 | 이지영
펴낸이 | 한경준
펴낸곳 | 한국경제신문 한경BP
편집주간 | 전준석
책임편집 | 윤효진
기획 | 유능한
저작권 | 백상아
홍보 | 남영란 · 조아라
마케팅 | 배한일 · 김규형
디자인 | 김홍신
본문디자인 | 디자인 현

주소 | 서울특별시 중구 청파로 463
기획출판팀 | 02-3604-553~6
영업마케팅팀 | 02-3604-595, 583 FAX | 02-3604-599
H | http://bp.hankyung.com   E | bp@hankyung.com
T | @hankbp   F | www.facebook.com/hankyungbp
등록 | 제 2-315(1967. 5. 15)

ISBN   978-89-475-4326-2   03320